本书列入中国科学技术信息研究所学术著作出版计划
本书出版受国家重点研发计划项目"颠覆性技术感知响应平台研发与应用示范"资助

DISRUPTIVE
TECHNOLOGY
DEVELOPMENT
REPORT

颠覆性技术发展报告 2024

中国科学技术信息研究所
《颠覆性技术发展报告》研究组 ◎著

科学技术文献出版社
SCIENTIFIC AND TECHNICAL DOCUMENTATION PRESS

·北京·

图书在版编目（CIP）数据

颠覆性技术发展报告. 2024 / 中国科学技术信息研究所,《颠覆性技术发展报告》研究组著. -- 北京 : 科学技术文献出版社, 2024.9. -- ISBN 978-7-5235-1512-9

Ⅰ. F124.3

中国国家版本馆CIP数据核字第20246JB369号

颠覆性技术发展报告（2024）

策划编辑：崔　静　　责任编辑：张瑶瑶　　责任校对：张　微　　责任出版：张志平

出　版　者	科学技术文献出版社
地　　　址	北京市复兴路15号　邮编 100038
编　务　部	（010）58882938，58882087（传真）
发　行　部	（010）58882868，58882870（传真）
邮　购　部	（010）58882873
官 方 网 址	www.stdp.com.cn
发　行　者	科学技术文献出版社发行　全国各地新华书店经销
印　刷　者	北京时尚印佳彩色印刷有限公司
版　　　次	2024年9月第1版　2024年9月第1次印刷
开　　　本	787×1092　1/16
字　　　数	255千
印　　　张	15
书　　　号	ISBN 978-7-5235-1512-9
定　　　价	106.00元

版权所有　违法必究

购买本社图书，凡字迹不清、缺页、倒页、脱页者，本社发行部负责调换

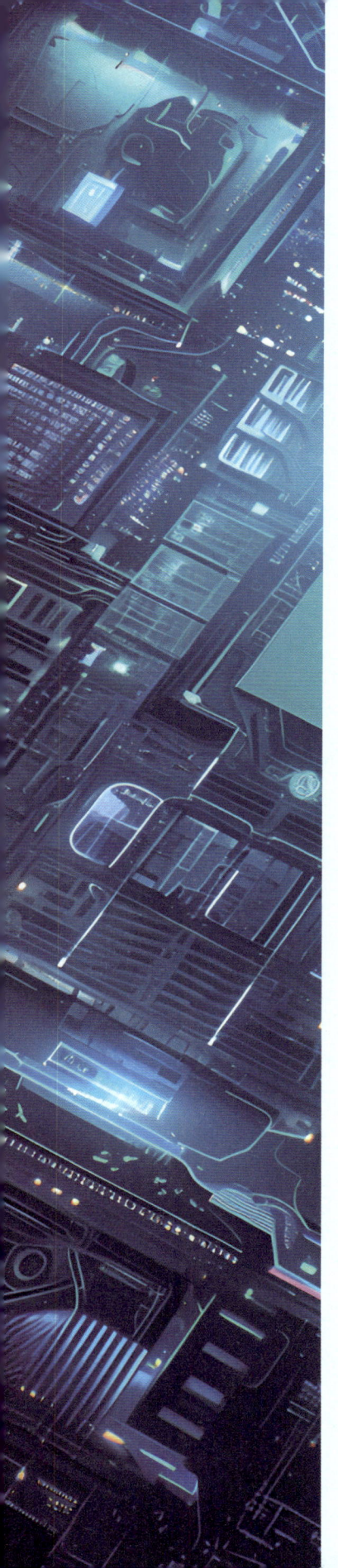

《颠覆性技术发展报告（2024）》研究组

组　　长　赵志耘

副 组 长　王卓昊　赵筱媛　苏　成

研编人员（排名不分先后）

　　　　　　赵筱媛　苏　成　刘巧虹　李曼迪
　　　　　　张　静　李艾丹　吴毅华　崔怡雯
　　　　　　赵润博　黄雁宁

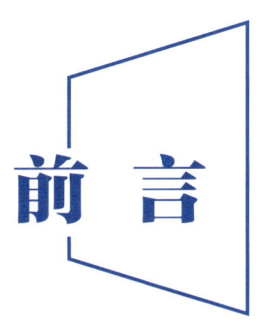

前　言

2023 年，全球科技创新进入了空前密集活跃期，新一轮的科技革命和产业变革深入发展，在生物医药、人工智能、未来通信、先进计算、新能源、智能制造等前沿领域，技术发展突飞猛进，新进展、新动向、新苗头层出不穷；颠覆迹象越来越明显，颠覆性技术线索接连出现；颠覆性技术不断涌现并加速向产业渗透，持续催生新产业、新赛道、新领域、新业态、新模式。

习近平总书记指出："要以科技创新推动产业创新，特别是以颠覆性技术和前沿技术催生新产业、新模式、新动能，发展新质生产力。"发展颠覆性技术、孵化未来产业正在成为各国抢占未来科技制高点、争夺未来产业主导权的主要阵地，也是解决现在与未来人类社会问题、发展问题的关键途径。

自 2019 年起，中国科学技术信息研究所（简称"中信所"）颠覆性技术研究团队一直从事颠覆性技术研究与实践工作。先后承担了国家重点研发计划项目"颠覆性技术感知响应平台研发与应用示范"、国家社会科学基金面上项目"面向颠覆性技术早期识别的弱信号监测体系设计与应用研究"、科技部科技创新战略研究专项等一系列重要科研项目。协助科技部相关司局开展颠覆性技术创新管理体制机制设计、"十四五""颠覆性技术创新"重点专项的筹备与组织实施、颠覆性技术选题方向公开征集等实践工作。依托这些研究与实践，中信所提出了颠覆性技术识别"过滤漏斗"模型、弱信号识别模型、非常规评价体系等理论模型；构建了颠覆性技术监测体系，研发了"信息→弱信号→技术线索→颠覆性技术"的识别方法体系；建成了"颠覆性技术感知响应平台""颠覆性技术创新服务平台""颠覆性技术选题方向遴选系统"

等信息化平台，实现了对颠覆性技术的监测、预警、识别、评估与管理等全链条功能，并研发了定位于新技术跟踪监测类的《全球技术雷达》、定位于技术机会早期发现类的《全球技术线索》与定位于颠覆性技术识别研判类的《颠覆性技术前瞻》等情报产品群。

本书是中信所颠覆性技术研究团队按照颠覆性技术、颠覆性技术线索、重要技术动向的思路，从2023年度的《颠覆性技术前瞻》《全球技术线索》《全球技术雷达》等报告中，精心梳理遴选重点内容，经过深度研判形成的颠覆性技术发展研究报告。本书由研究方法、生命健康、人工智能与信息通信、新能源、智能制造与新材料等五大部分组成。一是研究方法部分，主要介绍本书采用的颠覆性技术识别方法、颠覆性技术线索识别方法与技术监测方法。二是生命健康、人工智能与信息通信、新能源、智能制造与新材料等四大领域篇，每个领域篇主要介绍驱动未来产业的领域颠覆性技术、领域颠覆性技术线索、领域重要技术动向等内容。经过分析研判，我们也可看到过去一年来这些重要前沿方向中颠覆性技术的整体发展态势。

生命健康领域颠覆性技术新突破不断涌现，不仅赋能健康产业的革新，还深刻影响着农业、能源等行业。在生物医药领域，抗衰老药物、RNA技术及AI药物研发等展现了巨大潜力。脑机接口技术正掀起创新革命，将重塑医疗、教育等多领域，形成"人机物"共融新业态。合成生物学与多领域深度融合，为药物研发、新材料等带来革命性突破。生物制造正向微型化、精细化转型，诊疗应用前景广阔。人造肉技术的突破将重塑肉类产业格局，生物传感器的发展则推动了信息与生物技术的融合。

人工智能与信息通信技术作为新一轮科技革命和产业变革的关键力量，已成为世界主要经济体争夺的高地。人工智能与量子信息技术，芯片的设计、制程、封测技术，以及新一代移动通信技术等颠覆性技术与前沿技术的持续突破，带动技术产业体系创新变革，加速垂直领域的落地应用，以新质生产力要素赋能传统产业，推动经济社会数字化、智能化、绿色化转型。

新能源领域颠覆性技术里程碑突破不断涌现，推动能源体系向清洁低碳、安全高效的方向持续转型。可控核聚变技术研发显著提速有望开启无限能源新时代，氢能制备与应用技术积极探索促进多能融合互补发展，新型储能技术百花齐放支撑更广泛的应用场景，下一代光伏技术助力太阳能高效转化利用。这些技术的研发突破与创新发展，不断推动新能源产业蓬勃向前，有望对新时代能源格局与社会经济产生重大影响，驱动未来产业的发展。

智能制造与新材料领域技术的新突破、新应用不断涌现，正在迈向技术革新和产业变革的新阶段。自动驾驶技术正颠覆传统汽车驾驶模式，实现无须人为干预的自动化驾驶，重塑交通、保险、物流等多个行业生态，开启全新生活方式。人形机器人技术飞速发展，在感知、交互和运动控制方面取得显著进展，将在军事、医疗等多场景催生"人形机器人+"新业态。生物打印技术飞速发展，尤其是3D生物打印人体组织的高密度、高活力、高分辨率突破，预示着再生医学与药物研发的巨大潜力。自主技术的广泛应用，孕育着智慧交通、智能工厂等新模式。

本书既是中信所颠覆性技术研究团队2023年度《颠覆性技术前瞻》《全球技术线索》《全球技术雷达》等情报成果的精选，也是团队多年来颠覆性技术研究与实践的成果结晶，是团队关于颠覆性技术理论创新与实践创新的集中体现。希望本书能够帮助大家更好地了解颠覆性技术发展态势与趋势，及早把握好颠覆性技术机会，瞄准未来颠覆性技术的发展方向，为前瞻谋划发展一批具有广阔前景的未来产业提供切实支撑。

本书是国家重点研发计划项目"颠覆性技术感知响应平台研发与应用示范（2019YFA0707200）"、国家社会科学基金面上项目"面向颠覆性技术早期识别的弱信号监测体系设计与应用研究（22BTQ027）"、中信所重点工作项目"面向重大战略决策的颠覆性技术决策支撑产品建设"的资助成果。

在本书的撰写过程中，很多思想的火花与灵感是编写组各位同事在长期合作和热烈讨论中不断碰撞得到的，并加以完善，同时也获得了诸多专家的指导帮助，在此对每一位参与本书撰写的人员深表感谢。由于编写组水平和时间有限，本书还存在很多不完善之处，恳请读者批评指正，提出宝贵意见，我们将不胜感激。

中国科学技术信息研究所党委书记
《颠覆性技术前瞻（2024）》研究组组长
2024年6月于北京

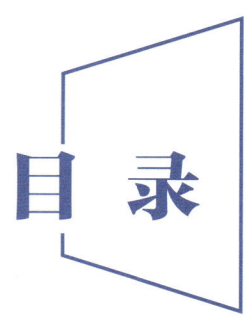

目 录

研究方法 ………………………………………………………………………… 001

第 1 篇　生命健康 ……………………………………………………………… 007
  一、驱动未来产业的生命健康领域颠覆性技术 ……………………………… 009
  二、生命健康领域颠覆性技术线索 …………………………………………… 027
  三、生命健康领域重要技术动向 ……………………………………………… 049

第 2 篇　人工智能与信息通信 ………………………………………………… 059
  一、驱动未来产业的人工智能与信息通信领域颠覆性技术 ………………… 061
  二、人工智能与信息通信领域颠覆性技术线索 ……………………………… 079
  三、人工智能与信息通信领域重要技术动向 ………………………………… 124

第 3 篇　新能源 ………………………………………………………………… 131
  一、驱动未来产业的新能源领域颠覆性技术 ………………………………… 133
  二、新能源领域颠覆性技术线索 ……………………………………………… 146
  三、新能源领域重要技术动向 ………………………………………………… 167

第4篇　智能制造与新材料 ·· 177
　一、驱动未来产业的智能制造与新材料领域颠覆性技术 ···················· 179
　二、智能制造与新材料领域颠覆性技术线索 ······································ 194
　三、智能制造与新材料领域重要技术动向 ·· 226

研究方法

以中国科学技术信息研究所（简称"中信所"）自研的颠覆性技术识别"过滤漏斗"模型、弱信号识别模型、非常规评价体系等为指导，以"信息→弱信号→技术线索→颠覆性技术"的识别方法体系为基础，形成了本书的研究方法。具体包括技术动向层、颠覆性技术线索层和颠覆性技术层3个层次，每个层次包括4个步骤。3个层次是环环相扣的有机整体，从下往上看，技术动向层主要包括的是技术新进展、新动向、新苗头，经过信号抽取、挖掘、分析等方法识别出技术机会，转化为颠覆性技术线索层，再在技术线索的基础上识别出潜在的颠覆性技术，进行深度分析评估研判，从而确定具有重要战略价值的颠覆性技术（图0-1）。

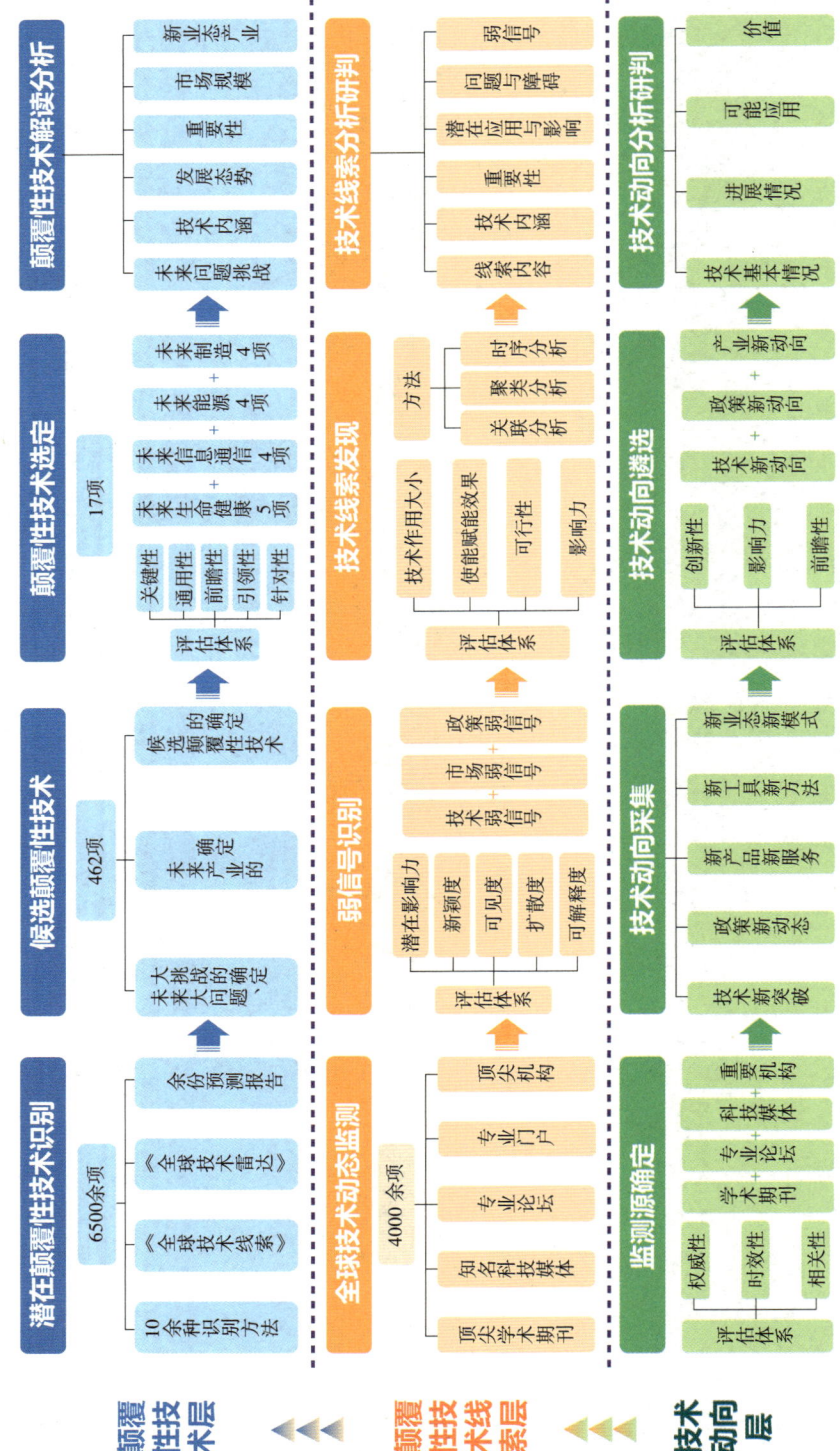

图 0-1 颠覆性技术发展报告（2024）研究方法

◎ 技术动向层

技术动向层按照"监测源确定→技术动向采集→技术动向遴选"的研究思路研制，具体分为以下4个步骤：①全球技术动向监测源确定；②全球技术动向采集；③全球技术动向遴选；④全球技术动向分析研判。

（1）全球技术动向监测源确定

根据颠覆性技术的特点与发展规律，构建包括权威性、时效性、相关性等维度的监测源评估体系，建立监测源动态调整更新机制。监测对象包括网络科技信息与科技文献数据库。在网络科技信息方面，按照监测源评估体系，遴选了领域覆盖全面的国际著名科研机构、国内外著名科技媒体、各领域专业论坛及专业门户等3000余个权威监测对象。在科技文献数据库方面，依托中信所长期积累的海量信息资源，重点把高质量论文库（如WoS）、专利库（如德温特）、项目库、政策库等作为监测对象。

（2）全球技术动向采集

主要采集技术、政策与产业等3类动向。技术方面主要聚焦颠覆性技术的新进展、新动向、新苗头；政策方面主要聚焦颠覆性技术的最新政策、战略、规划、计划、重大项目等；产业方面主要聚焦颠覆性技术的新产品、新市场、新产业等。

（3）全球技术动向遴选

根据颠覆性技术的特点与发展规律，构建包括创新性、影响力、前瞻性等维度的技术动态遴选标准，遴选具有重要价值和影响力的技术、政策与产业新动向。

（4）全球技术动向分析研判

对遴选出的重要动向，进行整理、编译、多来源信息补充和比对，从技术基本情况、进展情况、可能应用、价值等方面进行深入分析研判。

◎ 颠覆性技术线索层

颠覆性技术线索层按照"技术监测→弱信号识别→线索发现"的研究思路研制，具体分为以下4个步骤：①全球技术动态监测；②弱信号识别；③技术线索发现；④技术线索分析研判。

（1）全球技术动态监测

中信所依托自建的颠覆性技术感知响应平台及全球技术动态监测系统，对全球3000余个高质量监测源进行7×24小时不间断的跟踪监测，形成全球技术动向监测数据库。本书选取2023年1月1日—2023年12月31日的全部监测动态作为主要分析对象，在研究过程中会根据个别技术线索的特点、发展脉络和重点事件等具体情况，进行更长时间段的回溯研究。

（2）弱信号识别

任何技术的发展都有迹可循而非凭空产生。在当前的复杂信息环境下，与技术创新密切相关的科技新突破、技术的创新组合、技术创新应用、产业新格局、商业新模式、新的战略规划等都会以某种形式表征在多源异构的大数据中，这些表征在早期往往就是弱信号。

我们利用弱信号识别提取模型，从潜在影响力、新颖度、可见度、扩散度、可解释度等维度，在全年的动态信息中评估遴选出技术、市场、政策等弱信号。

（3）技术线索发现

对于技术机会早期发现来说，多个相互联系的弱信号比零散的单个弱信号更有意义，弱信号的动态演变比静态分析更有价值。因此，我们从上述遴选出的弱信号中，采用关联分析、聚类分析、时序分析等方法，充分考量技术在应对未来重大问题与挑战中的作用大小、技术的使能与赋能效果、技术可行性、技术影响力等因素，评估遴选出重要的技术线索。

（4）技术线索分析研判

从技术线索内容、技术内涵、重要性、潜在应用与影响、存在的问题与障碍、代表性弱信号等方面，对上述遴选出的技术线索进行多来源信息补充和深入研判，借此呈现技术线索的主要内容和重要价值。

◎ 颠覆性技术层

颠覆性技术层按照"识别→评估→研判"的研究思路研制，具体分为以下4个步骤：①潜在颠覆性技术识别；②驱动未来产业的候选颠覆性技术；③驱动未来产业的颠覆性技术选定；④颠覆性技术解读分析。

（1）潜在颠覆性技术识别

依托国家重点研发计划项目"颠覆性技术感知响应平台研发与应用示范"，在2022年的工作基础上，中信所2023年共识别出潜在颠覆性技术6500余项，来源分为3个部分。

①采用自研的文献计量、机器学习等10余种颠覆性技术识别方法，融合全球海量科技信息、产业信息、政策信息等，识别遴选出潜在的颠覆性技术。

②从自研的《全球技术雷达》《全球技术线索》报告中提炼出潜在的颠覆性技术。

③依托自研的"颠覆性技术感知响应平台"中的技术监测体系，采集各国政府、权威智库、研究机构等自2010年以来发布的颠覆性技术相关预测报告、战略规划等600余份，经过整理分析得到潜在的颠覆性技术。

需要说明的是，以上得到的潜在颠覆性技术存在分类粒度不一致、技术内涵重复等现象，经过归一、规范等整理得到潜在颠覆性技术共6500余项。

（2）驱动未来产业的候选颠覆性技术

驱动未来产业的候选颠覆性技术遴选工作分为以下3个步骤。

①未来大问题、大挑战的确定

在系统调研国内外关于未来问题与挑战研究的基础上，从人口、能源、气候、城镇化、医疗、数字化、政治、经济等方面的未来发展趋势出发，梳理分析未来可能出现的大问题、大挑战。

②未来产业的确定

根据上述确定的未来大问题、大挑战，采用情景分析方法，从问题、需求出发，分析预测未来需要的新产品、新服务，预判可能形成的新模式、新业态、新领域、新赛道，在此基础上，确定未来产业。

③候选颠覆性技术的确定

从得到的6500余项潜在颠覆性技术中，初步挑选出能够解决未来大问题、大挑战，可驱动上述未来产业的技术，得到驱动未来产业的候选颠覆性技术462项。

（3）驱动未来产业的颠覆性技术选定

在上述462项候选颠覆性技术清单中，从技术在塑造未来产业中的关键程度、技术赋能范围与效果、解决未来大问题大挑战的能力、引领潮流趋势作用、与国家战略契合度等维度出发，将定量与定性分析结合，经多轮研判，分别遴选出驱动未来生命健康产业的5项颠覆性技术、驱动未来信息通信产业的4项颠覆性技术、驱动未来能源产业的4项颠覆性技术、驱动未来制造产业的4项颠覆性技术。

（4）颠覆性技术解读分析

从技术能解决的未来问题或挑战，技术内涵，发展态势，重要性，预期市场规模，催生的新模式、新业态、新产业等方面，对17项驱动未来产业的颠覆性技术进行详细深入的解读分析。

颠覆性技术发展报告
2024

第1篇
生命健康

2023年，生命健康科技与产业快速发展。

一是生命健康领域颠覆性技术不断涌现，并加速向产业渗透，持续催生新产业、新赛道、新领域、新业态、新模式。随着抗衰老药物研发的不断发展，衰老干预新业态逐渐兴起；脑机接口技术正掀起一场技术应用的颠覆性创新革命，随着脑机接口技术在医疗、教育、娱乐、工业、军事等众多领域的应用，有望形成"人机物"三元共融新业态；人造肉将深刻改变传统生产方式，重塑肉类蛋白供应产业格局；生物传感器已发展成为信息和生物技术之间的新增长点，正在形成一系列"生物传感器+"新模式、新业态；AI药物研发已经渗透到整个制药流程中多个环节，不断催生AI药物设计、AI化合物合成、AI药物再利用与再开发、AI药物筛选等药物研发新业态。

二是生命健康领域技术新突破、新应用接连出现，诸多技术机会初现端倪。细胞重编程技术正在使逆转衰老成为可能；脑机接口从科幻到现实，产业化拐点已然到来；预训练大模型开启蛋白质从头设计新时代；AI赋能"蛋白质开关"设计，微观尺度下控制生命正在成为可能；"细胞漫游者"技术为实现活细胞实时监测奠定基础；下一代RNA技术备受关注，药企巨头争相入局；二氧化碳到糖实现"年"到"小时"跨越,人工合成糖取得突破性进展。

三是生命健康领域技术不断取得新进展。中国清华大学提出了自监督学习框架KPGT,推动了人工智能辅助药物发现领域的发展;美国格拉斯通研究所等开发基于CRISPR的"癌症粉碎"方法,可用于治疗胶质母细胞瘤;美国斯坦福大学开发首个用于记录皮质内微电极阵列脉冲活动的语音脑机接口,实现创纪录地每分钟说出62个单词;英国牛津大学开发新型"液滴水凝胶电池",为集成到人体组织中的微型设备做好准备;美国哈佛大学发现可将衰老细胞转化为年轻细胞的分子组合;美国塔夫茨大学等利用气管细胞制造新型人源微型机器人,能够修复神经元损伤等。

一、驱动未来产业的生命健康领域颠覆性技术

2023 年,中国科学技术信息研究所颠覆性技术研究团队依托颠覆性技术感知响应平台,在监测全域科技信息、感知弱信号的基础上,识别研判出能解决未来大问题大挑战、驱动未来生命健康产业的 5 项颠覆性技术:**抗衰老药物、脑机接口、人造肉、生物传感器、AI 药物研发**。

(一)抗衰老药物

随着全球人口老龄化不断加剧,世界卫生组织预计 2050 年全球大于 60 岁的人口将达到 20 亿人,大于 65 岁的人口将占 15.6%。2022 年我国 65 周岁及以上人口约为 2.09 亿人,预计到 2050 年,中国 65 周岁及以上人口达 4 亿人,约占 26.9%,中国正加速步入老龄化社会。衰老问题愈发突出,抗衰老成为世界生命科学领域关注的前沿热点。

抗衰老药物作为延缓衰老或逆转衰老过程的重要手段,能够延长寿命、提高生命健康质量、减少年龄相关慢性疾病的发生。随着医疗水平和生活质量的不断提高,发展抗衰老药物不仅能促进对老年病的研究,提升生命质量,更能缓解人口老龄化带来的社会、经济、医疗等一系列问题,抗衰老药物正在引领健康的科技革命。

随着人们对于延缓衰老过程、保持健康和活力的需求愈发迫切,有抗衰老需求的群体逐渐趋于年轻化、全民化,再加上衰老机制研究的持续深入、抗衰老药物研发的不断发展,各类抗衰老药物接连获批上市,抗衰老药物研发新赛道不断拓展,衰老干预新业态逐渐兴起(图 1-1)。预计到 2029 年,抗衰老药物市场规模将达到 304.00 亿美元。

◎ 技术介绍

衰老是指身体内各组织及器官功能随着年龄的增长而发生退化的过程,是必然的自然规律。抗衰老药物是指具有抑制、延缓机体衰老过程作用,可促进整体健康,使机体在遗传因素决定的寿限内能保持较好智力和体力的一类药物。目前,有希望延缓衰老的药物主要包括清除人体内衰老细胞的小分子药物、增加自噬和减少年龄相关炎症的药物、调控能量代谢的药物、针对异常表达的致衰老基因的药物,以及一些天然产物,通过对抗衰老机制来发挥延缓衰老作用。其中,可清除衰老细胞的一类小分子药物——细胞裂解剂(Senolytics)主要是通过靶向细胞触发物来预防或逆转衰老;雷帕霉素作为能增加自噬和减少年龄相关炎症的一类药物的主要代表,是一种免疫抑制

剂，可防止器官和骨髓移植时发生排斥反应；二甲双胍可调控能量代谢，通常用于治疗2型糖尿病，通过减少机体氧化应激和炎症来起到抗衰老的作用。

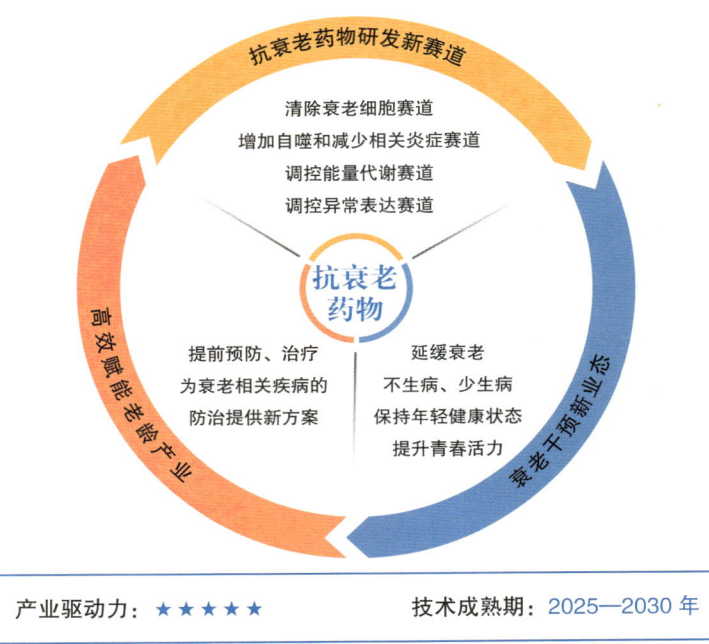

图1-1 抗衰老药物驱动的未来产业

长久以来，抗衰老都是人类生命探索不变的话题。1939年，科学家们发现通过限制热量摄入可延长小鼠和大鼠的寿命，首次证明衰老过程是可塑的。1958年，二甲双胍被批准用于2型糖尿病的治疗，近几年，越来越多的研究发现二甲双胍还可改善血脂代谢、用于减肥、减小心血管并发症发生概率，甚至能够推迟衰老进程、延长寿命。2004年，美国国家癌症研究中心主任Norm Sharpless在研究中发现，衰老细胞比重的增加会明显缩短人类健康期。在该研究的启发下，以James L. Kirkland博士为代表的科学家开始寻找能够主动、高效清除衰老细胞的方法，并于2015年提出Senolytics疗法，可选择性地诱导衰老细胞死亡。瑞士诺华公司作为抗衰老领域的先行者之一，从2014年就开始研究如何增强老年人的免疫系统，并把雷帕霉素作为研发重点。其主要药物RTB101的2b期临床试验结果显示，能将老年人呼吸道疾病的感染率降低30.6%。MyMD制药公司研制的MYMD-1能够推迟衰老进程，预防肌肉减少症和虚弱，从而延长健康寿命。2023年8月1日，MyMD制药公司发布了宣告，MYMD-1在两期随机临床试验中显著降低了受试者的慢性炎症生物指标，在调整免疫系统方面表现出了有效性。

尽管抗衰老药物研发已取得较大进展，但仍然还存在许多未解决的问题，具体包括：①需要进行更深入的药理和药代动力学研究，以不断改善抗衰老药物的安全性、纯度、生物利用度等，制定相关标准规范来确保抗衰老药物研究的适用性。②已证明抗衰老活性药物的临床试验开展与剂量选择有待进一步研究。例如，小分子药物清除衰老细胞仍需要进一步进行动物实验和临床试验来确定这些药物在人体内的安全性和有效性；二甲双胍和阿司匹林等药物虽然可以激活AMPK[①]，调控能量代谢，在细胞和动物中具有一定抗衰老作用，但在人体中的抗衰老作用仍待进一步证实；此外，其他物质（包括NAD+2和牛磺酸等）虽被证实具有一定的延缓衰老作用，但基本都是应用于细胞或动物研究中，对于人类的安全性和有效性，以及任何潜在影响都仍待进一步确认。③有些药物抗衰老效果存在性别、年龄等限制，或者只针对某种类型的细胞有效，因此其普适性和有效性也需进一步验证。

未来，随着人们对系统衰老调控规律的进一步解析，对器官衰老分子标志物及潜在靶标的深入挖掘，对衰老及其相关疾病的新型小分子药物和基因干预手段的持续研发，以及对主动健康等新型衰老干预模式的探索与构建，多种方式组合将会使这些抗衰老药物朝着更加安全、有效、便宜、方便的方向发展，有望为医药领域带来新的变革，成为人类发展的重大里程碑。人类长命百岁也将不再遥远。

◎ 重要性

抗衰老药物的出现预示着衰老不再是物种注定的命运，而是一种可以被治愈或者被缓解的疾病。抗衰老药物的开发不仅能解决不断增长的人类衰老问题，满足人类对长寿和健康的需求，还可以帮助延迟、预防甚至治疗年龄相关慢性疾病，提高生命质量，更是积极应对人类老龄化带来的社会、经济、医疗等问题的有效手段。

◎ 驱动未来产业与市场规模

过去几年，随着寿命的延长及全球老龄化日益加剧，人类对衰老的恐惧及对老龄化带来各种问题的担忧催生了规模庞大的抗衰老市场，也使得抗衰老药物的全球市场

---

① AMPK［Adenosine 5'-monophosphate（AMP）-activated protein kinase］即AMP依赖的蛋白激酶，是生物能量代谢调节的关键分子，是研究糖尿病及其他代谢相关疾病的核心。它表达于各种代谢相关的器官中，能被机体各种刺激激活，包括细胞压力、运动和很多激素，以及能影响细胞代谢的物质。

迅速发展。特别是随着生活节奏的不断加快、工作压力的逐渐增大，以及健康意识的持续增强，越来越多的人开始意识到身体健康的重要性，抗衰老群体也正逐渐朝着年轻化、全民化方向发展。全球抗衰老的需求日益旺盛，正在成为一种社会流行趋势，带动抗衰老药物研发成为关注热点，抗衰老药物研发新赛道正在逐步形成，衰老干预新业态正在全球范围内兴起，不断推动赋能老龄产业的发展。

抗衰老药物研发新赛道。 抗衰老药物作为一类蓬勃发展的新兴事物，随着各类抗衰老药物技术路线的不断突破，将催生抗衰老药物研发新赛道。

衰老干预新业态。 抗衰老药物可以延缓衰老，使人们不生病、少生病，帮助人体保持年轻健康的状态、提升青春活力，从而催生衰老干预新业态。

高效赋能老龄产业。 抗衰老药物可以预防、治疗与年龄相关的慢性疾病，提升长寿人群的健康生活品质的同时，也能为心脑血管疾病、癌症等与衰老相关疾病的防治提供新的解决方案，形成转"治"为"防"的医疗健康新理念，高效赋能老龄产业。

2022 年全球抗衰老药物市场规模为 136.20 亿美元，预计在 2029 年达到 304.00 亿美元，年均复合增长率为 12.2%（图 1-2）。

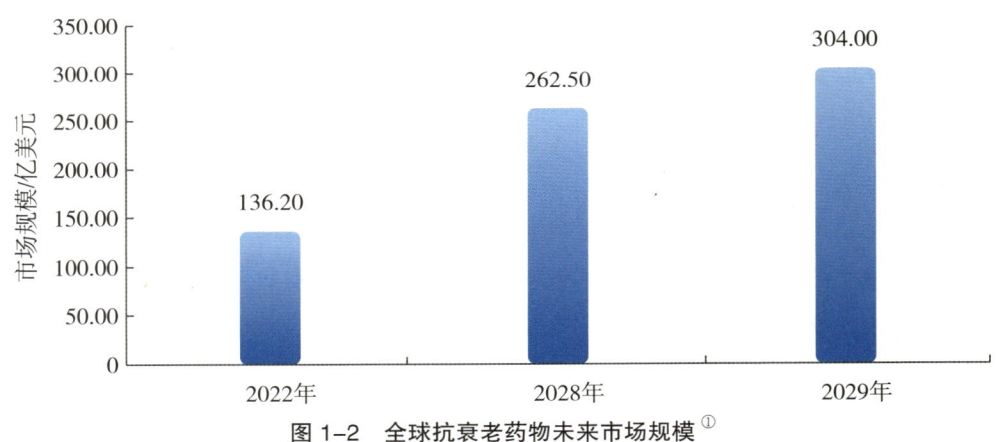

图 1-2　全球抗衰老药物未来市场规模[①]

（二）脑机接口

脑机接口是指通过在脑与外部设备之间创建的直接连接，来实现脑与设备的信息交换。该技术既是神经修复最有效的工具，能有效解决瘫痪、中风、帕金森等患者神

---

① 注：中国科学技术信息研究所汇总多方预测数据绘制。

经功能受损问题，还是全面解析认识大脑的关键核心技术和脑科学最前沿的重要工具，更为人类得以用意念来操控周围设备，赋予人类超越常人的耐力、速度、精度和效率提供可能性。

脑机接口技术是未来"人机物"三元共融、万物感知的核心技术，正在掀起一场技术应用的颠覆性创新革命，随着脑机接口技术在医疗、教育、娱乐、工业、军事等众多领域的应用，有望形成"人机物"三元共融新业态。首先，基于脑机接口技术本身形成全新医疗业态，如在神经系统疾病治疗中，帮助丧失神经功能的患者恢复交流和控制能力；其次，脑机接口技术融入不同领域中，可形成诸多新模式、新业态，如"脑机接口＋教育"的沉浸式智慧教学新业态、"脑机接口＋娱乐"的感知交互沉浸式娱乐新模式、"脑机接口＋工业"的人机感知交互协作新模式、"脑机接口＋军事"的脑控武器装备作战新模式等；最后，通过脑机接口可实现人脑与智能家居、计算机等设备的联网，形成人机互联网新业态（图1-3）。预计到2043年，其相关市场规模可达2000.00亿美元。

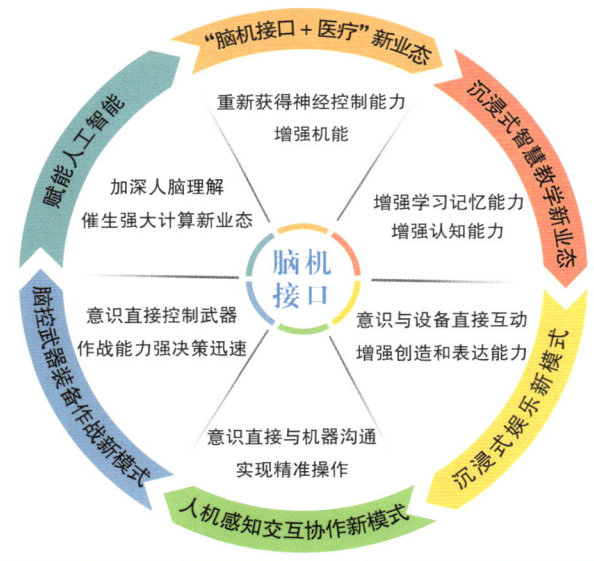

图1-3 脑机接口驱动的未来产业

◎ 技术介绍

脑机接口是指通过在脑与外部设备之间创建的直接连接，来实现脑与设备的信息交换，是一种涉及神经科学、信号检测、信号处理、模式识别等多学科的交叉技术。一方面，该技术可帮助神经系统疾病患者通过意念与外界进行高效互动，修复运动感知功能，用于治疗各种神经系统疾病，如帕金森病、脊髓损伤等。另一方面，可以使人类用意念操控周围的设备，获得超越当前极限的耐力、速度、精度和效率，增强人类的认知能力等。

脑机接口的研究可以追溯至1924年，德国精神科医生汉斯·贝格尔发现脑电波，人们注意到意识是可以转化成电子信号被读取的。以此为基础，脑机接口技术开始起步并逐步发展，到20世纪60年代末，脑机接口技术真正开始成形。1970年，美国国防高级研究计划局（DARPA）开始组建团队研究脑机接口技术。1998年，美国埃默里大学植入了世界上第一个可获取高质量神经信号来模拟运动的脑机接口。进入21世纪后，脑机接口技术从科学论证阶段逐步走向应用实验阶段。2005年，Cyberkinetics公司对9位患者进行了第一期的运动皮层脑机接口试验。2013年，美国华盛顿大学首次进行了人类之间非侵入式脑对脑接口试验。近年来，脑机接口的疾病研究、临床试验领域双双取得重要进展，利用脑机接口技术不仅可以使瘫痪患者说话交流、站立行走，而且相关概念产品已经获批进入临床试验阶段，脑机接口正在从科幻走向现实。

脑机接口发展潜力巨大，已经引起各国政府、科技企业的高度重视。2018年11月19日，美国商务部工业和安全局（BIS）出台了对14项尖端技术进行出口管制的征求意见稿，将脑机接口技术列入管制范围。2021年10月26日，BIS再次将脑机接口技术确定为一种可能对美国国家安全至关重要的潜在的新兴和基础技术，并发布了《关于拟制定脑机接口技术出口管制规则的通知》。

虽然近期脑机接口突破不断，距离现实越来越近，但仍需解决以下几项挑战：①大脑有800亿~1000亿个神经元，对神经元数据的采集及对信号的分析解读仍是难点；②现阶段不同类型的脑机接口实现方式都存在一定的缺陷。侵入式脑机接口风险高，可能会发生免疫反应或感染；而非侵入方式的信号质量较差，易受到干扰；③脑机接口存在一定的伦理风险，其适用领域、合理的增强程度都不明确。未来，脑机接口技术将重点朝着高性能脑机接口、双向脑机接口及信息安全等方向发力。

◎ 重要性

首先,脑机接口作为当前最前沿的科技,一方面通过探索人类大脑工作原理和机制,可以更好地帮助理解人类智能的本质,促进人类文明的发展;另一方面可以充分发挥人脑优势,用于辅助、增强、修复人体的感觉——运动功能,或提升人机交互能力,促进人类健康和幸福发展。

其次,"脑机接口+"应用场景广泛,产业带动作用明显。一方面,可满足医疗健康、娱乐、智能家居、国防安全等领域的需求,提升人们生活质量;另一方面,可促进经济增长,创造就业机会,提高国家的竞争力和创新能力。加强脑机接口的研究,可进一步推动芯片、传感器等产业的发展,形成新的经济增长点。

最后,近年来随着美国对脑机接口进行出口管制,脑机接口相关系统级产品及核心器件的供应受到持续影响,进而波及我国脑科学研究、神经疾病患者治疗等领域,国内急需原创性脑机接口核心技术。发展脑机接口技术成为我国突围破解"卡脖子"问题的重要抓手。

◎ 驱动未来产业与市场规模

脑机接口作为下一个生命科学和信息技术交叉融合的主战场,代表了一种新兴的、具有潜在颠覆性的技术领域,在医疗、教育、娱乐、工业、军事等领域具有重要的研究意义和巨大的发展潜力,有望催生一系列"脑机接口+"新模式、新业态,驱动"人机物"三元共融新产业。

"脑机接口+医疗"新业态。在医疗领域,脑机接口可为康复医学、神经工程等领域提供强大的支持技术。例如,通过脑机接口控制的假肢和外骨骼设备可以帮助截肢者和瘫痪患者恢复行动能力,提高生活质量。此外,脑机接口还可以用于治疗帕金森病、癫痫等神经性疾病,为患者带来新的治疗希望,"脑机接口+医疗"新业态正在形成。

沉浸式智慧教学新业态。在教育领域,脑机接口技术可帮助人类更高效地获取和处理信息,学生可以通过脑机接口在短时间内获取大量知识,提高学习效率;教师可以利用脑机接口实时了解学生的认知状态,为他们提供更为个性化的教学方案,这将对教育方式产生深远影响,进而催生"脑机接口+教育"沉浸式智慧教学新业态。

感知交互沉浸式娱乐新模式。在娱乐与虚拟现实领域,脑机接口技术将为游戏、电影等娱乐产业带来革命性的变革，用户可通过脑机接口与虚拟世界直接互动，实现更自然、更真实的沉浸式体验。此外，脑机接口还可以用于艺术创作。例如，通过捕捉大脑中的想象力来生成音乐、绘画等作品。"脑机接口＋娱乐"感知交互沉浸式娱乐新模式正在形成。

人机感知交互协作生产新模式。 在工业领域，脑机接口可实现人与机器之间的紧密协作，工程师可以通过脑机接口直接与机器人、无人机等设备进行沟通并加以控制，形成准确、高效的"脑机接口＋工业"人机感知交互协作生产新模式。

脑控武器装备作战新模式。 在军事领域，脑机接口技术可为军事指挥、战术规划等提供支持。通过实时的信息获取和处理，指挥官可以更快地做出决策，提高战场反应速度。同时，脑机接口还可用于无人战车、无人机等武器系统的控制，提升作战能力，从而催生决策快速、作战能力强的"脑机接口＋军事"脑控武器装备作战新模式。

赋能人工智能，催生智能计算新业态。 脑机接口技术的发展有助于更深入地了解人脑的工作原理，为人工智能研究提供宝贵的启示。在未来，人工智能系统可能会借鉴人脑的结构和功能，催生高效、强大的智能计算新业态。

2022年全球脑机接口的市场规模为17.40亿美元，预计到2043年，其相关产业市场规模将高达2000.00亿美元，年均复合增长率为25.3%（图1-4）。

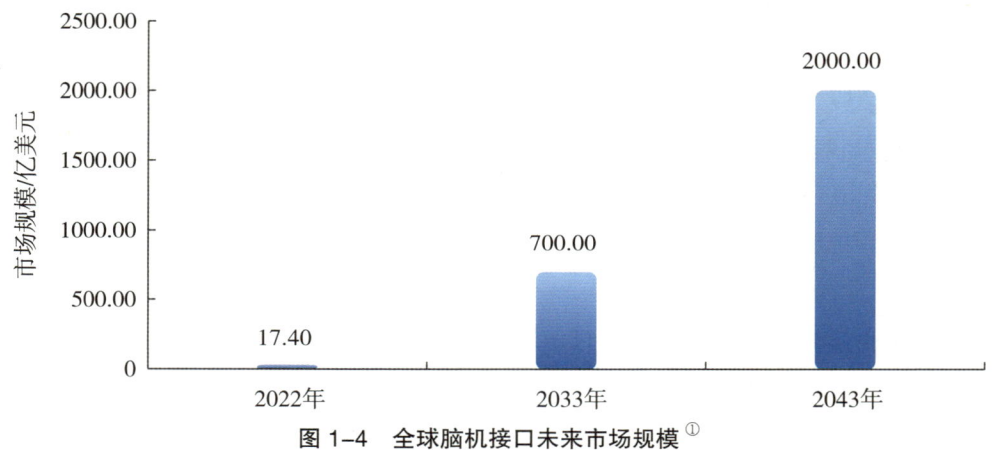

图1-4 全球脑机接口未来市场规模[①]

---

① 注：中国科学技术信息研究所汇总多方预测数据绘制。

（三）人造肉

人造肉作为一种全新的肉类生产方式，是一类非自然产生蛋白制品的统称，具有环保、动物友好、健康等特点。作为肉类的衍生品，人造肉的出现有望彻底改变传统由动植物生产蛋白质所需时间长、转化效率低、自然资源浪费巨大等现状，解决肉类生产所带来的环境污染、动物福利和健康等问题，保障日益增长的蛋白食品有效安全供给。

人造肉通过生物技术手段，可实现无菌、无抗生素、无激素、无遗传物质改变的生产过程，减少环境污染的同时，也提高了食品安全的保障水平。与传统动物肉相比，人造肉在食品安全、公共卫生和节能环保等方面均有着不可替代的优势，将深刻改变传统生产方式，重塑肉类蛋白供应产业格局，稳定肉类供应，实现食品工业迭代升级，缓解传统养殖业带来的环境资源压力。随着全球人口增长、食品安全和环境保护等问题日益突出，人造肉新型食品产业正在全球范围内迅速兴起，正在带动蛋白食品生产、个性化健康餐饮等新模式的蓬勃发展（图1-5）。预计到2027年，全球人造肉的市场规模将达到350.00亿美元。

图 1-5　人造肉驱动的未来产业

◎ 技术介绍

人造肉，又名人造蛋白，是指不通过传统动物养殖的方式获得的接近动物肉制品（色、香、味、口感等）的一类蛋白制品的统称。按照蛋白来源和生产技术，通常把人造肉分为植物蛋白肉、动物细胞培养肉和其他替代蛋白肉等。其中，植物蛋白肉是指以植物蛋白为基础原料，通过智能制造等现代食品工艺加工制成的具有新鲜肉营养价值和形态风味的食品，也称植物肉或素肉；动物细胞培养肉是依据动物肌肉细胞生长修复机制，利用动物干细胞直接在培养基上进行体外培养而获得的肉类，也称培育肉或体外合成肉；其他替代蛋白肉主要是以食用菌蛋白、藻类蛋白、乳蛋白、昆虫蛋白及其他新型合成蛋白质为蛋白源，经过合成加工而成。

人造肉的研究最早要追溯到1896年，美国营养学家凯洛格发明商业用肉类替代品，并率先开发了两种美国第一类植物性肉类产品，美国开始引入商业肉类替代品。20世纪30年代，国外学者提出培养肉的概念，即不通过养殖动物的方式获得肉制品。随后，人造肉的发展陷入很长时间的停滞期，直到2002年，汉堡王打开了素食汉堡的先河，让人造肉重新活跃在大众的视野。我国自古就有食用豆腐等豆制品的饮食习惯，以植物蛋白替代动物蛋白作为食品已有悠久的历史，但是真正开展人造肉相关研发却起步较晚，发展相对滞后。2019年11月，中国第一块人造肉在南京农业大学国家肉品质量安全控制工程技术研究中心诞生，周光宏教授带领团队使用第六代的猪肌肉干细胞培养20天，生产得到重达5克的培养肉。

近年来，随着生物化学等学科的不断发展，以及合成生物学、基因工程、发酵工程等技术的进步，人造蛋白外观、质构、风味、口感、营养成分等都越来越接近动物肉，制备技术也更加高效，逐渐成为全球商业资本投入的热点。企业纷纷研发植物蛋白肉相关技术和产品，注册植物蛋白肉或人造肉相关商标，目前已有多款产品推向市场。

尽管人造肉已进入商业化阶段，但仍有一些重要的因素制约其进一步发展，具体包括：①基础研究仍不能支撑产业快速发展，还有许多问题没有得到有效解决。②低成本产业化技术研发亟待取得新突破，生产成本较高依然是制约人造肉发展的关键因素。③技术管理标准和法律法规亟须健全。④由于色泽、口感、风味、质地与动物蛋白肉还有一定差距，因此现阶段的植物蛋白肉只是作为普通消费者食品多样化的一种补充，公众消费价值观偏好也成为制约人造肉发展的一大障碍。

◎ 重要性

人造肉作为一种全新的肉类生产方式，以"更健康、更安全、更营养、更美味、更高效、更可持续"为目标，是未来农业和未来食品发展的重要方向。国家发展改革委 2022 年印发的《"十四五"生物经济发展规划》明确提出，要积极探索研发"人造肉"等新型食品，实现食品工业迭代升级，降低传统养殖业带来的环境资源压力。具体而言，发展人造肉具有以下重要意义：①发展人造肉与农业绿色发展理念高度契合，有利于推动农业与食品行业转型，解决人口与资源发展的现实矛盾；②发展人造肉能保障日益增长的蛋白食品有效安全供给，减少对资源的依赖性，改变肉类蛋白供应的全球格局；③发展人造肉可以进行个性化营养设计，有助于降低人类疾病发生率，提升国民健康水平；④生产人造肉所需的植物蛋白源和动物细胞源成分及生产环境安全可控，能够有效防控人畜共患病，也减少病原菌微生物引起的疾病，能极大限度地降低公共卫生安全风险。

◎ 驱动未来产业与市场规模

人造肉技术作为合成生物学在食品产业的应用探索，创造性地将肉制品从传统畜牧业养殖转变为先进工业生产，引领了全球肉类产业的一次颠覆式革命，开辟了人造肉新型食品产业，在蛋白食品生产、绿色安全食品、健康餐饮等领域带来了全新模式。

蛋白食品生产新模式。人造肉采用合成生物学技术，颠覆了传统的肉类生产方式，能够帮助企业降低成本，提升生产效率，是一种绿色、高效、低成本的蛋白食品生产新模式。

绿色低碳安全食品新业态。人造肉的出现有利于推动农业与食品行业转型，减少肉类生产所带来的环境污染问题，同时来源成分和生产过程也更加安全可控，有效降低公共卫生安全风险，形成绿色低碳安全食品新业态。

个性化健康餐饮新模式。未来人造肉营养价值高、脂肪含量低，口感、营养成分等可进行个性化设计，将催生个性化健康餐饮新模式。

2022 年全球人造肉市场规模约为 180.00 亿美元，预计到 2027 年人造肉行业市场规模有望达到 350.00 亿美元，年均复合增长率为 14.2%（图 1-6）。

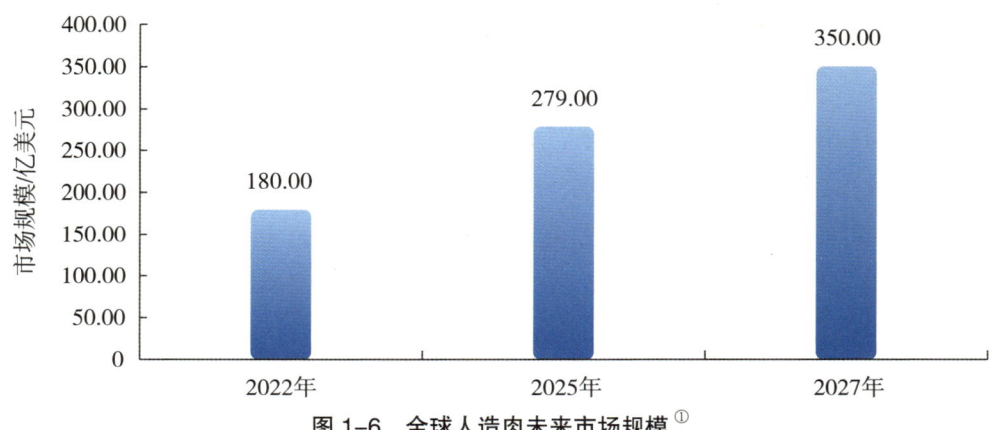

图 1-6　全球人造肉未来市场规模[①]

（四）生物传感器

生物传感器是由生物学、电化学、光学、信息科学等多学科交叉融合发展形成的一种新型传感技术，具有高灵敏度、高效率、高安全和低成本等特点。通过与智能化系统的结合，生物传感器可自动完成数据采集、处理及分析，降低主观判断造成的误差，实现生物体与环境中的生物分子及参数实时监测分析过程的智能化、可视化、微型化和功能多样化，对生物技术发展至关重要。

随着生物学、电子学、材料学的深入融合，生物传感器已发展成为信息和生物技术之间的新增长点。生物传感器作为生物物质监测的工具化基础，它的出现将颠覆传统常规的化学分析方法，极大地改善监测的准确性和便利性，催生生物信息监测新业态。特别是随着生物传感器在医疗健康、环境保护、食品和药物分析、国土安全，以及生物技术、生物芯片等不同场景中的深度融合、渗透，正在形成全时动态监测诊断医疗新模式，全方位、全天候环境监测预警新模式，快速准确的食品检测新模式，实时、全景、可信情报侦察新模式等（图 1-7）。据估计到 2028 年，全球生物传感器市场规模将达到 463.00 亿美元。

---

① 注：中国科学技术信息研究所汇总多方预测数据绘制。

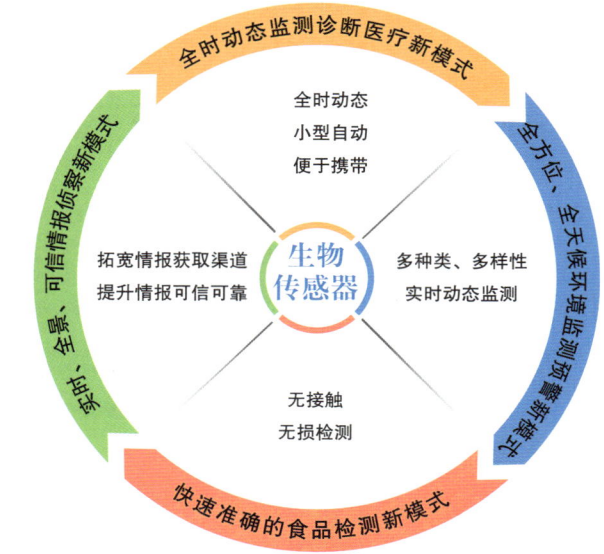

图 1-7　生物传感器驱动的未来产业

◎ 技术介绍

生物传感器作为生物学、电化学、光学、信息科学等多学科交叉融合发展形成的一种新型传感技术，是一种对生物物质敏感并将其浓度转换为电信号进行检测的仪器。根据生物识别元件不同，可分为酶生物传感器、免疫生物传感器、微生物传感器、细胞生物传感器，以及 DNA 生物传感器等。与传统传感器相比，生物传感器具有体积小、响应快、灵敏度高、成本更低、不需对检测样品进行预处理等优点，能满足诸多应用场景需求，在环境检测、食品工业、生物医学和军事等领域都极具价值。特别是随着微系统分析技术和纳米技术的引入，生物传感器具有了亚微米尺寸的换能器、探针或者纳米微系统，灵敏度和性能大幅提升，发展进入了一个全新阶段。

生物传感器这一概念最早起于 1962 年，Clark 和 Lyons 首次提出"在化学电极的敏感膜中加入酶以实现对目标物质进行选择性分析"的设想。1967 年，Updike 和 Hicks 将葡萄糖氧化酶固定化膜与氧电极组装在一起，研制出电化学葡萄糖传感器，为生物传感器发展开启了新篇章。随后，其发展可以大致分为 3 个阶段。20 世纪 70—80 年代，众多物理和化学换能器原理的采用奠定了生物传感器领域发展框架，美国 YSI（Yellow Springs Instrument）等公司积极开展第一代生物传感器的商品研发与生产，并于 1979

年将研发的血糖测试用酶素电极用于医疗检测市场。自 20 世纪 80 年代起，通过检测抗体或受体蛋白等媒介体变化来反映底物浓度变化的第二代生物传感器引起人们广泛的研发兴趣，其中具有代表性的是瑞典商 Pharmacia 推出的 BIAcore 与 BIAlite 两项第二代生物传感器产品。21 世纪以来，纳米技术的引入赋予了生物传感器更多新的特性，如高灵敏、多参数、微环境应用等，催生第三代生物传感器的进一步发展。

未来，随着生物学、电子学、材料学、分析化学等多学科的不断交叉融合，技术水平和工艺的不断提高，生物传感器将进一步提高其检测效率、适用性和普适性，并将向着功能多样化、智能化、微型化、高灵敏度、低成本等方向不断发展，会具有更为广阔的应用前景。其中可穿戴生物传感器、智能生物传感器、微型生物传感器、植入式生物传感器及组合生物传感器将是重点发展方向。

◎ 重要性

生物体具有独特的生物化学识别能力，能够对外界刺激做出反应，并将这些信号转换成体内能接收并处理的信号，使其获得营养物质或远离危险。生物传感器作为生命科学和信息科学交叉的工程技术领域，是一类可利用生物识别的敏感性来观察和了解生存环境，即模拟自然界的细胞、组织、蛋白质和酶等的基础性工具，能将可观察的事物转变为可测量的物理量，帮助人们更准确地了解生物学过程和生物体内部状态。

生物传感器在食品、医疗、军事、工业、环境等领域具有良好的应用前景，利用它可以监测人体的生理参数，如心率、血压、血糖等，帮助医生进行疾病诊断和治疗；可以监测环境中的污染物、细菌、病毒等，提供实时的环境监测数据；可以测量分析食品类成分、食品添加剂、有毒害物及食品类鲜度等。该技术作为连接人与科技的桥梁，正在改变我们的生活方式和健康管理方式，正在引领人类乃至整个自然界的进一步变革。

◎ 驱动未来产业与市场规模

如今生物传感器已广泛应用于医疗健康、环境保护、食品安全、国防安全等领域，正在形成一系列"生物传感器+"新模式、新业态。

全时动态监测诊断医疗新模式。在医疗健康领域，生物传感器将赋能智慧医疗产业，有望颠覆传统的生命监测与医疗诊断方式。一方面，生物传感器可为快速、灵敏和准确诊断提供新的手段；另一方面，可帮助人们实时了解自己的健康状况，并采取相应的措施来维护和改善健康，催生全时动态监测诊断医疗新模式。

全方位、全天候环境监测预警新模式。在环境保护领域，生物传感器可以监测和分析环境中的污染物、气候变化和生物多样性等指标，有助于实时评估环境状况，及时采取措施来减少污染、保护生态系统，并为环境决策提供科学依据，催生全方位、全天候环境监测预警新模式。

快速准确的食品检测新模式。在食品安全领域，生物传感技术可用于检测食品中的细菌、病毒和化学残留物，帮助确保食品安全和消费者健康，快速准确的食品检测新模式正在形成。

实时、全景、可信情报侦察新模式。在国防安全领域，通过研发基于纳米结构的新型生物传感器，有望在军事作战中增加传感器和情报来源，助力部队发现战场威胁，为指挥官提供更完整的战场图像，催生实时、全景、可信情报侦察新模式。

2022年全球生物传感器市场规模达到214.24亿美元，预计2028年将达到463.00亿美元，年均复合增长率为13.7%（图1-8）。

图1-8　全球生物传感器未来市场规模[①]

（五）AI药物研发

AI药物研发是通过人工智能技术与生物医药技术的深度融合，实现大幅缩短药物研发时间、节省研发成本、提升效率与精度。AI技术在新药研发中的应用有望解决传统药物研发一直面临的技术难度大、投入资金多、研发周期长、风险大等问题，助力新药研发突破研发周期10年、研发费用10亿美元的"双十逆境"。

随着人工智能、生物医药等技术在制药领域的不断深度结合，AI技术已经渗透到

---

① 注：中国科学技术信息研究所汇总多方预测数据绘制。

整个制药流程中的多个环节，全新的 AI 药物设计、合成、筛选等研发生态悄然形成。一方面，AI 能提供强大的发现关系能力和计算能力，可在以周为单位的时间内完成从蛋白的设计到合成，进一步降低试错成本、缩短研发时间和提升研发效率。另一方面，借助 AI 预测生物活性、毒性、物理化学性质，可大幅提升从大量化合物分子中挑选出更为适合的化合药物的效率（图 1-9）。据估计，AI 技术的应用可为新药研发中的主要环节节省 40%～60% 的时间成本，有望在 5～10 年内成为药企运营模式中的标准配置，预计到 2028 年，全球 AI 药物研发的市场规模将达到 109.30 亿美元，百亿赛道蓄势待发。

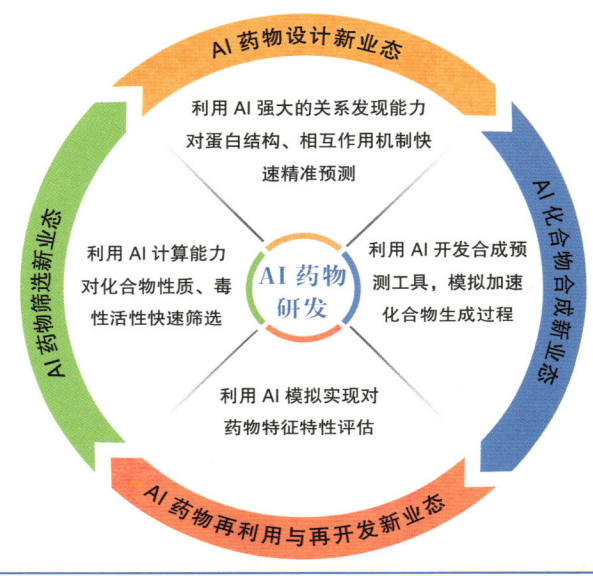

图 1-9　AI 药物研发驱动的未来产业

◎ 技术介绍

AI 药物研发是指利用机器学习、深度学习等方法来赋能药物靶点发现、化合物筛选等环节，从而为新型药物的快速研发带来新的解决方案。与传统药物研发模式相比，AI 药物研发可更好地发现和解析疾病与基因、蛋白质等生物分支之间的关系，找到重要靶点、确定分子作用机制，并预测并发症和不良反应，因此不仅能够加速新药开发，降低研发成本，提升药物研发成功率，还使得制药公司可以享受更长的专利保护期，更有动力加大新型药物的研发投入。更为重要的是，利用 AI 研发的药物会更加便宜，能使更多患者受益，进而改变传统制药企业的盈利模式，真正让好药惠及大众。

早在1981年，美国《财富》杂志就对计算机辅助的药物发现进行了专题报道——《下一次工业革命：默克公司通过计算机设计药物》。2000年，利用机器人进行"高通量筛选"已经被用来快速测试数百万种化合物。2017年，在AlphaGo击败人类职业围棋选手后，谷歌子公司DeepMind开始将目光转向药学关键问题——"蛋白质结构预测"；2020年末，DeepMind提出的深度神经网络蛋白质形态预测模型AlphaFold2以超越所有传统计算方法的精确度彻底改变生物制药格局，也让AI药物研发开始走向时代浪尖，被制药企业看作颠覆未来的期望。

从现阶段发展来看，随着AI在技术上的不断突破，以及各式临床"组学"（-omics，包含基因组学、蛋白质组学、转录组学等）数据的建立，AI在药物开发方面的应用从开始的小分子药物设计、文献分析，已经发展到广泛应用于药物研发管线开发的各个阶段，如寻找药物的治疗和毒性效应曲线，预测药物的结构、生物活性和作用方式，选择临床试验人群等。搭载AI技术后，药物发现、临床前研究的时间将缩短近40%，可以节约50%~60%的临床试验时间，以及每年近260亿美元的化合物筛选成本和约280亿美元的临床试验费用，AI技术正在孕育一场新的制药革命，并成为助力药企"弯道超车"的有力工具，促使各大药企纷纷与AI科技公司展开合作。英伟达官网显示，全球100多家医疗保健企业正在与NVIDIA就Clara模型合作，推动人工智能加速药物设计，优化药物在体内的作用方式。2023年3月，由华为云联合中国科学院上海药物研究所共同训练而成的华为云盘古药物分子大模型迎来重大突破，可以实现针对小分子药物全流程的人工智能辅助药物设计。据估计，未来5~10年内，AI将会成为药企运营模式中的标准配置，市场前景广阔。

AI药物研发赛道一片广阔蓝海，但仍有许多挑战需要应对。首先，AI虽然能辅助制药的各个环节，但很多过程依旧需要"人力"决策。其次，在数据和模型层面，医疗数据尚未形成统一的统计标准，有价值的数据难以获取。最后，AI药物研发作为人工智能与医疗行业的交叉点，也面临着行业磨合的阵痛。未来，随着各项技术的不断进展，以及各类资源的不断整合、创新，AI药物研发将会更加迅速准确、有效率，造福更多不同疾病的患者。

◎ 重要性

AI药物研发作为颠覆性的药物研发新范式，能加速新药开发，减少时间和成本，提高预测准确性、药物功效和安全性，提升药物研发成功率，彻底改变传统技术难度大、投入资金多、研发周期长的制药模式，重新定义制药过程，将对生命医药行业产生深远的影响。此外，该模式也会使得药物更加便宜，使更多患者受益，真正让好药惠及大众，造福人类，对提高人类寿命的长度和质量具有重要意义。

◎ 驱动未来产业与市场规模

如今，AI 在药物研发中发挥着越来越重要的作用，并与药物研发的各个环节紧密结合，进而吸引各大公司争相入局，不断催生 AI 药物设计、AI 化合物合成、AI 药物再利用与再开发、AI 药物筛选等药物研发新业态，逐步形成 AI 药物研发新产业。

AI 药物设计新业态。通过 AI 实现对靶蛋白 3D 结构、对药物和蛋白质相互作用的精准预测，帮助研究人员理解药物的活性与功效，催生快速、有效的 AI 药物设计新业态。

AI 化合物合成新业态。利用 AI 开发的合成预测工具，可以模拟、加速化学物的合成，降低新分子合成的失败率，催生 AI 化合物合成新业态。

AI 药物再利用与再开发新业态。通过 AI 实现对候选药物的多重药理特征和药用特征的多目标评估，催生 AI 药物再利用与再开发新业态。

AI 药物筛选新业态。通过 AI 实现对生物活性、毒性、物理化学性质的预测，迅速从大量的化合物分子中挑选出更为适合的化合药物，催生效率高、周期短的 AI 药物筛选新业态。

2022 年，全球 AI 药物研发的市场规模为 13.36 亿美元，预计到 2028 年，其市场规模将达到 109.30 亿美元，年均复合增长率可达 42.0%（图 1-10）。

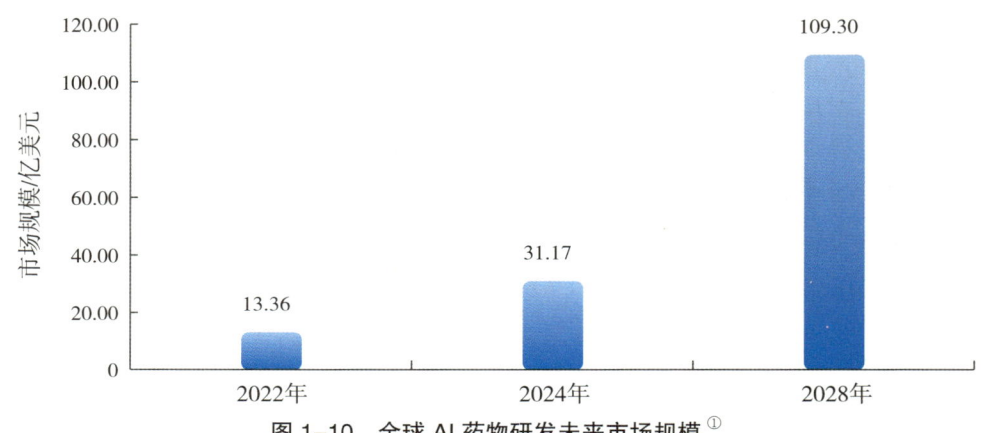

图 1-10　全球 AI 药物研发未来市场规模①

---

① 注：中国科学技术信息研究所汇总多方预测数据绘制。

二、生命健康领域颠覆性技术线索

2023 年，中国科学技术信息研究所颠覆性技术研究团队依托颠覆性技术感知响应平台，通过"全球技术监测→弱信号识别→技术线索发现→线索分析研判"等 4 个步骤，识别研判出生命健康领域 7 条颠覆性技术线索：细胞重编程技术正在使逆转衰老成为可能；脑机接口从科幻到现实，产业化拐点已然到来；预训练大模型开启蛋白质从头设计新时代；AI 赋能"蛋白质开关"设计，微观尺度下控制生命正在成为可能；"细胞漫游者"技术为实现活细胞实时监测奠定基础；下一代 RNA 技术备受关注，药企巨头争相入局；二氧化碳到糖实现"年"到"小时"跨越，人工合成糖取得突破性进展。

（一）细胞重编程技术正在使逆转衰老成为可能

◎ 技术线索

2022 年 3 月 7 日，美国索尔克生物研究所和基因泰克公司等研究机构利用"山中因子"的重编程分子实现自然衰老细胞表观遗传标记的部分重置，安全有效地逆转小鼠衰老进程，证明了生物体逆转衰老的可能性。

细胞重编程技术除了可能解决与年龄增长有关的疾病外，也为通过改善细胞功能恢复组织与机体健康提供了新思路。小鼠衰老进程的安全有效逆转及细胞重编程技术多项重要研究成果呈井喷式涌现，同时吸引了包括 Altos Labs 及谷歌旗下 Calico 公司等在内的国外顶尖生命健康领域企业的广泛关注，期望在 20 年内"战胜衰老"。

当前利用细胞重编程技术逆转衰老已被证明是可行且最有前景的技术路线之一，相关科学研究成果的不断突破、企业巨头的重金布局有望加速该技术从"实验室"走向"市场"的转化进程。

◎ 技术内涵

目前利用细胞重编程技术[①]逆转衰老的主要方法是将 4 种称为"山中因子"的重编

---

① 细胞重编程技术是生物领域中一个崭新的研究领域，是将一种细胞转变成另一种细胞及其分化细胞的技术，它以转录因子技术为基础，通过精准控制细胞重编程过程中的生物学因素，来控制细胞的分化，可用于多种疾病的治疗，如癌症、心血管疾病和多系统紊乱等。

程分子混合添加到衰老细胞中，进而将表观遗传标记重置为原始模式来达到逆转衰老的目的。

2022年3月，美国索尔克生物研究所和基因泰克公司等研究机构发表研究称可以将自然衰老小鼠的细胞部分重置到更为年轻的状态。结果表明，经过治疗的小鼠受伤后的皮肤细胞具有更强的增殖能力，血液中的代谢分子也没有表现出与年龄相关的正常变化，其衰老进程被安全有效地积极逆转，证明了生物体逆转衰老的可能性。

细胞重编程技术最早可追溯至2006年，日本京都大学山中伸弥（Shinya Yamanaka）率先将Oct3/4、Sox2、c-Myc和Klf4 4种转录因子（称为"山中因子"）基因克隆入病毒载体，转染小鼠成纤维细胞，使其重编程成为类似于胚胎干细胞的诱导性多能干细胞（induced pluripotent stem cells，iPS cells）。2012年，山中伸弥因对"体细胞重编程技术"的研究获得诺贝尔生理学或医学奖。此后，科学家用来制造干细胞的技术，也正是基于该项研究成果。2016年，美国索尔克生物研究所人员开始尝试将细胞重编程技术应用到抗衰老领域，并相继成功使用"山中因子"对抗衰老迹象、延长患有过早衰老疾病小鼠的寿命、加速年轻小鼠肌肉再生，并在2022年进一步在老、中、青不同年龄段的健康小鼠身上使用"山中因子"，测试了细胞再生方法的变化。

细胞重编程作为一种年轻化技术，同时引起了Altos Labs、Calico公司等顶尖生命健康领域企业的广泛关注与布局，并希望通过这项技术在20年内"战胜衰老"。相关研究的突破、企业巨头的重金布局有望加速该技术从"实验室"走向"市场"的转化进程，前沿研究、产业发展双赛道已然开启。

◎ 重要性

抗衰老是人类生命探索亘古不变的话题。细胞重编程技术在抗衰老领域的研究证明了生物体逆转衰老的可能性，预示着衰老可以不再是物种注定的命运，而是一种可以被治愈或者被缓解的疾病。在人类平均寿命不断延长、全球老龄化日益加剧的今天，该技术为解决人口老龄化带来的社会、医疗等现实问题提供了可能性，有望带来医疗领域的重大变革。

◎ 潜在影响与应用

细胞重编程技术通过将细胞部分重置到更年轻的状态，实现安全有效的逆转衰老进程。具体来讲，经过治疗的小鼠与年轻小鼠相似，其受伤后的皮肤细胞具有更强的增殖能力，不太可能形成永久性疤痕，血液中的代谢分子也没有表现出与年龄相关的正常变化。这种治疗方式不是简单地延缓衰老，而是更积极地逆转衰老。

同时，该方法除解决与年龄增长有关的疾病问题外，也为生物医学界提供了一种新思路，即通过改善不同疾病情况下的细胞功能来恢复组织和机体健康，如神经退行性疾病等。

◎ 困难与障碍

总体而言，细胞重编程技术在抗衰老领域中的应用仍存在不少限制。

一是现阶段细胞重编程的效率较低，只有一小部分细胞能成功重编程为多功能性细胞。其原因可能是只有相对受损较少、较为年轻的细胞才能被重编程，那么组织和器官之间的差异就可能会影响到重编程的效率和治疗的潜力。针对这个问题科学家们也正在积极地寻找相应的解决方法，如"山中因子"的替代品、微调技术等。

二是"山中因子"出自癌细胞，具有很大的不稳定性，作用于人体是否会出现其他问题仍待进一步考证。与此同时，特定分子和基因如何通过"山中因子"的长期治疗而发生变化的机制也尚不明确，新的传递因子方法有待进一步开发。

三是从人类自身来讲，一方面，人类细胞上亿个，仅通过重编辑改变微小的一部分细胞很难彻底达到逆转衰老的目的。另一方面，目前该研究仍处于细胞实验和动物实验阶段，采用的方法和剂量是否适合人类也待进一步研究，开发可控、安全、特异性的基因疗法或替代性的药物疗法成为细胞重编程所面临的挑战之一。

◎ 弱信号

（1）美国索尔克生物研究所发现有望逆转衰老的逆龄疗法

2022年3月，美国索尔克生物研究所研究小组宣称通过将中年和老年小鼠的细胞部分重置，成功地逆转了中老年小鼠的衰老过程，证明了生物体逆转衰老的可能性是存在的。该研究发现，经过治疗的小鼠与年轻小鼠相似，受伤后皮肤细胞具有更强的增殖能力，不太可能形成永久性疤痕，血液中的代谢分子也没有表现出与年龄相关的正常变化。其结果表明，通过治疗可以实现积极的逆转衰老。

（2）美国索尔克生物研究所研究发现即使在年轻小鼠中，"山中因子"也可以加速肌肉再生

2021年5月，美国索尔克生物研究所发表研究声称，虽然"山中因子"促进组织

再生的机制尚不明确，但其短期、系统表达已被证明能使衰老的细胞恢复活力。特别是在肌纤维中，能诱导肌肉干细胞或卫星细胞的激活，从而加速年轻小鼠的肌肉再生。尽管该方法距临床应用仍有距离，但其为与肌肉再生和生长相关的潜在机制提供见解，为早日实现运动员和老年人更有效的组织再生提供帮助。

（3）谷歌 Calico 公司利用重编程技术研究抗衰老问题

2022 年 7 月，由谷歌资助成立的专注于抗衰老领域的 Calico 公司尝试利用重编程技术来研究抗衰老问题，结果表明：各种不同的重编程因子可以在不同程度的体细胞身份抑制下恢复年轻表达。

（4）新成立公司 Altos Labs 专注于细胞重编程逆转衰老，引 4 位诺奖得主助力从根源解决衰老问题

2022 年 1 月底，Altos Labs 携 30 亿美元巨额融资走出隐身模式，这是生命科学领域有史以来规模最大的一笔融资，除了巨额融资，加盟 Altos Labs 的科学家阵容同样耀眼，目前已有 4 位诺贝尔奖得主加入。该公司表示，其短期目标并不包括盈利，将致力于在科学上取得突破，其长期计划是通过重编程技术使细胞重新恢复活力，进而扩展到动物乃至人类，最终实现延长人类寿命。

（5）Altos Labs 开发成熟期瞬时重编程技术，成功逆转皮肤细胞

2022 年 4 月，抗衰公司 Altos Labs 剑桥实验室负责人 Wolf Reik 教授带领团队开发一项名为成熟期瞬时重编程的技术，能在短短 13 天内使 53 岁的皮肤细胞年轻将近 30 岁，细胞功能也向年轻细胞趋近。这项研究在修复受损肝脏细胞方面取得了长足进步，有望在将来拓展到更换整个肝脏器官，并有望开发出针对感染、癌症、遗传性肝病及非酒精性脂肪性肝炎等疾病的新疗法。

（6）哈佛大学等机构实现活体重编程，荣登 Nature 封面

2020 年 12 月，哈佛大学医学院、哈佛大学 Wyss 生物启发工程研究所遗传学系、耶鲁医学院病理学系等机构研究人员成功实现活体重编程，并荣登 Nature 封面。该研究采用一种部分重编程技术，通过在一个循环中简单诱导"山中因子"来实现部分重编程，结果表明，体内中枢神经系统的短暂循环重编程可能是改善中枢神经系统衰老和神经退行性疾病的有效策略。

（二）脑机接口从科幻到现实，产业化拐点已然到来

◎ 技术线索

2023年5月以来，脑机接口在疾病研究、临床试验领域双双取得重要进展。瑞士洛桑联邦理工学院团队利用脑脊髓接口在大脑和脊椎之间建立起直接的神经联系，使四肢瘫痪患者能够站立、行走的同时，也可进一步促进神经修复。脑机接口公司Neuralink开发的"Link"脑芯片获得美国食品药品管理局批准，成为继Synchron公司之后第二家进入临床试验的科技公司，距离"全脑接口"商业化目标更近一步。美国贝莱德神经科技公司成功将"NeuroPort Array"脑芯片植入50位志愿者大脑中，希望能够对抑郁、失明和瘫痪患者的生活产生积极影响。

脑机接口作为能够实现与外界设备直接进行交流的技术，一方面，可以帮助神经系统疾病患者通过意念与外界进行高效互动，修复运动感知功能，为其带来新的生机与希望；另一方面，脑机接口可以使人类通过意念操控周围的设备，获得超越当前极限的耐力、速度、精度和效率，可能会彻底改变人类的未来。

从现有信号来看，脑机接口已被证明可以帮助人类用神经信号与周围保持沟通，已进入临床试验阶段且被初步证明结果安全有效。该技术正从"实验室"走向"实际应用"，产业化拐点已然到来。

◎ 技术内涵

脑机接口是在人脑与计算机或其他电子设备之间建立的直接交流和控制通道，通过该通道人类不需要语言或动作就可以直接通过大脑来表达想法或操纵设备，可以有效增强身体与外界交流或控制外部环境的能力，是一种涉及神经科学、信号检测、信号处理、模式识别等多学科的交叉技术，具有广阔的应用前景和巨大的市场潜力。1924年，德国精神科医生汉斯·贝格尔发现脑电波，人们注意到意识是可以转化成电子信号被读取的。自此，脑机接口技术开始起步并逐步发展。1970年，美国国防高级研究计划局开始组建团队研究脑机接口技术。20世纪80年代，科学家们开始探索如何利用脑机接口技术为残疾人士提供新的交流方式，并研发了早期的脑机界面系统。特别是进入21世纪后，计算机科学和神经科学的不断发展为脑机接口技术注入了更多的动力，不断拓宽应用场景，世界多国科研高校、企业纷纷投入脑机接口研究。2023年5月以来，脑机接口的疾病研究、临床试验领域双双取得重要进展，利用脑机接口技术

不仅可以使瘫痪患者"说话交流"、站立行走，而且相关概念产品已经获批进入临床试验阶段，脑机接口正在从科幻走向现实。鉴于脑机接口发展潜力巨大，已经引起各国政府、科技企业的高度重视。脑机接口技术也被美国列入 2018 年的技术出口管制列表及 2022 年的《关键和新兴技术清单》等。随着神经科学、信息技术的不断进步，相关研究结果的持续突破，以及 Synchron、Neuralink 等科技企业临床结果的进一步证实，脑机接口技术的投资产业化拐点已然到来。

◎ 重要性

脑机接口技术可以充分发挥人脑的优势，在最低限度损伤大脑和最大限度利用大脑之间找到平衡，绕过人体自身器官，推动大脑直接与外界计算设备进行高效互动，修复人类的运动感知功能。脑机接口技术在医疗健康、娱乐、智能家居、国防安全等领域具有重要的研究意义和巨大的发展潜力。

◎ 潜在影响与应用

脑机接口是一个具有重大科学意义和广阔应用场景的技术，应用场景涵盖医疗、娱乐、心理健康等多个领域。

①通过脑机接口，神经系统疾病患者可以通过意念与外界进行高效互动，从而修复运动感知，改善认知能力，该技术可用于治疗各种神经系统疾病，如帕金森病、脊髓损伤等，进而减轻患者症状，提高生活质量。

②人们可以使用脑机接口通过意念来操纵周围的设备，获得超越当前极限的耐力、速度、精度及效率。例如，作为游戏娱乐设备，可以提升游戏互动性和趣味性；应用于心理健康领域，则可以帮助监测和改善情绪状态，减轻焦虑和抑郁等心理问题。

◎ 弱信号

（1）瑞士洛桑联邦理工学院研究人员利用脑脊髓接口让四肢瘫痪者重新站立、行走

2023 年 5 月，瑞士洛桑联邦理工学院研究团队开发一种脑脊髓接口，成功帮助慢性四肢瘫痪患者自然控制腿部站立、行走。更为重要的是，其支持的神经康复能促进神经修复，即使关闭脑脊髓接口后，患者也能重新掌握用拐杖在地面行走的能力。该设备可在几分钟内完成校准，能维持一年以上的可靠和稳定运行。

（2）斯坦福大学团队创造语音脑机接口交流新纪录，每分钟可"说出"62个单词

2023年1月，斯坦福大学研究团队开发首个用于记录皮质内微电极阵列脉冲活动的语音转文本脑机接口。在脑部植入物的帮助下，受试者能以每分钟62个单词的速度进行交流，是此前最佳水平的3倍。

（3）马斯克兑现承诺：其脑机接口公司的人体临床研究获FDA批准

2023年5月底，伊隆·马斯克创立的脑机接口公司Neuralink宣布"Link"脑芯片已获得美国食品药品管理局（FDA）批准，将开展人体临床研究。Link脑芯片是Neuralink开发的一种新型脑机接口，能够增加我们与大脑视觉皮层、听觉皮层、触觉皮层和运动皮层的连接，除能帮助治疗瘫痪、帕金森病、癫痫等各种神经系统疾病之外，还能扩展我们与他人、与世界及与我们自己的互动方式。

（4）50人已经植入了大脑芯片，脑机接口正在治疗抑郁症、失明与瘫痪

2023年5月，美国贝莱德神经科技公司成功将50颗名为"NeuroPort Array"的脑芯片植入50位志愿者大脑中，目的是希望这一科技能够对抑郁、失明和瘫痪患者的生活产生积极影响。

（5）Synchron宣布其脑机接口人体实验结果安全有效

2023年1月，Synchron发表的一项针对4名重症患者临床研究的同行评审的长期安全性结果显示：在植入第一代神经假体装置Stentrode于大脑血管的12个月后，4位患者没有出现血管阻塞，也没有出现与该装置相关的不良事件。

该公司作为Neuralink的主要竞争对手，开发了无须开颅，只需通过微创进行颈静脉植入脑机接口的技术，于2021年率先获得FDA批准在美国进行人体临床试验，并于2022年7月完成美国首例在患者体内植入脑机设备的手术。

（6）美国商务部召开脑机接口专题研讨会，就脑机接口的潜在用途和对国家安全的影响进行讨论

2023年2月，美国商务部召开为期两日的脑机接口专题研讨会议。会议邀请17位脑机接口产业界及学术界的专家参加，主要关注脑机接口的潜在用途及其对国家安全的影响。据悉，此次会议得到的有价值信息将会体现在脑机接口技术出口管理条例中，进而完善美国在脑机接口领域的技术管理。

（7）我国首个脑机接口综合性开源软件平台正式发布

2022年12月，天津大学、中电云脑等单位联合开发MetaBCI平台。该平台规范了脑机接口数据结构与预处理流程，开发了通用的解码算法框架，利用双进程和双线程

提高在线系统的实时效率，能够实现对用户大脑意图的诱发、获取、分析和转换等全流程处理，进而为全球脑机接口开发者、爱好者提供平台级的技术支持。

（三）预训练大模型开启蛋白质从头设计新时代

◎ 技术线索

2023年1月，美国Salesforce Research、Tierra Biosciences和加州大学的研究团队共同开发出新型人工智能工具ProGen，首次在实验室中从头开始生成与天然蛋白质同样功能的人工蛋白质序列。基于蛋白质生成模型的从头开始的蛋白质设计方法能够提高创造具有所需特性的新蛋白质的效率和精度。

在蛋白质工程领域，国内外多家研究机构、企业等都在人工智能驱动的从头生成蛋白质领域取得突破。在人工智能赋能方面，美国华盛顿大学团队基于深度学习算法创造全新的酶，中国多家企业联合高校发布蛋白质生成模型；在蛋白质从头设计方法方面，中国科学技术大学提出了全新的蛋白质从头设计路线。

多重信号显示人工智能驱动的从头生成蛋白质取得突破，实现从头生成全新蛋白质，为新药研发等提供新的思路和方法。蛋白质生成模型能有效利用指数级增长的多样化和相对未注释的蛋白质数据源，摆脱对结构信息或多序列对比的依赖。在通用大模型的助力之下，人工智能正在成为生命科学领域创新的源头之一，蛋白质从头设计领域还存在着无限可能。

◎ 技术内涵

蛋白质生成模型是通用大模型在蛋白质工程领域的应用，是蛋白质设计与深度学习的结合。蛋白质生成模型执行3种基本任务中的一种或多种：①表示学习：生成模型可以学习蛋白质序列的有意义表示；②生成学习：生成模型可以学习对以前没有观察到的蛋白质序列进行采样；③可能性学习：生成模型可以学习为满足期望标准的蛋白质序列分配更高的概率。在AlphaFold蛋白质结构预测取得革命性进展后，蛋白质折叠问题已经基本解决，人工设计特定性能的蛋白质成为关注的焦点。蛋白质从头设计（protein de novo design）意图探索蛋白质巨大的序列空间和结构空间，设计具有明确结构和功能特性的蛋白质，也被称为"反向蛋白质折叠问题"。该方法能够提高创造具有所需特性的新蛋白质的效率和精度。

1998年，David Baker团队开发了一种用于蛋白质结构预测的Rosetta算法平台，基于该平台掌握的蛋白质折叠规律，开创了人类从头开始创建和定制复杂的跨膜蛋白的先河。

2018 年 9 月，David Baker 团队实现了荧光激活的 β- 桶状蛋白的从头设计。这项研究首次实现了小分子结合蛋白的从头设计，为后续设计开发可以以高精度和高亲和力与小分子结合的蛋白铺平了道路。2019 年 7 月，David Baker 教授成功设计出可以通过诱导构象改变来调节其功能的开关蛋白质。2021 年，David Baker 教授提出"Hallucination"方法，证明神经网络通过大量数据的累积已经获得了设计新的蛋白结构的能力。2023 年，David Baker 教授在 2021 年研究的基础上进一步采用"Family-wide Hallucination"方法从头设计出了高活性和特异性的荧光素酶 LuxSit。在通用大模型的助力之下，蛋白质从头设计领域的未来存在着无限可能。

◎ 重要性

蛋白质是整个生物学的基础，但迄今为止在每种植物、动物和微生物中发现的蛋白质，远不到所有可能蛋白质的百分之一。蛋白质生成模型可以快速地构思出全新的蛋白质，有助于了解和探索新的生物活性，带来药物研发、疫苗设计和抗病毒治疗等方面的发现，有助于降低药物开发的成本和风险，提高药物发现的效率，更快地培育新的药物。

◎ 潜在应用与影响

蛋白质生成模型能有效利用指数级增长的多样性和相对未注释的蛋白质数据源，将序列信息和蛋白功能进行映射，从而提取各类家族特异性特征，生成具有可预测功能的蛋白质序列，摆脱对结构信息或多序列对比的依赖。

在天然蛋白结构功能不能满足工业或医疗应用需求时，想要得到特定的功能蛋白，就需要对其结构和序列进行设计。从头合成蛋白质可以加快生物工程领域的发展，模拟不同环境中的蛋白质表现，有助于更好地为我们理解蛋白质及其生物学功能提供帮助。

◎ 问题与障碍

①预训练大模型的成本控制是当前亟须解决的一大问题。在模型研发方面，有较高的数据、算法、算力门槛；在模型训练方面，数亿参数的读写、存储和训练成本巨大。

②专业领域高质量训练数据的缺失是蛋白质生成模型发展的一大障碍。蛋白质生成模型的训练需要大量、准确的数据集，数据不完整或包含错误，会使模型的预测、生成结果发生偏差，导致系统过度拟合。

③蛋白质从头设计中，对于如何充分地探索蛋白质主链结构空间，发现新颖的、"高可设计性"的主链结构，目前还没有系统性解决方法。

◎ 弱信号

（1）蛋白质生成模型 ProGen 首次在实验室合成由 AI 模型预测的蛋白质，与天然对应物一样有效

2023 年 1 月，美国 Salesforce Research、Tierra Biosciences 和加州大学的研究团队首次在实验室中合成了由 AI 模型预测的蛋白质，并发现它们与天然对应物一样有效。蛋白质生成模型 ProGen 接受了来自公开的已测序天然蛋白质数据库的 2.8 亿个原始蛋白质序列的训练，首次从头开始生成人工蛋白质序列。最新方法有望用于研制新药。

（2）华盛顿大学团队基于深度学习算法，从头设计合成自然界不存在的酶

2023 年 2 月，美国华盛顿大学蛋白质设计研究所 David Baker 团队通过深度学习方法从头设计合成了一种自然界中不存在的发光酶。研究人员利用深度学习算法"Family-wide Hallucination"，从头设计出能特异性催化底物的全新荧光素酶 LuxSit。该方法集成了无约束的从头设计和固定骨架序列设计方法，可以生成无限多的具有期望折叠的全新蛋白质。

（3）中国科学技术大学研究团队采用数据驱动策略，开辟出一条全新的蛋白质从头设计路线

2022 年 2 月，中国科学技术大学刘海燕教授、陈泉副教授团队采用数据驱动策略，开辟出一条全新的蛋白质从头设计路线。该团队建立了能在氨基酸序列待定时从头设计全新主链结构的 SCUBA 模型，突破只能用天然片段来拼接产生新主链结构的限制，显著扩展从头设计蛋白的结构多样性，进而设计出不同于已知天然蛋白的新颖结构。

（4）中国 AI 公司天壤智能发布蛋白质生成模型 TRDiffusion，可输出全新的蛋白质结构

2022 年 2 月，天壤智能推出一款基于扩散的蛋白质生成模型 TRDiffusion。作为一种新的蛋白质设计方法，该模型的不同之处在于，其是从头开始创造，并输出全新的蛋白质结构。TRDiffusion 借助去噪模型，可以逐步移动那些随机分布的残基，从而完

成蛋白质三维结构的合理组装。与其他模型相比，该模型更加接近人类的思维模式，拥有良好的创造性。

（5）星药科技联合复旦大学、中山大学提出基于三维感知神经网络的药物蛋白质结合预测模型 TANKBind

2022 年 10 月，星药科技联合复旦大学、中山大学提出了一种新的深度学习模型 TANKBind，用于预测蛋白质 – 小分子配体的结合结构和亲和力。TANKBind 采用三维结合构象表示分子之间的几何关系，从而提高预测的准确性。通过在多个数据集上的实验证明，TANKBind 相比于现有的方法，在预测蛋白质 – 小分子配体结构和亲和力方面都有更好的表现。

（6）德睿智药与西湖大学、厦门大学科研团队开发首个基于蛋白质动态信息的预训练模型 ProtMD，高效预测药物 – 蛋白亲和力

2022 年 10 月，德睿智药与西湖大学、厦门大学科研团队共同开发了首个基于蛋白质动态信息的预训练模型 ProtMD。给定药物分子和靶点蛋白，ProtMD 模型能够预测药物分子与生物体内靶点蛋白质结合后蛋白质结构的变化过程，推断药物与靶标蛋白结合的稳定性，预测药物功能，提升人工智能药物设计的精度和效率。

（四）AI 赋能"蛋白质开关"设计，微观尺度下控制生命正在成为可能

◎ 技术线索

2023 年 8 月，蛋白质设计领域先驱 David Baker 教授团队利用 Rosetta 和 ProteinMPNN 两种蛋白设计工具，首次生成可以折叠成多种固定结构的铰链蛋白。该蛋白同时具有两种明确的构象，并在与靶点多肽或者蛋白结合时会转化成为另一种构象，行使全新的功能，为蛋白质设计领域带来了全新变革。

AI 技术的出现开启了蛋白质从头设计的新时代，使得"蛋白质开关"设计更加高效、准确，同时该研究策略也让蛋白质设计突破了静态结构的局限，并可用于设计更为复杂的多构象复合体和蛋白质机器，如多肽组装和生物传感器设计等，为蛋白设计领域提供了更为广阔的可能性。

随着 AI 技术的持续发展与深度赋能，以及蛋白质相关机制机理的进一步解析，人类对微观层面的生命调控正在成为可能。

◎ 技术内涵

在自然界中，蛋白质通常具有多种构象状态来实现活性转换或形成蛋白复合物以响应酶、细胞受体、信使分子的刺激。从该角度看，若能实现对这种在设定条件下可自行转变空间结构的"蛋白质开关"的设计，使其能像电灯开关一样在特定情况下触发激活，就能实现在微观尺度下控制生命过程，因此该问题备受关注。

以往"蛋白质开关"的设计主要通过人工合成方式，耗时长、成本高。随着AI技术的出现，特别是在AlphaFold蛋白质预测取得革命性进展后，研究人员开始将视线转移到人工设计特定功能结构的蛋白质及功能结构可以进行切换的"蛋白质开关"。1998年，蛋白质设计领域先驱David Baker团队开发出Rosetta算法平台，用于探索蛋白质折叠规律，开创了人类从头设计蛋白的先河。自此起，该团队在蛋白质设计领域持续深耕，以期利用AI技术来深度赋能蛋白质的从头设计、合成，实现对生命体的进一步调控。2019年7月，David Baker团队成功设计出具有生物活性、可以通过诱导构象改变来调节其功能的"蛋白质开关"，开创了生物学的新纪元。2023年7月，David Baker教授团队开发了一种能从头设计全新蛋白质的深度学习方法——RFdiffusion，能测试拥有不同结构元素的设计组合，从头开始产生全新蛋白质的同时也能执行不同任务。2023年8月，该团队再次基于AI辅助设计，开发出同时具有两种明确构象的铰链样蛋白质，并可以根据这种特异性定制出"蛋白质开关"，为蛋白质设计领域带来了全新变革。

◎ 重要性

蛋白质作为生命系统的基本组成部分，在动物体内，具有帮助消化食物、收缩肌肉、检测光线、驱动免疫系统等作用，是药物的主要靶点。其中，"蛋白质开关"这类蛋白作为实现活性转换或形成蛋白复合物以响应酶、细胞受体、信使分子刺激的基础，具有重要研究意义。

与传统手段相比，AI技术的赋能使"蛋白质开关"的设计生成更加精准、高效，同时也将时间长度从"月"缩短至"秒"，功能形态更加丰富。未来随着更多"蛋白质开关"多种形态的快速研发，有望在全新疫苗、药物与治疗手段开发、新型传感器、新生物材料等领域带来新的变革，进而为人类实现调节生物功能、调控生命过程提供工具化的手段。

◎ 潜在影响与应用

基于 AI 生成的"蛋白质开关"的最大优势在于高效性和精确性。AI 技术能有效利用指数级增长的多样性和相对未注释的蛋白质数据源,快速将序列信息和蛋白质功能进行映射,大幅提升了研究效率,以此设计出更加复杂、多样化的全新蛋白质结构,拓宽蛋白质的应用领域。

正如晶体管可以对电信号做出反应,"蛋白质开关"可以在分子水平改变形状并且调控生物学相互作用,将给生物科技带来革命性的变化。一方面,基于 AI 开发的"蛋白质开关"可用于创建生物传感设备,特别是通过将其合并到更大的蛋白质系统中,以解决各种突出的设计挑战;另一方面,AI 对"蛋白质开关"的赋能将使全新的治疗蛋白的设计和测试更加有效、灵活,全新的生物材料、生物传感器、新药研发及智能药物递送系统正在成为可能。

◎ 问题与障碍

AI 蛋白质设计需要大量的训练数据和算例支持。一方面,蛋白质模型训练数据量不够、不完整或者包含错误都有可能使结构发生偏差;另一方面,模型训练需要较高的算法、算例门槛,存储、训练成本巨大,这对于研究团队来说可能是一个难以克服的问题。

蛋白质,尤其是"蛋白质开关"的结构和功能异常复杂,现有 AI 技术尚无法完全模拟和预测所有的功能细节,仍待进一步开发。

蛋白质的设计与优化不仅涉及结构和功能的预测,还要考虑稳定性、可折叠性等因素,特别是目前仍有大量蛋白质的功能、结构、作用等都处于进一步研究探索当中,这增加了设计的难度。

◎ 弱信号

(1)蛋白质设计领域先驱实现基于 AI 的"蛋白质开关"设计,有望变革生物科技

2023 年 8 月,蛋白质设计领域先驱——华盛顿大学 David Baker 教授通过 AI 辅助设计,开发出一种铰链样蛋白质,该铰链蛋白同时具有两种明确的构象,在与目标蛋白结合时显示出稳定的构象变化,因此可以根据这种特异性定制出"蛋白质开关",为蛋白设计领域带来全新变革。这种双态开关的研究能使蛋白质设计超越静态结构,转向更复杂的多肽组装和生物传感器设计,可用于开发智能疗法,为蛋白设计提供了

更广阔的可能性。

（2）瑞士洛桑联邦理工学院开发新型受控蛋白，可用于指导人体免疫系统

2021年10月，瑞士洛桑联邦理工学院研究团队开发出新的受控蛋白质，用于像灯泡一样开关细胞活动。该研究通过将两种合成蛋白质连接在一起，形成蛋白质对，随后找到第三种分子，能够结合现有结构激活它或者将其分解、失活。基于该种策略可以设计出能够精确指导人体免疫系统产生抗体的人工蛋白质，用于制造更有效的疫苗。

（3）华盛顿大学等团队从头设计具有生物活性的"蛋白质开关"

2019年7月，华盛顿大学和加州大学旧金山分校生物工程团队发明了第一个完全人造的蛋白质开关"LOCKR"，可在活细胞内工作，以改变甚至征用细胞内复杂的电路。研究证明LOCKR可被"编程"来改变基因表达，重新定向细胞运输，降解特定的蛋白质，并控制蛋白质结合的相互作用。同时，研究人员还利用LOCKR构建了新的生物电路，其工作原理类似于自主传感器，为科学家们提供了一种与活细胞相互作用的新方法，开创了生物学的新纪元。

（五）"细胞漫游者"技术为实现活细胞实时监测奠定基础

◎ 技术线索

2022年9月，麻省理工学院学者设计了一种可与3D生物系统兼容、可在活细胞内无线操作的微型天线。该技术被命名为"细胞漫游者"，其通过将传感、通信和信息技术嵌入活细胞内来实现细胞内计算、信息处理等多种功能，以便对细胞进行自由探索和调制，具有实时监测甚至指导细胞活动的潜力。

细胞作为生物体的基本结构，对其实现"非破坏式"的实时监测一直以来都是困扰研究人员的重要难题。随着信息技术、纳米工程的不断突破，微型化系统、无线传感创新不断涌现，为实现"细胞内旅行"奠定了重要基础。这种细胞层面的多功能、集成化工具为精准诊断治疗和药物发现提供了前所未有的机会，更为生物学和电子设备之间的交叉创造了新的方向。

从现有信号来看，利用微型天线来实现细胞内的自由穿梭、信号传递已被证实是可行且有效的，细胞层面的实时监测正在成为可能。

◎ 技术内涵

"细胞漫游者"（cell rover）技术是指研究人员设计的一种可在活细胞内无线操作

的微型天线，该天线具有实时监测甚至指导细胞活动的潜力，为医学诊断和治疗，以及研究其他科学过程开辟了新的可能性。

2022 年 9 月，麻省理工学院研究人员首次演示了一种可在细胞内工作并与 3D 生物系统兼容的微型天线。该天线比细胞要小得多，在对卵母细胞的研究中，所占的细胞体积不到 0.05%，远低于侵入和损伤细胞的尺寸。该研究使用磁致伸缩材料制造微型天线将电磁波转换为声波，使波长小了 5 个数量级，并利用非均匀磁场策略将"细胞漫游者"引入细胞内部。通过该方式，"细胞漫游者"不再像往常一样以破坏细胞来检测细胞质，而是可以在生物体内实时监测活细胞的发育或分裂，以及不同化学物质和生物分子的物理变化。监测细胞变化一直以来都是探索生物变化的重要方法。以往实验室检测细胞一系列生物参数时都是采用破坏性的方式溶解或撕裂细胞以释放内部物质，使得每个细胞只能在被裂解时被检测分析一次，为连续性的监测研究带来了诸多不便。因此，开发一种"温和"的新技术能够以非破坏性的方式对细胞内部进行采样分析，成为科学家们为了实现理想的监测效果而努力的重要方向。近年来，信息技术、纳米工程、微型化系统的不断发展，已经为实现"细胞内旅行"奠定了坚实的基础。随着设备微型化、信号传递等相关技术的不断创新突破，细胞层面的实时监测正在成为可能。

◎ 重要性

细胞作为构成"生命大厦"的基石，其细胞器和细胞内结构的特性在调节细胞功能方面发挥着重要作用，如基因表达、细胞运动和代谢。实现细胞内环境的监测和细胞内特性的定量测量对更好地理解亚细胞活动和疾病机制，加强对生物学和疾病的基本认识，实现健康监测诊断，以及开发新的治疗方法具有重要意义。

与以往破坏式的、一次性的细胞检测方式不同，"细胞漫游者"作为多功能的集成工具，提供了一种全新的、更为温和的方式来实现微型化设备在细胞内部的自由穿梭，进而为实时监测细胞内部变化及细胞对药物的反应等提供了可能，为未来进一步加深对细胞层面机制的理解提供了工具化基础。

◎ 潜在应用与影响

"细胞漫游者"技术通过整合智能传感、调制及能量收集技术，在细胞层面融合信息技术的多功能性，不仅有可能为生物学带来全新的理解，还可能为精准诊断、治疗和药物发现提供前所未有的机会，在生物学和电子设备的交叉领域创造新的研究方向。例如，将"细胞漫游者"与聚合物材料结合来感知细胞在化学或生物分子变化作用下的质量或应力变化，就可以实现检测和监测与疾病相关的生化和电学变化，以及单个细胞的变化，有助于提供一种先进的技术更好地评估细胞生理学在药物和疾病刺激下的长期演变，从而在癌症、神经退行性疾病研究、药物发现等领域发挥作用，这种整合能力是当前的细胞检测技术无法提供的。

◎ 未来发展方向

"细胞漫游者"技术因其提供工具式的手段，为细胞研究奠定了基础，未来将朝着以下两个方向进一步发展。

一是，"细胞漫游者"未来需要设计更小的尺寸以应用于更小的细胞。例如，可通过使用微加工技术（溅射和光刻技术等）使其进一步微型化。

二是，"细胞漫游者"技术利用低频磁场工作，具有良好的组织渗透性，因此可进一步扩大应用范围。例如，将其应用到体内操作技术中等。

◎ 弱信号

（1）麻省理工学院开发"细胞漫游者"技术，为医学诊断和治疗及研究其他科学过程开辟了新的前景

2022年9月，美国麻省理工学院研究人员设计了一种可在活细胞内无线操作的微型天线，具有实时监测甚至指导细胞活动的潜力，为医学诊断和治疗及研究其他科学过程开辟了新的前景。与往常破坏细胞的检测方式不同，"细胞漫游者"以更为温和的方式在细胞内部自由穿梭，来实现监测细胞的发育或分裂，检测不同的化学物质和生物分子等，所有这些都可以在体内实时进行。

（2）斯坦福大学研究人员首次实现细胞内电子设备的无线检测和通信演示

2021年3月，斯坦福大学研究人员利用电子技术的微型化首次实现了细胞内电子设备的无线检测和通信演示。该研究证实了无线射频识别设备不仅可以被哺乳动物细胞吸收，而且还可以在位于细胞内的情况下被外部检测和具体识别，促进了用于个性化医疗的长期细胞内实时测量系统的发展，以及对生物内在行为的理解，是朝着非侵入性的、用于单细胞分析的细胞内无线平台的愿景迈出的重要一步。

（3）美国东北大学研究人员设计一种磁电天线，可用于无线植入式医疗设备记录神经磁场

2021年5月，美国东北大学研究人员设计了一种天线用于无线植入式医疗设备记录神经磁场。该研究展示了一种超紧凑的双频智能纳米机电系统磁电天线，可以有效地进行无线能量采集并感知超小磁场。

（六）下一代RNA技术备受关注，药企巨头争相入局

◎ 技术线索

2023年4月，RNA生物技术初创公司Orbital Therapeutics宣布完成2.7亿美元A轮融资，用于研发RNA工具和下一代RNA药物。Orbital公司的目标是构建一个汇集和整合RNA技术和递送机制的技术平台，以延长RNA疗法的持久性和半衰期，并且将它们递送到多种不同的细胞和组织类型中。RNA药物具有靶点特异性强、药物作用长效、研发效率高、制备快速等多重技术优势，被用于多种疾病治疗领域，发展快速。以circRNA、tRNA为代表的下一代RNA技术因高稳定性、低免疫原性及疗法通用性等优势，进一步提升了RNA疗法的安全性和高效性。虽然下一代RNA技术仍处于研发早期，但因其应用前景广阔，自2021年以来就备受各大药企巨头、投资机构的关注，并争相入局。未来，随着对RNA类型和功能的进一步理解，以及多种配套递送手段的持续创新，该技术或成为"弯道超车"的新机遇。

◎ 技术内涵

RNA药物是指利用RNA形成的具有医学作用的大分子。该类药物通过识别与其互补的序列来靶向相应的基因转录和翻译过程，从而抑制特定蛋白的表达，最终起到治疗疾病的作用。过去10年来，基于多种RNA技术的药物（如反义寡核苷酸、小干扰RNA、mRNA疫苗）已获批上市，以环状RNA（circular RNA，circRNA）、转运RNA（transfer RNA，tRNA）为代表的下一代RNA因高稳定性、低免疫原性及疗法通用性等特点备受关注，成为近年来全球医药领域关注的焦点和投融资风口。

从20世纪70年代反义核苷酸概念的首次提出，再到近年来多款RNA药物获美国食品药品管理局批准上市，科学家们在近50年的研究过程中不断深耕RNA疗法核心技术。随着在稳定性、脱靶率及靶向药物活性等方面取得一系列突破，RNA疗法的应用范围不断拓展，使其逐渐从小众的基因治疗手段迈向主流医疗市场舞台，成为炙手

可热的最具发展前景的新型疗法之一。近年来，越来越多的研究发现通过反向剪接形成的共价闭合环状结构 circRNA 具有高稳定性和低免疫原性，能够延长给药频率，比 mRNA 更适合于长效性的 RNA 疗法开发，且具有生产工艺更加简单、递送更加灵活、生产和运输保存成本更低、产业化优势更加明显等特征。而 tRNA 体积小，疗法具有通用性，因此一种 tRNA 疗法可治疗数千种遗传病，在递送时更加灵活，也不会出现使用 AAV 载体递送某些完整基因或 CRISPR 核酸酶时存在的尺寸限制。至此，以上述两种 RNA 为代表的下一代 RNA 开始备受青睐，各国学者纷纷开展研究。

2021 年初，全球首家 circRNA 初创企业 Orna Therapeutics 获 8000 万美元融资，circRNA 时代正式来临。就目前而言，虽然下一代 RNA 技术仍处于探索阶段，但因其应用前景广阔，已引起默沙东、赛诺菲、MPM Capital 等各大药企巨头和风险投资机构的广泛关注并争相入局。下一步，随着人们对下一代 RNA 多种类型和功能的进一步理解，其稳定性、效率及蛋白表达等能力的逐步提高，以及基于纳米技术的多种递送手段方式的持续创新，下一代 RNA 有可能成为各大药企、制造商"弯道超车"的新机遇，成为全球产业的"新风口"。

◎ 重要性

相比传统小分子和抗体药物，RNA 药物直接在基因水平发挥调控作用，对致病基因清晰而相关蛋白质难以成药的靶点具有独特优势，在肿瘤、免疫疾病、罕见遗传病等领域有极大的应用潜力。此外，与必须穿过细胞质和核膜并冒着整合到宿主基因组风险的基因治疗不同，RNA 药物通过到达宿主细胞质的生物机制来发挥作用，没有潜在的基因组整合风险，也更加安全。总结来看，RNA 药物因治疗效率高、药物毒性小、特异性强、应用领域广、药物作用长效、研发率高及可快速制备等多重技术优势，具有重要的发展潜力。

以 circRNA、tRNA 为代表的下一代 RNA 技术作为未来 RNA 药物发展的主要方向，因高稳定性、低免疫原性及疗法通用、递送灵活等优势，更适用于个性化医疗，正在成为最具发展前景的新型基因疗法，备受关注。

◎ 潜在影响与应用

circRNA 和 tRNA 作为下一代 RNA 技术的典型代表，具有重要的应用价值。

circRNA 凭借高稳定性和低免疫原性两大特点正在成为下一代新型药物开发的理想

平台。此外相关研究表明，circRNA 与糖尿病、神经系统疾病、心血管疾病和癌症等相关，广泛表达和疾病调控机制有望使其成为未来疾病临床诊断的生物标志物，以及开发疫苗和新型治疗方式的重要手段。

对于 tRNA 来说，疗法的通用性和递送手段更加灵活使其优势明显，未来随着该疗法安全性和有效性的进一步验证，有可能扩大对疾病治疗的普适性。

◎ 问题与障碍

虽然目前 circRNA 在翻译效率和环化方面的难题已被逐渐克服，但限制 circRNA 应用的主要问题是成环效率会随着 RNA 长度增加而降低，成环副产物复杂，高纯度的大规模制备尤为困难。

基于 tRNA 的疗法还处在探索阶段。一方面，安全问题一直是抑制性 tRNA 疗法开发难以跨越的障碍，科学家们无法确定抑制性 tRNA 是否只与其指定靶点相互作用，也无法确定它们是否可能会与正常终止密码子结合。同时，在产业化过程中，生物技术公司也无法保证生产的抑制性 tRNA 疗法的安全性。另一方面，tRNA 也面临着递送难题，即如何将足够浓度的抑制性 tRNA 递送到体内仍是面临的重要挑战。

◎ 弱信号

（1）A 轮融资 2.7 亿美元，Orbital Therapeutics 公司瞄准"下一代"RNA 疗法

2023 年 4 月，RNA 生物技术初创公司 Orbital Therapeutics 宣布完成 2.7 亿美元的 A 轮融资，将用于 RNA 工具和下一代 RNA 药物的研发。消息称，该公司现阶段的 3 个重要战略方向分别是下一代疫苗、免疫调节疗法和蛋白质替代疗法。

（2）德国汉堡大学等机构研究人员首次通过新型脂质纳米颗粒递送 tRNA，为遗传疾病带来全新治疗方式

2023 年 5 月，德国汉堡大学、Arcturus Therapeutics、美国埃默里大学的研究人员合作，首次通过新型脂质纳米颗粒（lipid nanoparticle，LNP）递送 tRNA，为遗传疾病带来全新治疗方式。该研究通过 LNP 递送的工程化 tRNA，在体外和体内成功抑制无义突变，证明了天然 tRNA 可以被修饰并有效解码临床上重要的无义突变，且具有高安全性。

（3）ReNAgade 完成 3 亿美元 A 轮融资，以释放 RNA 药物的无限潜力

2023 年 5 月，致力于开发 RNA 药物治疗疾病的公司 ReNAgade Therapeutics 宣布完成由 MPM BioImpact 和 F2 Ventures 领投的 3 亿美元 A 轮融资。ReNAgade 通过将新型

RNA 递送平台和综合性 RNA 实验平台结合在一起，构建一个可完成编码、编辑和基因重组的全 RNA 系统来进行新药研发，以实现用 RNA 药物来治疗人体任何部位疾病的目标。

（4）默沙东 36.5 亿美元布局 circRNA 技术，以推进下一代 RNA 疗法

2022 年 8 月，默沙东宣布与 Orna Therapeutics 达成研发合作协议，共同发现和开发基于 circRNA 的多个研发项目，包括传染病和肿瘤学领域的疫苗和疗法。根据协议条款，Orna Therapeutics 将获得 1.5 亿美元前期付款和最高 35 亿美元的里程碑付款，再次引发人们对 circRNA 的关注。

（5）赛诺菲资助 circRNA 疗法先驱 2500 万美元，开发下一代 mRNA 递送技术

2023 年 4 月，国际制药巨头赛诺菲宣布将在 5 年内向麻省理工学院的 Daniel Anderson 实验室提供 2500 万美元资助，以支持其实验室开发下一代 mRNA 递送技术。该实验室将利用该笔资金开发 RNA 疫苗及用于 CRISPR 基因编辑的 RNA 递送技术。Daniel Anderson 教授表示，mRNA 疗法具有巨大的医疗潜力，但需要新的递送技术才能使其得到最广泛的应用。

（七）二氧化碳到糖实现"年"到"小时"跨越，人工合成糖取得突破性进展

◎ 技术线索

2023 年 8 月，中国科学院天津工业生物技术研究所等研究团队基于化学—酶催化法实现了从二氧化碳到 4 种己糖的高效精准全合成，该过程无须依赖光合作用，制备周期也实现了从"年"到"小时"的跨越，解决了糖分子立体结构可控的难题，是向人工合成糖研究迈出的关键一步。

糖类作为人体所需能源的主要来源，近年来利用二氧化碳人工合成糖类成为科技界持续攻关的重要领域，其实现为糖类生成提供了一种灵活、可拓展、多功能、高效的合成路线，颠覆了传统依赖植物转化制备复杂糖分子的范式，为绿色化学打开了一扇门。

就目前信号来看，我国已陆续实现人工二氧化碳精准合成淀粉、油脂、多种己糖，最新研究的糖合成效率已达到目前已知国内外人工制糖的最高水平，摆脱自然合成途径、利用二氧化碳创造多样的"糖世界"正在成为可能。

◎ 技术内涵

糖是人类生产生活中的一种重要物质，也是当今工业生物制造的关键原材料。二氧化碳合成糖是指利用人工催化方法将二氧化碳转化为糖和油脂，为糖类生产提供一条不依赖土地、不依赖种植的技术路线。该技术路线所需能量更少、更高效且能精准控制产物构型，提高产物选择性，降低后期分离成本，长期以来国内外研究者众多。

就现有研究而言，利用二氧化碳人工制备糖类的路径主要分为以下 3 种：一是化学—酶催化法。该方法实现过程的关键是通过技术方法改造生物催化酶分子，使得天然酶的活性和底物特异性得到优化，进而大幅提升从二氧化碳到碳一化合物（甲醇），再到碳三化合物（乳糖类），最后生成碳六化合物（己糖类）全过程的效率，这也是天津工业生物技术研究所使用的方法。二是电催化—生物发酵法。简单来讲，就是利用电解的方法将二氧化碳制备为一氧化碳，再用一氧化碳制备乙酸，最后利用酵母代谢乙酸来生成葡萄糖。2022 年 4 月，电子科技大学、中国科学院深圳先进技术研究院等团队就利用该方法完成了二氧化碳合成葡萄糖。三是纯化学法。如著名的克里安尼氰化增碳法（Kiliani-Fischer），但由于该类方法经济性较差，基本不作考虑。就上述 3 种路径而言，最具潜力的是化学—酶催化法，其比电催化—生物发酵法快且产量高，比纯化学法成本低，是一种具备工程化、规模化生产潜力的人工制糖路线，备受关注。

自 2021 年 *Science* 报道了我国科学家完成从二氧化碳人工合成淀粉起，我国科学家在该领域持续攻关，并陆续实现了从二氧化碳"变身"淀粉、葡萄糖、脂肪酸（油脂）、多种己糖，将现有糖合成的效率提升了 10 倍以上，摆脱自然合成途径，捕捉二氧化碳来创造多样的"糖世界"正在到来。

◎ 重要性

糖是人类生命活动及日常生活中的重要物质，也是当今工业生物制造的关键原材料。迄今为止，人类对糖的获取主要依赖于植物类生物质资源，人工合成糖的出现为糖类制造提供了一种灵活的、可拓展的模式，建立了可进一步延伸糖产物种类和构型的生物系统，实现了人工创造糖分子多样性。

一方面，该技术的出现有望颠覆以往"二氧化碳—生物质资源—糖"的加工过程，彻底解决传统受到植物光合作用能量转换效率限制，以及面临的植物生长周期长、生物质采集半径大、预处理过程成本高等问题，对保障粮食安全、实现工业化生产人体必需的营养物质迈出了关键一步。

另一方面，该问题的研究对解决能源和环境问题也具有重要意义。由于土地退化和短缺、生态系统退化、全球变暖导致的极端天气和自然灾害，依赖于糖类生物质资源的生产方式面临着原料供应的风险，发展高效、可持续的糖类合成路线具有重要意义。

◎ 潜在影响与应用

利用二氧化碳精准合成己糖的实现不仅为绿色化学打开了一扇门，也为工业生物制造提供了更多的可能。在此方案框架下，食用糖、医用葡萄糖、工业用糖，甚至战备白糖等将全部可以从源头起通过工业化生产来实现，其战略价值极其巨大。更为重要的是，基于己糖继续合成更大分子的多糖，如淀粉、纤维素、糖原等，以及其他多糖类高分子有机物，如透明质酸、肝素等，不仅可应用于食品、医药等领域，还可以作为工业生物制造关键原材料合成其他化学品，为负碳物质合成提供原料供给，满足人类其他物质需求，将会产生巨大的经济和社会价值。

◎ 问题与障碍

从二氧化碳合成糖领域来讲，其实现路径多种多样，尽管当前化学—酶催化法制备效率比以往制备方案高出 10 倍以上，具有突破性进展，但仍有较大的改进空间。

当前研究成果距离工业化生产还有一定的距离，产业化需要充分考虑效率和成本的问题以实现高效率的量产。一方面，需克服技术障碍，进一步优化和放大工艺，保持酶的高效有效催化，提升工艺稳定性与产率；另一方面，未来在量产过程中如何降低单位成本，也成为能否产业化的关键。

◎ 弱信号

（1）中国科学院团队二氧化碳精准合成己糖技术取得新进展

2023 年 8 月，中国科学院天津工业生物技术研究所与大连化学物理研究所科研团队通过将高浓度二氧化碳等原料在反应溶液中按一定比例调配，在化学催化剂和酶催化剂的作用下，得到了葡萄糖、阿洛酮糖、塔格糖、甘露糖 4 种己糖，整套实验的反应时长约 17 小时。与通过种植甘蔗等农作物提取糖分的传统方式相比，糖的获取时长实现了从"年"到"小时"的跨越。此次糖合成的效率比已知成果提高 10 倍以上，是目前已知国内外人工制糖最高水平。

（2）中国科学院团队实现直接利用二氧化碳合成葡萄糖

2023年6月，中国科学院青岛能源所微生物制造工程中心以蓝细菌为平台，应用合成生物技术和系统生物技术重塑聚球藻细胞的光合代谢网络，构建直接利用二氧化碳合成并分泌葡萄糖的细胞工厂，并揭示了决定葡萄糖高产和分泌的分子机制。

（3）加州大学伯克利分校研究团队利用非生物方法将CO_2转化成糖

2022年9月，加州大学伯克利分校研究团队利用非生物方法将CO_2转化成糖。该研究通过组合现有的CO_2转换模块，建立了从CO_2生成复杂产物糖的途径，即CO_2还原的初始产物乙醇醛和甲醛中通过Formose反应生成糖，评估了通常报道的CO_2产生甲醛和乙醇醛的电化学平台，证实了即使是少量的乙醇醛也是糖形成的必要引发剂。

（4）电子科技大学等团队实现二氧化碳人工合成葡萄糖和脂肪酸

2022年4月，电子科技大学等研究团队以封面文章形式在 *Nature Catalysis* 发表研究成果。该研究通过电催化结合生物合成的方式将二氧化碳高效还原合成高浓度乙酸，再利用微生物合成葡萄糖和油脂。该研究开辟了电化学结合活细胞催化制备葡萄糖等粮食产物的新策略，为人工和半人工合成"粮食"提供了新路径，为进一步发展基于电力驱动的新型农业与生物制造业提供了新范例，并入选"2022年中国十大科技进展新闻"。

三、生命健康领域重要技术动向

2023年，生命健康科技飞速发展，在干细胞、基因技术、脑科学、合成生物学、生物制造与生物医药等方面，科技突破不断涌现，产业化应用加速。

（一）干细胞在抗衰老研究、疾病诊疗、类器官等方面取得重大进展

2023年4月1日，英国剑桥大学对外公布，研究人员开发出一种新型神经植入物。在对实验鼠进行的研究中，科学家使用该生物融合装置改善了其大脑和瘫痪肢体之间的连接。虽然在将其用于人类之前还需进行广泛的研究和测试，但对于截肢者、失去肢体或肢体功能的人来说，这是一个很有前途的进展。

2023年7月19日，据Science Alert网站报道，哈佛大学研究人员发现了6种"化

学鸡尾酒"分子组合，能使人类和小鼠皮肤细胞的衰老过程逆转"数年"。研究人员表示，这项新发现提供了"用一片药片实现逆转衰老"的可能，其应用范围包括从改善视力到有效治疗老年病。相关研究成果发表在 *Aging* 期刊上。

2023 年 10 月 5 日，美国辛辛那提儿童医院与日本大阪大学合作，利用类器官技术创建了一个能够准确模拟由 SARS-CoV-2 病毒（新冠病毒）引起损伤的人类血管类器官模型，为开发有效的新冠治疗方法提供了新的思路。研究团队通过多次蛋白质组学、遗传学等相关研究确定了与新冠病毒相关的严重血管损伤和血栓可以通过一种长效单克隆抗体来缓解，该抗体靶向由 D 因子（CFD）调控的补体扩增周期。相关研究成果已发表于 *Cell Stem Cell* 期刊上。

2023 年 11 月 9 日，中国科学院脑科学与智能技术卓越创新中心（神经科学研究所）、上海脑科学与类脑研究中心刘真研究组、脑智卓越中心非人灵长类研究平台孙强研究团队和中国科学院广州生物医药与健康研究院 Miguel A. Esteban 研究组在国际上首次成功构建了高比例胚胎干细胞贡献的出生存活嵌合体猴，并证实了猴胚胎干细胞可以高效地贡献到胚外胎盘组织和生殖细胞。该研究对于理解灵长类胚胎干细胞全能性和发育潜能具有重要意义，为建立基于猴胚胎干细胞嵌合体的基因打靶和模型构建技术奠定了基础。相关研究成果已发表于 *Cell* 期刊上。

2023 年 12 月 5 日，上海科技大学生命科学与技术学院林照博和王皞鹏团队发表最新研究成果，首次构建了可由小鼠滋养层干细胞或胎盘衍生的小鼠滋养层类器官，在体外高度重现了小鼠胎盘中滋养层谱系的发育特征。该研究以小鼠滋养层类器官为平台进行了有效的 CRISPR/Cas9 筛选，提供了在体外高通量筛选滋养层谱系调控因子的可行方法。

（二）基因技术方法不断创新，在疾病诊疗方面发挥积极作用

2023 年 3 月 27 日，国家纳米科学中心孟幻研究员团队与中国科学院杭州医学研究所刘湘圣研究员团队对外公布，联合团队通过体内、体外迭代筛选，设计了适用于体内 mRNA 递送的、生物可降解的有机无机杂合纳米载体——阳离子聚合物包被的介孔二氧化硅纳米颗粒（MSNP）。安全性实验显示，经过迭代设计的 mRNA 纳米硅载体安全性良好，可生物降解，无急性毒性作用及脂质纳米颗粒（LNP）常见的过敏样或促炎免疫反应。

2023 年 4 月 2 日，美国麻省理工学院对外公布，该校工程师设计了一种新型纳米

颗粒，可用于肺部，在那里它可以传递编码有用蛋白质的信使RNA（mRNA）。随着进一步发展，这些颗粒能为囊性纤维化和其他肺部疾病提供可吸入的治疗方法。麻省理工学院化学工程系教授丹尼尔·安德森表示，这是首次证明RNA在小鼠肺部高效递送。研究人员希望它可用来治疗或修复一系列遗传疾病，包括囊性纤维化。

2023年4月10日，日本九州大学和名古屋大学医学院的研究人员发表最新研究成果，开发出一种优化的基因组编辑方法，使研究人员能够确定效率最大化的Cas9基因编辑过程，可极大地减少突变，从而更有效地治疗遗传疾病。

2023年6月1日，哈佛大学对外公布，研究人员开发了一种基因编辑+基因工程的双干细胞平台，通过局部给药，向脑转移的黑色素瘤释放溶瘤病毒和免疫调节剂，增强脑转移肿瘤免疫治疗效果。

2023年6月6日，美国麻省总医院对外公布，研究人员通过研究首次成功阐明了腺相关病毒（adeno associated virus，AAV）载体在衰老动物模型中的功效。研究团队开发出了一种携带与缺陷的TMPRSS3人类基因相当的基因突变的成熟小鼠模型，该突变通常会导致机体出现渐进性的听力缺失。该研究也是首个挽救衰老小鼠听力的研究，其指出了高龄时治疗DFN88患者的可行性，同时研究人员还确定了其他基因疗法在衰老人群中的可行性，为后期开发AAV2-hTMPRSS3基因疗法来治疗DFN88患者，无论是单一疗法或与人工耳蜗移植联合治疗，奠定了一定的基础。

2023年9月7日，据DeepTech网站报道，四川大学华西生物治疗国家重点实验室科研人员构建转基因小鼠癌症模型，为理解肿瘤发生早期阶段的演进和调控机制带来重要工具，在肿瘤早期干预上具有巨大潜力。相关研究成果发表于 *Nature Cancer* 期刊上。

2023年11月20日，复旦大学生物医学研究院杨力教授与上海科技大学、武汉大学研究团队合作，报道了一种基于碱基编辑技术的β-血红蛋白病基因治疗新策略。该研究证明了通过tBE靶向编辑位于HBG1/2启动子上的BCL11A结合基序，是更为精准有效且更加安全激活γ-珠蛋白表达的策略，为地中海贫血症的临床治疗提供了新方案。相关研究成果发表于 *Cell Stem Cell* 期刊上。

2023年11月28日消息，美国格拉斯通研究所、加州大学伯克利分校等机构的研究人员合作，开发了一种基于CRISPR的"癌症粉碎"方法，靶向切碎癌细胞特异性的非编码的重复序列，从而清除癌细胞，用于治疗胶质母细胞瘤。相关研究成果发表于 *Cell Reports* 期刊上。

（三）脑科学研究工具更新迭代，脑机接口技术向安全化、商业化发展

2023年2月1日，美国斯坦福大学对外公布，研究团队通过语音脑机接口（BCI）将与语音相关的神经活动转化为文本，从而使因患有中风和ALS等疾病而无法顺畅交流的人群受益。该项研究开发了首个用于记录皮质内微电极阵列脉冲活动的语音转文本BCI。研究人员表示，在脑部植入物的帮助下，该研究受试者能够以每分钟62个单词的速度进行交流，打破了之前的纪录，是此前最佳水平的3倍。目前，该研究尚未经过其他研究人员的正式审查。

2023年2月14日，杜克大学脑科学研究所（DIBS）的研究人员开发了超快功能光声显微镜（UFF-PAM），是一种超快的光声成像系统，能够捕捉到发生在主要大脑疾病中的功能和分子变化，速度是现有光声显微镜系统的2倍。提供与复杂的脑血管网络有关的实时详细信息的成像技术对于扩大我们对神经血管疾病（如中风、痴呆症和急性脑损伤）的了解非常重要。

2023年4月6日，澳大利亚悉尼科技大学团队创造出了可测量大脑电活动的"干式"传感器，在不平整的头部曲线和千丝万缕的头发中也能轻松使用。这项工作代表着朝着开发坚固、易于实现的干式传感器迈出了第一步，可帮助扩大脑机接口的应用。

2023年7月22日，清华大学对外公布，研究团队开发了一种名为SpiralE的脑机接口，该器件采用"入耳式"设计，使用者只需要将器件插入耳道，即可读取相应脑电波信息，侵入性远远低于其他的侵入式脑机接口设备。该研究提升了脑机接口的易用性与泛用性，推动了可穿戴脑机接口设备的发展。

2023年9月14日消息，日本东京工业大学科学家藤江敏典领导研究团队开发出一种新型柔性神经电极，或彻底改变皮质电图（ECoG）记录和直接神经刺激的执行方式。新电极的基板由称为聚苯乙烯丁二烯共聚物（SBS）的柔性材料制成的薄膜组成。该研究发现突出了柔性薄膜神经电极在诊断和治疗脑部疾病方面的潜力。相关研究成果发表在 *Advanced Materials Technology* 期刊上。

2023年9月19日，马斯克旗下的脑机公司已获得一个独立审查委员会的批准，将进行首次人体试验，对瘫痪患者的大脑植入设备。这项研究旨在测试Neuralink无线全植入式脑机接口的安全性和有效性，使瘫痪患者能够用大脑控制外部设备。

2023年10月24日消息，美国约翰斯·霍普金斯大学发表最新研究成果，开发出一种治疗渐冻症（ALS）的脑机接口（BCI），其能在3个月内保持90%的准确率，

且无须重新训练或重新校准算法。新方法使用不穿透大脑的电极，研究团队可以记录来自大脑表面的大量神经元，而不是单个神经元。研究显示，随着时间的推移，患者的反应非常稳定，不必重新训练 BCI 算法。在不久的将来，渐冻症患者仅仅使用大脑信号就可开灯、播放电视新闻，从而开启新的一天。相关研究成果已发表于 *Science Advances* 期刊上。

（四）合成生物学与多领域深度融合，为药物研发、新材料、生物元件等的创新应用提供新工具、新方法

2023 年 8 月 7 日，麻省理工学院和丹娜-法伯癌症研究所合作发表最新成果，研究团队开发了人工智能模型——OncoNPC，可以分析比较大约 400 个影响癌症发生发展的关键基因的 DNA 序列，并利用这些信息来预测患者的癌症起源和治疗反应，帮助医生制定个性化治疗策略。

2023 年 8 月 23 日消息，英国 Etcembly 公司研发团队使用生成式人工智能平台 EMLy 在 11 个月时间内研发出了新型癌症免疫疗法 ETC-101。新方法相比需要 2 年多时间的传统方法，显著缩短了研发时间。ETC-101 作为 T 细胞和肿瘤细胞之间的桥梁，可以激活 T 细胞产生细胞毒性蛋白质，导入肿瘤细胞并诱导肿瘤细胞凋亡。EMLy 通过扫描数亿个 T 细胞受体序列，加速了候选药物的设计，并有望降低后期临床试验失败的可能性。Etcembly 计划 ETC-101 项目于 2025 年左右进入人体临床试验阶段。借助强大的生成式 AI，肿瘤免疫疗法的设计将更高效、更精准，为癌症患者带来新的治疗选择。

2023 年 10 月 5 日消息，研究人员开发了新型开源计算方法——Spectra，改进了单细胞转录组数据的分析。研究团队通过将 Spectra 应用于两个乳腺癌免疫疗法数据集和一个肺癌图谱，涉及了 21 项研究中 375 个个体的 150 多万个细胞，证明了 Spectra 能够克服传统大规模分析的局限性。相关研究成果已发表于 *Nature Biotechnology* 期刊上。

2023 年 12 月 13 日，美国格拉斯通研究所发表最新研究成果，利用称为碱基编辑的下一代 CRISPR 工具研究了控制人类 T 细胞的详细分子结构，绘制出了错综复杂的免疫系统功能图谱。这可以帮助人们深入了解免疫疾病患者的基因突变情况。这个庞大的基因数据集还可以作为一种小抄，解释生化代码，帮助人们规划未来的针对癌症、自身免疫疾病、感染等疾病的免疫疗法。

2023 年 12 月 20 日，美国南加州大学多恩西夫分校的科学家们开发了一种新型的

DNA 组装工艺——CReATiNG，使用这项技术，研究人员可以组合不同酵母菌株和种类之间的染色体，改变染色体结构，并同时删除多个基因。这为从头合成染色体提供了一种更简洁、快速且更经济的方法。相关研究成果已发表于 Nature Communications 期刊上。

2023 年 12 月 21 日，上海交通大学华宇杰、周广东及山东大学冯世庆制备了一种框架增强的 3D 生物矿化基质水凝胶，实现耐受和快速软骨内骨再生。首先，设计出具有缺氧和骨诱导微环境的 3D 仿生水凝胶，随后，与 3D 打印的聚己内酯框架整合，提高其机械强度和结构保真度。该研究设计了一种耐受且快速的软骨内骨再生模式，开创了一种有效的颅面骨缺损修复方法。相关研究成果已发表于 Advanced Science 期刊上。

（五）生物制造持续向微型化、精细化方向转型，疾病诊疗应用前景初显

2023 年 2 月 2 日，清华大学附属北京清华长庚医院神经外科王贵怀团队和清华大学材料学院王秀梅团队基于生物 3D 打印技术，成功制备了一类有生命的类神经纤维，该纤维由类似于天然细胞外基质的水凝胶包裹着的高密度的神经干细胞组成，纤维定向排列组装为精准适配脊髓损伤区域大小的微型类组织，可作为移植物进行修复治疗。

2023 年 2 月 26 日，俄罗斯托木斯克国立控制系统与无线电电子大学对外公布，研究团队正在研发监测支架状态并收集做完支架手术后血管内血流参数的非接触式传感器，可以及时发现和消除术后并发症。该校"优先 2030 计划"办公室称，这是世界上首个此类监测系统。

当地时间 2023 年 4 月 5 日，韩国浦项科技大学（POSTECH）对外公布，研究人员与新加坡科技研究局（A*STAR）的研究人员合作，确定了肿瘤起始细胞的荧光探针 TiY 能够对这些负责肿瘤生长的细胞进行染色，同时抑制这些细胞的生长。TiY 提供了一种很有前途的癌症治疗方法，因为它可以在一个步骤中实现诊断和治疗。

2023 年 4 月 10 日，日本理化学研究所（RIKEN）对外公布，萩原雅哉（Masaya Hagiwara）领导的团队开发了一种巧妙的设备，使用立方体结构中的水凝胶层，使研究人员无需复杂的技术就能构建复杂的 3D 类器官。该小组最近还展示了使用该设备构建类器官的能力，这些器官忠实地再现了生物实际发育的特征——不对称遗传表达。该设备有可能彻底改变我们测试药物的方式，也可以为组织的发育提供见解，并为培育人造器官带来更好的技术。

2023年9月11日，据 Design News 网站报道，英国牛津大学研究人员受电鳗发电方式启发，开发了一种微型"液滴水凝胶电池"，通过水凝胶液滴之间的离子梯度来产生能量，可用于为集成到人体组织中的微型设备供电。相关研究成果于8月30日发表在 Nature 期刊上。该研究解决了如何将柔软的生物相容性设备产生的刺激与活细胞耦合的重要问题，对生物混合接口、植入物和微型机器人等设备的发展具有巨大的潜在影响。

2023年11月30日，美国塔夫茨大学和哈佛大学维斯研究所的研究人员发表最新研究成果，利用人类气管细胞创造出一种名为 Anthrobots 的微型生物机器人。它们可以在其他细胞的表面移动，还可以促进培养皿中神经元受损区域的修复。

（六）生物医药呈现多学科交叉态势，应用范围进一步拓展

2023年1月10日，捷克马萨里克大学发表最新研究成果，化学系的 KamilParuch 教授与实验生物学系 Vítězslav Bryja 教授通过结构优化的方法发现了系列 CK1 不同亚型的高选择性抑制剂，有助于开发治疗血液系统恶性肿瘤的重要药物。

2023年1月23日，新西兰奥克兰大学发表最新研究成果，将目前用于治疗癌症的药物 Alpelisib 作为饮食添加剂，从中年开始，能够将健康小鼠的平均寿命延长10%，而且它们在老年时表现得更加健康。

2023年3月13日，上海交通大学官网对外公布，上海交通大学转化医学国家重大科技基础设施（上海）点击化学技术中心（转化医学研究院董佳家课题组）、上海科技大学水雯箐课题组和美国 Scripps 研究所 Karl Barry Sharpless 课题组合作，通过模块化的点击化合物库与亲和质谱联用技术，设计、合成并筛选了大规模的、模块化的点击化合物分子库，并发现了一组靶向胰高血糖素样肽-1受体（GLP-1R）的新型别构调控小分子化合物。该工作证明模块化的点击化合物库结合亲和质谱的方法，极大提高了配体筛选的化学空间的独特性、多样性及发现过程的效率，不仅为 GPCRs 药靶的调控剂设计与发现开辟了一条新路线，同时也给进一步使用模块化的点击化合物库方法进行新药发现带来了很大的想象空间。

2023年3月17日，芬兰赫尔辛基大学和中国台湾慈济大学对外公布，研究人员发现了一种新的方法，可以在出血后清除大脑中的废物，朝着治疗脑出血造成的损伤迈出重要一步。

2023年3月22日，美国得克萨斯大学对外公布，MD Anderson 癌症中心的研究人

员表明，一种名为 revumenib 的新型实验性药丸，给治疗无反应的晚期白血病患者带来了治愈的希望。在美国进行的一项期待已久的临床试验中，这种药物已经完全消除了 1/3 参与者的癌症。尽管并非所有患者都表现出完全缓解，但科学家们仍然充满希望，因为结果表明这种药丸可能为将来治愈白血病铺平道路。

2023 年 3 月 24 日，挪威科技大学 Marit Otterlei 教授发现 ATX-101 在小型试验中阻止了多种类型癌症的进展。尽管该试验只是为了测试药物的安全性，但参与者肿瘤停止生长的比例为更大规模的研究带来了希望。

2023 年 3 月 27 日，中山大学对外公布，化学学院毛宗万教授团队设计开发了一种新的环金属化的 Pt（IV）- 三噻吩复合物，它在诱导 DNA 损伤的同时破坏了肿瘤细胞的锌稳态，导致了细胞质 Zn^{2+} 的过量积累和氧化还原失衡，最终诱导细胞焦亡和细胞骨架重塑，进而激活体内强大的抗肿瘤免疫反应。这是首例报道的调节锌稳态以激活抗肿瘤免疫的金属复合物，提示锌稳态药物在癌症化学免疫治疗中具有巨大潜力。

2023 年 7 月 14 日，据 MedSci 网站报道，南京医科大学和哈尔滨医科大学研究团队首次发现 S-亚硝基谷胱甘肽还原酶（GSNOR）在心肌细胞的线粒体定位，并明确 GSNOR 通过调控线粒体蛋白腺嘌呤核苷酸转位酶 1（ANT1）的巯基亚硝基化修饰影响线粒体功能，参与心肌重构和心衰进程，为相关疾病的预防和治疗提供了新的理论依据和潜在靶点。相关研究成果已发表于 *Circulation Research* 期刊上。

2023 年 9 月 11 日，香港中文大学对外公布，该校于君团队发现片仔癀（PZH）在 AOM/DSS 处理小鼠和 Apcmin/+ 小鼠中以剂量依赖的方式抑制结直肠肿瘤的发生。该研究阐明了肠道微生物与片仔癀代谢物之间的潜在相互作用，从而调节片仔癀在结直肠癌中的疗效。研究结果表明，片仔癀是 CRC 中一种潜在的化学预防药物，并且其与肠道微生物群的相互作用是其治疗反应的关键因素。

2023 年 11 月 8 日，据 Cell 网站消息，上海交通大学医学院附属仁济医院消化科陈豪燕和洪洁团队首次揭示了肠道真菌谱具有预测肿瘤免疫治疗疗效的作用，且肠道真菌预测准确性更高。这项研究首次揭示了肿瘤免疫检查点应答者及不应答者全面的泛癌肠道真菌谱，发现了具有良好预测性能的双界微生物标志物，突出了真菌在预测免疫治疗疗效方面的潜力，有望提高免疫检查点抑制剂治疗的适用性，为利用这些标志物预测免疫检查点抑制剂疗效、改善应答提供新思路。相关研究成果已发表于 *Cell Host & Microbe* 期刊上。

2023 年 11 月 21 日，清华大学研究团队发表最新研究成果，提出了一种自监督学习框架 KPGT，旨在加强分子表征学习，从而推进分子性质的预测任务。KPGT 在推进人工智能（AI）辅助药物的发现过程中，提供了强大而有用的工具。KPGT 引入了以知识为导向的预训练策略，可以有力地解决以前定义不清的预训练方法的局限性，使模型能够提供语义丰富的分子表征。此外，KPGT 还采用了多种微调策略，有效整合了预训练模型中获得的知识，从而提高了分子特性预测任务的性能。

颠覆性技术发展报告
2024

第 2 篇
人工智能与信息通信

  2023 年，人工智能与信息通信科技及产业均呈现出迅猛的发展势头。

  一是人工智能与信息通信领域不断涌现出众多颠覆性技术。其中，内容生成人工智能实现了从单模态到多模态的飞跃，其发展突破了传统内容生产手段的人力限制，未来可以有效填补工业劳动力缺口，满足日益增长的数字内容供给需求，为千行百业发展提供新动能；通用量子计算机则凭借其超快的并行计算和模拟能力，在运算速度、信息安全、复杂量子模拟、信息存储等方面突破了经典技术的瓶颈，是信息、能源、材料和生命等领域重大技术创新的源泉；6G 作为面向 2030 年的颠覆性移动通信技术，将实现更泛在的连接、更大的传输带宽和更低的时延，达成感知与通信、计算、控制的深度耦合，是未来经济社会数字化、智能化、绿色化转型的重要驱动力量；类脑计算能够实现存储处理一体化、超低能耗和超大规模并行信息处理，对于解决冯·诺伊曼架构的存储墙和能耗墙瓶颈、突破算力限制至关重要，是后摩尔时代的重要发展方向之一。这些颠覆性技术不仅深化了自身领域的发展，还加速向各个产业渗透，持续催生着新的产业领域、赛道，以及多种新业态和新模式，为未来数字化社会提供更加智能、高效的技术支持，更将驱动相关产业的创新和升级，为人类的生活和工作带来变革和便利。

二是人工智能与信息通信领域不断涌现技术新突破、新应用，诸多技术机会已初见端倪：具身智能理论与实践取得重要进展，助力迈向通用 AI；生成式 AI 内容检测技术取得进展，为 AI 治理提供新工具；新型神经架构模型为可解释人工智能提供新路径；大模型评测基准为 AI 模型持续改进夯实基础；基于忆阻器的存算一体技术推动边缘人工智能发展；下一代光学原子钟的研制取得重大进展，"秒"将被更精确定义；首批后量子密码标准候选算法发布，标准化和商业化应用进程加速；光量子计算原型机性能大幅提升，确立新的算力里程碑；太赫兹轨道角动量通信实验首次成功，标志着 6G 关键技术获得突破；芯粒技术重塑芯片市场格局；低能耗高通用性存算一体芯片取得突破；去中心化身份协议推动 Web 3.0 时代网络用户隐私数据保护进入新阶段；RISC-V 加速软件生态建设，助力我国芯片自主设计研发；光电芯片开辟超高性能芯片研发新路径。

三是人工智能与信息通信领域技术不断取得新进展。首先，人工智能大模型持续突破，并在垂直领域加速落地应用，美国 Meta 公司发布 Gemini 多模态大模型，美国 Salesforce Research 公司开发出新型人工智能工具 ProGen，有望用于研制新药。其次，量子信息科技领域取得多项突破，美国 IBM 公司发布全球首款拥有超过 1000 量子比特的量子芯片，美国谷歌公司通过降低量子计算错误率达成实用量子计算机第二个里程碑，为量子技术的实用化奠定坚实基础。再次，芯片技术在设计、制程、封测等方面均取得重大进展，美国苹果公司发布全球首款搭载 3 纳米电脑芯片的产品，中国清华大学研发出算力超过现有高性能芯片 3000 倍的超高速光电计算芯片，中国台湾台积电公司为 2 纳米芯片设计打造全新环绕闸极电晶体架构。此外，5G 商用部署和规模化应用持续拓展，中国华为公司完成基于 5G 商用网的车联网摸底测试，同时，6G 关键技术也不断取得突破，美国空军研究实验室完成了首次太赫兹频段的机间通信实验。

一、驱动未来产业的人工智能与信息通信领域颠覆性技术

2023 年，中国科学技术信息研究所颠覆性技术研究团队依托颠覆性技术感知响应平台，在检测全域科技信息、感知弱信号的基础上，识别预判出能解决未来大问题大挑战、驱动未来产业的人工智能与信息通信领域的 4 项颠覆性技术，分别是：**内容生成人工智能、通用量子计算机、6G 以及类脑计算**。

（一）内容生成人工智能

内容生成人工智能是指能够通过学习现有数据生成新的数据，以自动生成内容的一类人工智能系统。该技术实现了从单模态到多模态的飞跃，具备强大的泛化能力和一定的通用能力，演化出智能数字内容孪生能力、智能数字内容编辑能力和智能数字内容创作能力。内容生成人工智能突破了传统内容生产手段的人力限制，极大地满足日益增长的数字内容供给需求。

内容生成人工智能广泛用于文本、视觉、音频等不同模态数据，在设计、广告营销、搜索引擎、医疗健康、教育等领域的应用正在不断拓展，有望孕育生成式设计、智慧营销、生成式搜索、智慧医疗、人机混合增强教育、合成数据、模型开发服务、内容生成工具和平台等新模式、新业态（图 2-1）。内容生成人工智能正在与各产业各领域全面深度融合，预计到 2030 年，内容生成人工智能市场规模有望增长至 1093.74 亿美元，年均复合增长率为 34.6%。

◎ **技术介绍**

内容生成人工智能基于海量数据和深度学习算法，通过学习和模仿人类的创作风格和表达能力，自动创造并生成符合要求的内容。该技术以预训练大模型为技术底座，以大算力为基础，用强算法处理海量大数据，实现了从支持单模态单任务到多模态多任务的飞跃，具有泛化能力和一定通用能力，在文本、图像、语言、视频等信息内容生成方面带来了革命性变化。该技术能够以优于人类的制造能力和知识水平承担信息挖掘、素材调用、复刻编辑等基础性机械劳动，从技术层面实现以低边际成本、高效率的方式满足海量个性化需求；同时能够创新内容生产的流程和范式，为更具想象力的内容、更加多样化的传播方式提供可能性，推动内容生产向更有创造力的方向发展。

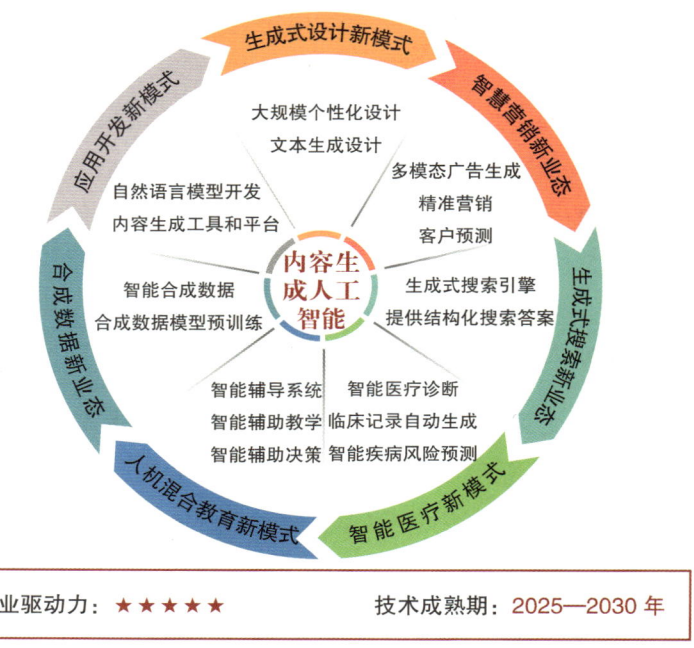

图 2-1　内容生成人工智能驱动的未来产业

在技术的早期萌芽阶段，受限于当时的科技水平，内容生成人工智能的发展仅限于小范围实验。2006 年，深度学习算法取得重大突破，图形处理器（GPU）等算力设备性能不断提升，互联网海量数据资源汇聚等促进人工智能取得显著进步。自 2014 年开始，随着以生成式对抗网络（GAN）为代表的深度学习算法的提出和迭代更新，内容生成人工智能迎来了新时代。2020 年，OpenAI 推出了 GPT-3，参数规模达到 1750 亿，训练数据量高达 45TB，在通用文本生成能力方面达到了新高度。2021 年，OpenAI 推出了 DALL-E，并于一年后推出了升级版本 DALL-E-2，主要应用于文本与图像的交互生成内容。2021 年开始，跨模态生成式大模型取得突破性进展，OpenAI、微软、谷歌、Meta 等头部科技公司纷纷推出 DALL-E、Make-a-Scene、PARTI 等跨模态生成式大模型。2022 年 11 月 30 日，OpenAI 推出了 ChatGPT，在全球掀起了内容生成人工智能的新浪潮，内容生成人工智能迎来规模应用期。

预训练大模型的发展为内容生成式人工智能的升级提供了强力的支撑。基于语言的大模型技术可以充分利用海量无标注文本进行预训练，赋予大模型对文本的理解和生成能力，在情感分析、语音识别、信息抽取、对话生成等场景中表现出色。视觉大模型赋予人工智能感知并理解海量视觉数据的能力，在环境感知、内容检索、模态对齐等任务上具有先天优势，是实现人工智能数字内容生成、数字孪生的基础。多模态大模型融合了不同模态的数据，能够建立不同模态数据之间的对应关系，实现不同模态数据间的相关转化与生成，是人工智能算法迈向通用人工智能的重要一步。当前内容生成人工智能技术已经从最初追求生成内容的真实性的基本要求，发展到满足生成内容多样性、可控性的进阶需求，并开始追求生成内容的组合性。

从技术层面上看，目前内容生成人工智能相关算法已经具备了真实复刻和创造某类既定内容的能力，同时相关模型对简单场景的内容生成也取得了较好成果，但面对多样性变化和复杂场景内容生成的挑战，现有内容生成人工智能的算法能力仍需进一步提升。未来内容生成人工智能将通过不同生成个体间的交互进行内容创作，通过对整体的、多模态的复杂场景创作，内容生成人工智能将有望实现更多数智内容，进而反哺核心及关联领域，促进共同发展。通过对大规模分布式多智能体算法的研究，将计算流程拆解到一系列算力平台和边缘计算设备上，有望有针对性地解决预训练大模型面临的算力紧缺、语料利用率低等难题。

◎ 重要性

内容生成人工智能是一种强大的生产力再造工具，能够填补工业劳动力缺口，提升人类的生产力、创造力。同时，人类对数字内容总量和丰富程度的总体需求不断提高，急需数字内容创新发展新引擎。该技术能够通过支持数字内容与其他产业的多维互动、融合渗透从而革新数字内容智能创作产业，开辟智能设计、智能创作、智能搜索等新模式，打造经济发展新增长点，为千行百业发展提供新动能。

◎ 驱动未来产业与市场规模

内容生成人工智能在设计、广告营销、搜索引擎、医疗健康、个性化教育等领域的应用，将孕育生成式设计、智慧营销、生成式搜索、智慧医疗、人机混合增强教育、合成数据、模型开发服务、内容生成工具和平台等新模式新业态。

生成式设计新模式。 在设计领域，内容生成人工智能可通过文本编码对象和描述符来生成设计，大大降低设计的专业门槛，节省设计成本，尤其能够实现大规模个性化设计服务，为设计师提高效率，获得灵感等提供有力工具，正在逐步形成生成式设计新模式。

智慧营销新业态。在广告营销领域，内容生成人工智能基于多模态内容生成能力，能够显著提升营销内容生成效率，降低优质营销内容生产门槛，通过客户画像等实现客户识别、精准营销、客户预测，催生智慧营销新业态。

生成式搜索新业态。在搜索场景，内容生成人工智能将推动搜索引擎从"检索"到"检索＋生产"的升级，为用户提供信息整合的结构化搜索答案，同时为内容创作相关的搜索需求提供精准、权威的内容生成，满足用户定制化信息和创造性内容的获取需求，催生生成式搜索新业态。

智能医疗新模式。在医疗健康领域，内容生成人工智能可用于医疗诊断与辅助医疗决策，帮助医生分析病例进而提供医疗建议、自动生成临床记录、预测疾病风险等，催生智能医疗新模式。

人机混合增强教育新模式。在教育领域，内容生成人工智能可整合应用到智能辅导系统、课程辅助教学、协助管理决策等多个教育场景，提升教育质量和效率，形成人机混合增强教育新模式。

合成数据新业态。在合成数据领域，内容生成人工智能可以填补现实世界数据的空白，用于模型训练并优化模型结果，以更高效率、更低成本、更高质量为数据要素市场增量扩容，带动合成数据新业态发展。

应用开发新模式。在应用开发领域，内容生成人工智能赋能开发普及化，实行通过自然语言创建创新解决方案，从根本上改变解决方案的构建方式，催生模型开发服务、内容生成工具和平台等新模式。

内容生成式人工智能正在引导一场深刻的变革，重塑甚至颠覆数字内容的生产方式和消费模式，将长期引领人工智能市场的增长潮，促进智能经济高端高效发展，赋能智能社会建设，全面提升社会生产力。

2022 年，内容生成人工智能市场规模 101.40 亿美元，预计到 2028 年，其市场规模有望达到 518.00 亿美元，到 2030 年有望达到 1093.74 亿美元，年均复合增长率为 34.6%（图 2-2）。

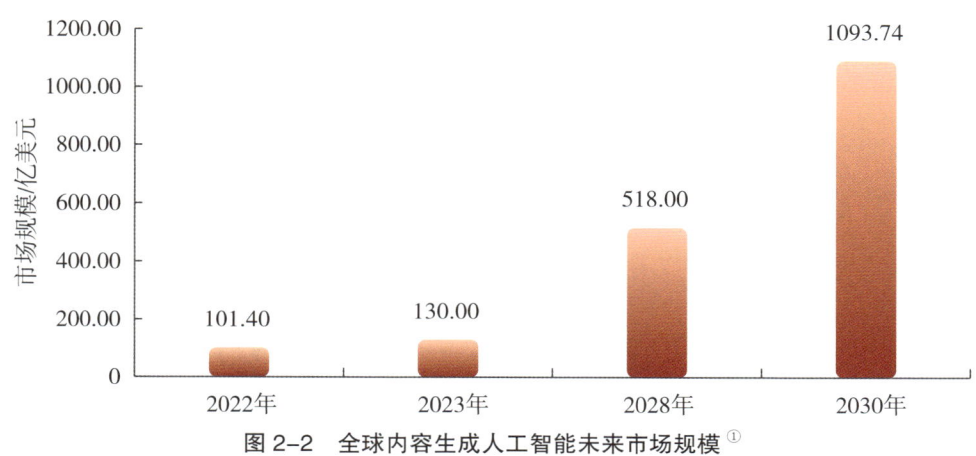

图 2-2　全球内容生成人工智能未来市场规模[①]

（二）通用量子计算机

通用量子计算机是遵循量子力学规律执行计算、存储及处理信息的物理设备，具有超快的并行计算和模拟能力。与传统计算机相比，通用量子计算机在模拟量子系统和解决优化问题方面具有显著优势。一方面，在传统计算机上模拟量子系统需要大量计算资源，计算难度还会随着系统规模的增加呈指数级增长，而通用量子计算机利用量子纠缠等特殊量子现象，以更高效的方式模拟量子系统，可以更好地理解和应用量子物理现象；另一方面，传统计算机在解决涉及在大规模搜索空间中寻找最优解的优化问题时，面临计算复杂度高、难以找到最优解的问题，而通用量子计算机可以利用量子优化算法，以更高效的方式找到最优解。

近年来，随着量子计算与新一代信息技术的深度融合逐步成为未来科技的热点，带来更快速、准确、高效的计算和决策的同时，推动计算科学的突破和创新，逐步催生了量子机器学习、量子药物研发、量子新材料研发等新模式新业态（图 2-3）。到 2035 年，全球通用量子计算机市场规模预计将达到 502.20 亿美元。

◎ 技术介绍

量子计算是量子信息科学的一条重要分支，其核心是控制和使用由原子、离子或电子等粒子制成量子比特的能力，本质是使用量子比特的属性来执行计算。通用量子计算机是执行量子计算的物理设备，拥有强大的并行计算能力，可以瞬间处理海量数

---

① 注：中国科学技术信息研究所汇总多方预测数据绘制。

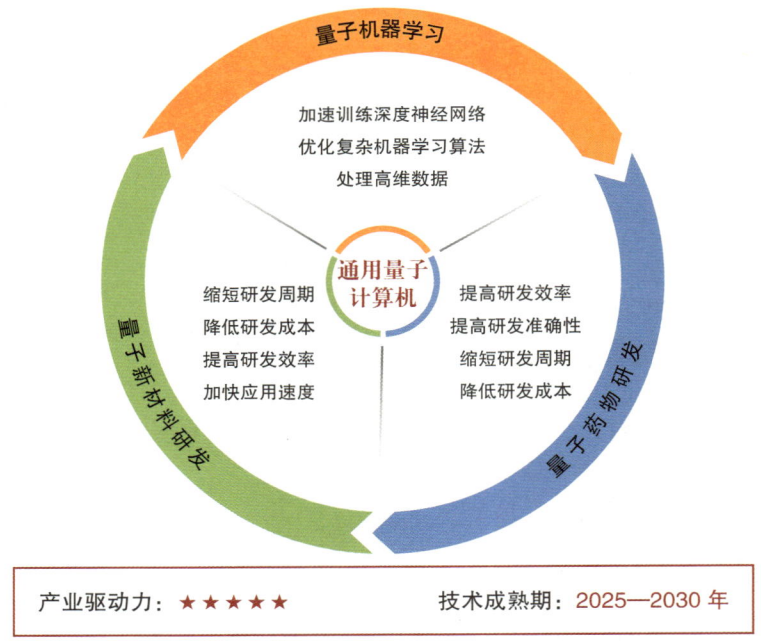

图 2-3　通用量子计算机驱动的未来产业

据，带来计算能力的飞跃式提升。计算能力是数字经济时代新生产力，是支撑数字经济发展的坚实基础。2012 年之前，计算能力的提升遵循摩尔定律，每 17 到 29 个月就会翻一番。2012 年之后，随着人工智能、大数据、云计算、新一代信息通信、物联网等技术飞速发展，推动着数据量的爆炸式增长，由此需要庞大的计算能力执行数据分析、机器学习、深度学习等任务，从而实现对海量数据的挖掘、训练和推理，并且计算能力大约每 6 个月就会翻一番。未来，随着数字技术向经济社会各领域全面持续渗透、基于深度学习的大模型算法迭代升级、网络用户规模不断攀升、应用场景持续丰富，全社会对计算能力的需求将日益迫切，因此发展可以将现有计算能力提升万亿倍的通用量子计算机，将成为科技发展的必由之路。

量子计算起源于 1981 年第一届计算物理学会议，在会上理论物理学家理查德·费曼提出要建造一台利用量子力学进行概率计算的计算机；1985 年，牛津大学教授大卫·德伊奇提出量子图灵机模型，并设计了第一个量子算法 Deutsch；1994 年，麻省理工学院教授彼得·肖尔开发出 Shor 算法，大幅度提升了计算效能，使得量子计算可以比经典计算更快地分解大整数，进而可以更快地破解多款密码系统；1996 年，贝尔实验室洛夫·格罗弗提出 Grover 量子搜索算法，解决了无序数据库搜索问题，这是第一个被完整地实验实现的量子算法；2009年，麻省理工学院阿朗·哈罗、阿维那坦·哈西迪姆和赛斯·劳埃德联合开发了HHL算法，用于求解线性方程组，与经典算法相比有指数加速的效果；2009年，美国国家标准与技术研究所制造出第一台通用可编程量子计算机，标志着量子计算从理论走向现实，也是通用量子计算机走向生产的第一步。

目前研制通用量子计算机还处于起步阶段，主要技术路线有超导、光量子、离子阱、半导体、拓扑、中性原子等。其中走超导路线的机构有美国的谷歌、IBM、英特尔、Rigetti，以及中国的国盾量子、本源量子、百度等；走光量子路线的机构有美国的PsiQuantum，加拿大的Xanadu，德国的Q.ANT，以及中国的玻色量子等；走离子阱路线的机构有英美联合的Quantinuum，美国的IonQ，英国的Oxford Ionics，以及中国的启科量子、华翊量子等；走半导体路线的机构有美国的英特尔，以及中国的本源量子等；走拓扑路线的机构有美国的微软等；走中性原子路线的机构有英国的M Squared，美国的Atom Computing等。不同技术路线各有优劣，各自面临不同的技术问题，但是如何处理量子计算噪声、如何增加量子比特的数量、如何降低量子纠错的成本等问题是实现通用量子计算机商用的共性问题，每条技术路线都需要开展相应的研究工作。通用量子计算机的商用可以实现分为以下三阶段：

第一阶段，证明通用量子计算机在特定测试案例上表现出超越所有经典计算机的计算能力，即实现量子霸权，需要研制50个到100个量子比特的量子计算原型机。已经达到这一阶段的有：美国超导量子计算原型机"Sycamore"（2019年10月）、中国光量子计算原型机"九章"（2020年12月）、中国超导量子计算原型机"祖冲之"（2021年6月）和加拿大光量子计算原型机"Borealis"（2022年6月）。

第二阶段，研制数百个量子比特的专用量子模拟机，应用于组合优化量子化学、机器学习等特定问题，这是当前学术界的主要研究任务。目前最先进的量子处理器是IBM公司于2022年11月推出的拥有433个量子比特的"Osprey"。

第三阶段，是在实现量子纠错的基础上，构建可编程通用量子计算机。谷歌公司于2020年公布的六步量子计算路线图，计划在2029年前投入数十亿美元建造一台拥有100万量子比特，可以无误差地进行大规模商用和科学计算的通用量子计算机；IBM公司预计将于2025年推出拥有4158个量子比特的量子处理器，2030年生产出拥有100万量子比特的通用量子计算机；微软公司于2023年6月发布的六步量子计算路线图，计划在十年内实现拥有100万量子比特的通用量子计算机。

量子计算机发展呈现指数型爆炸式增长。IBM公司的量子计算机从2016年至2019

年3年间拥有的量子比特从5个增长到27个，增长了4.4倍；从2019年至2022年3年间拥有的量子比特从27个增长到433个，增长了15倍；按照IBM公司的计划，到2030年将生产出拥有100万量子比特的通用量子计算机，将比2022年的433个量子比特增长超过2300倍。

当前，全球主要科技强国政府均加大了对量子计算研究方面的投资，世界经济论坛于2022年1月发布的首个量子计算指南显示，各国政府在量子计算研究上的投入超过250亿美元。此外，社会资本对量子计算的投资也已经上升到创纪录的水平，截至2022年底，全球量子计算公司获得的社会资本融资总金额达到54亿美元，其中2022年为23.5亿美元，目前最大的一笔融资出现在2021年7月，为美国初创公司PsiQuantum筹集的4.5亿美元融资，用于开发通用硅光量子计算机。

◎ 重要性

相对于传统计算机，通用量子计算机具有超强的并行计算能力、模拟能力与存储能力，正在给信息技术带来革命性变化，对于抢占战略高地、保障国家安全具有重大意义和战略价值，是一项对传统技术体系产生冲击、进行重构的重大颠覆性技术创新，将引领新一轮科技革命和产业变革方向。

通用量子计算机在运算速度、信息安全、复杂量子模拟、信息存储等方面突破了经典技术的瓶颈，成为信息、能源、材料和生命等领域重大技术创新的源泉，为保障国家安全和支撑国民经济高质量发展提供核心战略力量。对军事领域的影响尤为深远，使用通用量子计算机可以在短时间内破解信息安全加密算法，从而轻易获取敏感军事情报、破坏通信网络，甚至造成重要信息系统的瘫痪，因此研制通用量子计算机已成为各国抢占军事、安全、经济、科研等领域全方位优势的战略制高点。

◎ 驱动未来产业与市场规模

量子计算机实现了计算能力的飞跃，可为人工智能、医疗、材料、国防、金融等领域的发展带来巨大的潜力和机会，不断催生量子机器学习、量子药物研发、量子新材料研发等新模式，开辟量子计算新产业。

量子机器学习新模式。利用量子计算的并行输入和并行信息处理能力，在加速训练深度神经网络、优化复杂机器学习算法以及处理高维数据等方面，提高机器学习的效率和准确性，有望催生量子机器学习新模式。

量子药物研发新模式。通过量子计算在药物设计、识别、合成、筛选等环节的应用，可以提高研发效率与准确性，缩短研发周期，降低研发成本，有望催生量子药物研发新模式。

量子新材料研发新模式。通过量子计算对材料结构的电子性质和磁性进行计算、比较和分析，进而对新材料性能进行预测、设计和优化，可以缩短研发周期，降低研发成本，提高研发效率，加快应用速度，有望催生量子新材料研发新模式。

2022年全球通用量子计算机的市场规模为7.17亿美元，预计2023年市场规模将达到9.29亿美元，2030年市场规模将达到65.29亿美元，2023—2030年年均复合增长率为32.1%；2035年市场规模将达到502.20亿美元，2030—2035年年均复合增长率为50.4%（图2-4）。

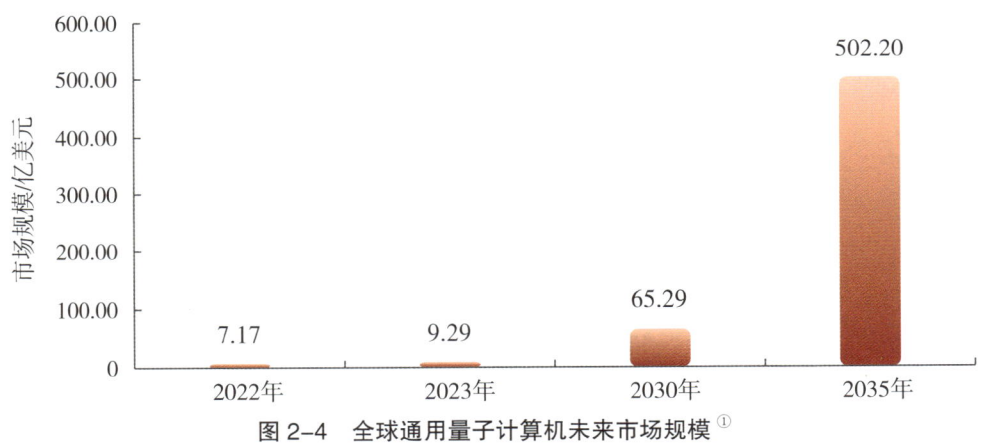

图2-4　全球通用量子计算机未来市场规模①

（三）6G

6G是面向2030年信息社会发展的颠覆性移动通信技术，将物理世界中的人与人、人与物、物与物进行高效智能互联，打造泛在精细、实时可信、有机整合的数字世界。6G网络是实现服务资源动态调整、计算资源合理分配、业务与网络深度协同的融合型网络，拥有比5G网络更泛在的连接、更大的传输带宽、更低的端到端时延、更高的可靠性和确定性以及更智能化的网络特性。6G与人工智能、大数据、区块链等信息技术

---

① 注：中国科学技术信息研究所汇总多方预测数据绘制。

的交叉融合，将实现感知与通信、计算、控制的深度耦合，成为服务生活、赋能生产、绿色发展的基本要素。

6G可以解决5G空间范围受限和垂直行业应用难落地等问题，赋能全社会各行业高质高效数字化转型。预计6G的商业应用将在未来10年内逐渐成熟，将应用在云扩展现实、物联网工业自动化、车联网、数字孪生体域网和未来城市网络等场景，高效赋能沉浸式交互体验、智能工厂、超能交通、孪生医疗、智慧城市等新业态新产业（图2-5）。到2040年，全球6G市场规模预计将达到3405.10亿美元。

图2-5　6G驱动的未来产业

◎ 技术介绍

6G，即第六代移动通信标准，也被称为第六代移动通信技术，是面向2030年信息社会发展的新一代移动通信技术。6G除了可以提供极致的通信体验外，还将具备立体覆盖、精准定位、可靠安全、深度感知等特征，其内涵将远超通信范畴，可以用"一念天地，万物随心"来概括，其中"一念"指超低延时，"天地"指深度覆盖，"万物"指泛在连接，"随心"指智慧互联。与5G相比，6G支持更高的频率范围和信号强度，在网络接入方式、性能、覆盖范围、智能化程度和服务边界等方面均获得了提升。

具体包括：网络接入方式方面，6G 的接入方式更加多样化，改进了传统的移动蜂窝、卫星通信、无人机通信、水声通信等接入方式，并发展了可见光通信等新兴接入方式；网络性能方面，6G 的传输速率、端到端时延、可靠性、连接数密度、频谱效率、网络能效等性能指标都较 5G 有较大的提升，可以满足各行业多样化的网络需求；网络覆盖范围方面，6G 将构建跨地域、跨空域、跨海域的空天海地一体化网络，实现真正意义上的全球无缝覆盖；网络智能化程度方面，6G 与人工智能、机器学习等技术深度融合，智能程度实现了大幅度跃升，并通过深入挖掘用户的智能需求，提升用户体验；网络服务边界方面，6G 的服务对象从物理世界的人、机、物拓展至虚拟世界，通过物理世界和虚拟世界的连接，满足人类精神和物质的全方位需求。

中国、美国、韩国、欧盟等主要科技大国的政府和企业都对 6G 进行了大量的研发布局和资金投入，推动 6G 技术的发展和应用。2019 年初，美国总统特朗普公开表示要加快美国 6G 技术的发展；2019 年 3 月，全球首届 6G 峰会举办，主要内容是群策群力、拟定全球首份 6G 白皮书，明确 6G 发展的基本方向；全球首份 6G 白皮书于 2019 年 10 月发布，提出了 6G 网络传输速度、频段、时延、连接密度等关键指标，认为 6G 将在 2030 年左右实现部署，届时网络性能会比 5G 提升 10 到 100 倍；2019 年 11 月，中国成立国家 6G 技术研发推进工作组和总体专家组，正式启动中国 6G 的研发工作；2020 年 3 月，国际电信联盟启动了面向 2030 年及未来 6G 的研究工作，标志着 6G 正式纳入国际标准组织研究计划；2021 年 6 月，中国信通院 IMT-2030（6G）推进组发布《6G 总体愿景与潜在关键技术》白皮书，内容涵盖总体愿景、八大业务应用场景、十大潜在关键技术等；2021 年 6 月，韩国政府宣布到 2025 年之前将投资 2200 亿韩元用于 6G 网络技术的开发与标准化，计划在 2028 年实现全球首个 6G 移动通信商业化；2021 年 12 月，欧盟宣布拨款 2.4 亿欧元推出首个大规模 6G 研究和创新计划；2022 年 6 月，韩国移动运营商 LG U+ 宣布与一所国立研究型大学合作，利用量子计算机优化低地球轨道卫星网络的结构，以进行 6G 通信；2022 年 8 月，美国国防部表示向"开放 6G"产学合作项目投入 177 万美元，该项目作为开发、测试和整合的中心，通过启动开放无线电接入网络上的 6G 系统研究，在全军范围内推动通信现代化。

6G 作为面向未来的新一代移动通信技术，目前仍处于研究和开发阶段，发展态势积极，并呈现出沉浸化、智慧化、全域化的新发展趋势，将成为经济增长和创新的一个关键领域，并将推动人工智能、大数据、区块链等新型信息技术的交叉融合和广泛应用，促进智慧内生、原生简约的创新型信息通信基础设施建设，加速泛在互联、智慧协同信息社会的发展（图 2-6）。

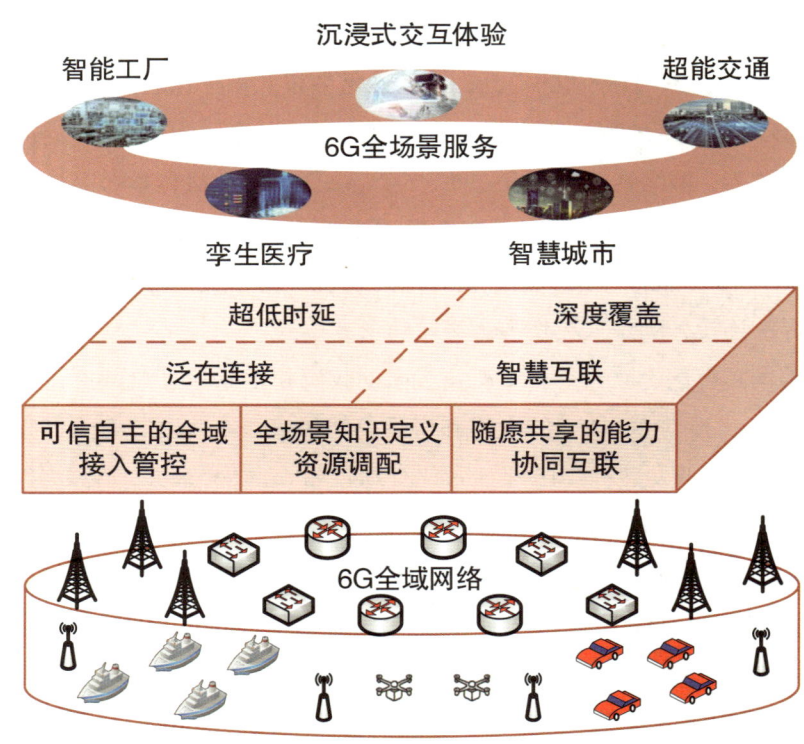

图 2-6　6G 全场景全域网络架构

◎ 重要性

6G 作为新一代信息通信技术演进升级的方向，以及新型基础设施的关键技术，将成为未来经济社会数字化、智能化、绿色化转型的重要驱动力量，对提高国家创新能力和科技水平具有重要意义。一方面，对于产业来说，6G 可以深度融入研发设计、生产制造、经营管理、销售服务等关键环节，助力传统产业与网络信息产业的融合发展，从而提升生产效率、突破发展瓶颈；另一方面，对于政府来说，6G 可以助力政府治理，通过提供更高的网络算力协助政府治理网络环境，赋能社会的发展，解决消弭数字鸿沟的社会治理难题，为欠发达地区修筑信息高速公路提供机遇。

◎ 驱动未来产业与市场规模

6G 是面向 2030 年之后的智能网联基础设施重要支撑技术，届时 6G 的应用前景非常广阔，将涉及国民经济各个领域，应用在云扩展现实、物联网工业自动化、车联网、数字孪生体域网和未来城市网络等场景，高效赋能沉浸式交互体验、智能工厂、超能交通、孪生医疗、智慧城市等新业态新产业。

驱动云扩展现实新场景，赋能沉浸式交互体验新业态。在全息通信领域，6G 可以实现人、机、物间多模态数据的精准传输与交互，并在空气中产生三维图像，使用户在不戴头盔或眼镜的情况下获得更为真实的沉浸式的虚拟或增强现实体验，高效赋能沉浸式交互体验新业态。

驱动物联网工业自动化新场景，赋能智能工厂新业态。在制造领域，6G 可以将时延缩减至亚秒级甚至是微秒级，使分布式制造成为可能，工厂智能体运用于规划、开发、采购、生产、运输和销售产品的供应链全过程，智能体自主感知、自主分析、自主决策、自主控制，形成自动化闭环，最终实现工厂多智能体的分布式联合训练和群智协同计算，而在智能体间大量使用无线连接传感器，可以逐步取代有线传输，加强机器与人类的合作，提高生产效率和产品质量，高效赋能智能工厂新业态。

驱动车联网新场景，赋能超能交通新产业。在交通领域，车联网是以行驶中的车辆为信息感知对象，借助 6G 关键技术，实现车内、车与车、车与路、车与人、车与服务平台的全方位网络连接，提升汽车智能化水平和自动驾驶能力，构建汽车和交通服务新业态，从而提高道路安全和交通效率，改善汽车驾乘感受，为用户提供智能、舒适、安全、节能、高效的综合服务，高效赋能超能交通新产业。

驱动数字孪生体域网新场景，赋能孪生医疗新业态。在医疗领域，未来有望将大量智能传感器广泛应用在人体内，通过 6G 高速率低时延传输大规模数据，高真实度地呈现人体重要器官、神经系统、呼吸系统、泌尿系统、肌肉骨骼、情绪状态等全息医学影像，从而实现对人体个性化电子健康数据的实时监控，同时可借助专业影像学和生化检查结果，对个体健康状况进行准确评估和及时干预，协助患者自主维护个人健康，特别是自我管理慢性疾病，并为下一步专业医疗机构的精确诊断提供重要参考，提高医疗服务的效率和质量，高效赋能孪生医疗新业态。

驱动未来城市网络新场景，赋能智慧城市新业态。在城市建设领域，6G 可以助力实现城市事件汇聚感知，监控事件全流程状态，融合告警、工单、人员、车辆等事件监控与处理要素，以业务场景及工作流为依托，完成预警监测及事件分析，实现更加高效、智能化的城市管理和服务，提高城市的生活质量和安全程度，高效赋能智慧城市新业态。

据预测，2023 年全球 6G 的市场规模将达到 51.00 亿美元，2030 年市场规模将达到 136.91 亿美元，2031 年市场规模将达到 366.21 亿美元，2040 年市场规模将达到 3405.10 亿美元，2031—2040 年年均复合增长率为 28.1%（图 2-7）。

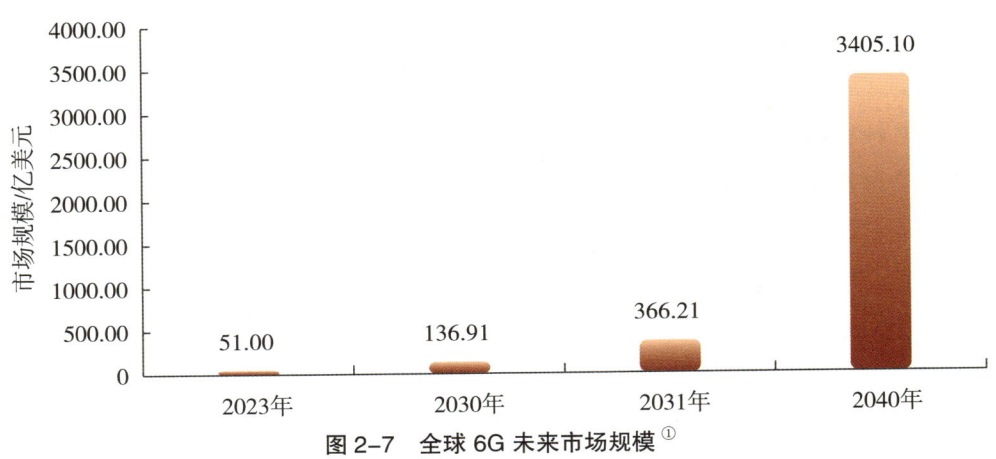

图 2-7　全球 6G 未来市场规模[①]

（四）类脑计算

类脑计算是借鉴生物大脑的信息处理方式，以神经元与神经突触为基本单元，从结构与功能等方面模拟生物神经系统的新型计算形态。以大脑为模仿对象的类脑计算将现有计算机体系结构与脑基本原理相结合，实现存储处理一体化、超低能耗和超大规模并行信息处理。该技术对于解决冯·诺伊曼架构的存储墙和能耗墙瓶颈、突破算力限制至关重要，能有效处理通用人工智能涉及的非结构化和不确定性问题，是后摩尔时代最重要的发展方向之一。

随着类脑计算在智能计算、智能感知、边缘智能、脑机智能等领域的深入应用，将催生类脑芯片、类脑计算机、类脑视觉传感器等新业态，高效赋能物联网、脑机接口等新场景，从而引爆类脑智能未来产业（图 2-8）。类脑计算市场增长势头强劲，2030 年全球类脑智能市场规模将达到 202.72 亿美元，年均复合增长率为 21.6%。

◎ **技术介绍**

类脑计算是借鉴生物神经系统信息处理模式和结构的计算理论、体系结构、芯片

---

① 注：中国科学技术信息研究所汇总多方预测数据绘制。

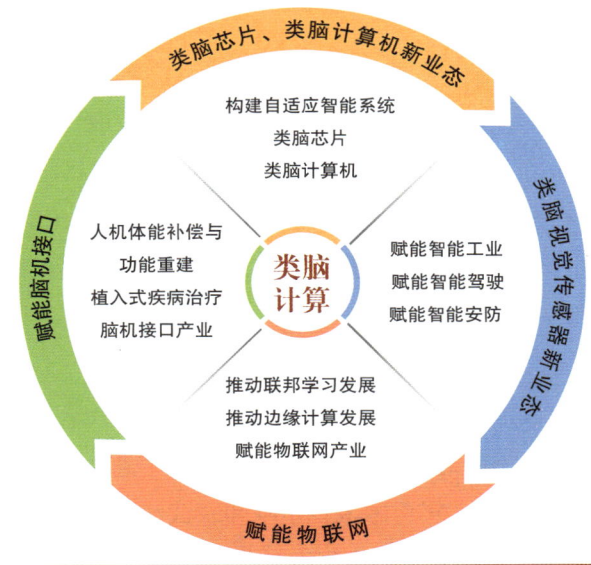

图 2-8 类脑计算驱动的未来产业

设计以及应用模型与算法的总称。该技术基于微纳光电器件模拟生物神经元和突触的信息处理特性，采用神经形态芯片与脉冲神经网络替代传统的冯·诺依曼架构，实现众核分布并行与存储处理一体化。基于以上特性，类脑计算在能耗、多路并行与处理不确定性问题等方面更具优势。

类脑计算的概念最早是由美国加州理工大学 Carver Mead 教授于 1989 年提出的。2004 年单核处理器主频停止增长，人们开始转向多核，寻求非冯·诺依曼架构的替代技术，类脑计算才开始引起关注。随后，世界各国相继开展脑计划研究并取得一系列阶段性成果。

2008 年，美国国防部高级研究计划局（DARPA）启动"神经形态自适应可塑可扩展电子系统"（SyNAPSE）项目，目标是建造机能类似于活体哺乳动物大脑的计算机系统。在此项目的支持下，2011 年，美国 IBM 公司发布具有大规模并行计算能力的第一代 TrueNorth 芯片；2014 年，IBM 公司成功推出第二代 TrueNorth 芯片，拥有百万神经元和 2.56 亿可编程突触，功耗只有 70 毫瓦。2013 年，高通发布 Zeroth 类脑芯片，无须对行为和结果进行预编程。2014 年，美国斯坦福大学研制出数模混合类脑神经形态计算芯片 Neurogrid。2015 年，德国海德堡大学成功运行了采用混合信号神经形态芯片 BrainScaleS 的类脑计算机。同年，瑞士苏黎世大学及苏黎世联邦理工大学神经信息研究所合作提出支持神经元编程的脑仿真模拟芯片 ROLLS。2017 年，英特尔发布了采用异步脉冲神经网络的神经形态芯片 Loihi，实现了自适应、自修改、事件驱动的细粒度并行计算。2018 年，英国曼彻斯特大学的 SpiNNaker 项目研发的全球最大规模神经形态超级计算机——SpiNNaker 计算机首次启动。2019 年，比利时微电子研究中心（IMEC）推出全球首个自学习神经形态芯片。2022 年 8 月，美国加州大学圣地亚哥分校（UCSD）的研究团队设计并制造的 NeuRRAM 芯片，采用基于阻变存储器的存算一体架构来减少数据流动，可运行各种 AI 应用。

我国在类脑计算领域也取得多个突破，2015 年，浙江大学牵头成功研制出支持脉冲神经网络的"达尔文"类脑芯片，并于 2019 年推出"达尔文 2"芯片，单芯片支持的神经元规模达 15 万个。2017 年，中国科学院和寒武纪科技公司发布世界首个深度学习处理器芯片"寒武纪"。2019 年，清华大学类脑计算研究中心施路平团队发布世界首款异构融合类脑芯片"天机芯"。2020 年，浙江大学联合之江实验室共同研制成功我国首台基于自主知识产权类脑芯片的亿级神经元类脑计算机，含有 792 颗"达尔文 2"芯片。

在类脑计算模型算法方面，与传统的人工神经网络（ANN）相比，脉冲神经网络（SNN）兼具生物合理性和计算高效性，是当前研究的热点。SNN 由 Wolfgang Maass 在 1997 年首次提出，使用脉冲函数模仿生物点信号作为神经元之间的信息传递方式。SNN 软件框架的快速发展，对于机器人芯片等有限尺寸、低功耗、并行计算等有较高需求的应用场景有巨大的应用潜力。2019 年清华大学推出的类脑计算芯片"天机芯"同时支持传统的机器学习算法和新一代类脑脉冲神经网络算法。2022 年孟买理工学院创建了一种超低功耗的 SNN 网络，与在硬件脉冲神经网络中实现当时最优性能（SOTA）的人工神经元相比，该研究在相似区域实现了每个脉冲能量降低 5000 倍。

SNN 训练方法主要包括基于脉冲时间依赖可塑性（STDP）的无监督学习、基于 ANN 转 SNN 的间接有监督学习和 SNN 直接有监督学习 3 类。目前的类脑架构主要采用简单的 STDP 及其变种学习算法，如 Neurogrid、SpiNNaker、Loihi 等均采用此算法。SpiNNaker 支持基于 STDP 学习规则的突触学习功能，Loihi 支持利用基于 STDP 及其变种算法的可编程学习规则来更新突触权重，具备一定的学习能力和可编程灵活性。但是 STDP 规则等无监督学习算法面对深层网络缺乏复杂特征提取能力，新的在线学习无监督或有监督学习算法的支持和兼容成为类脑计算研究的重要方向。

在类脑芯片方面，类脑芯片的体系架构主要包括存算分离架构、近存计算架构和存算一体架构。当前，英国曼彻斯特大学主导的 SpiNNaker、IBM 的 TrueNorth、英特尔的 Loihi 以及清华大学的"天机芯"等均采用众核分布式并行的近存计算架构。近存计算架构弱化了存储和计算之间的鸿沟，实现了架构的去中心化，避免了大量数据访问冲突的带宽瓶颈问题。与近存架构相比，存算一体架构因其实现了生物大脑的逻辑计算与认知记忆一体化，能构建更加高效的类脑智能系统。美国加州大学圣地亚哥分校的 NeuRRAM 芯片基于存算一体架构来减少数据流动，兼具低能耗、高效率和通用性。

当前，类脑算法和硬件协同发展，在存算一体、低能耗、并行运算、小型化、多用途等方面发挥优势，也正在逐步为大规模科学模拟、复杂环境计算、实时动态建模等提供新的解决方案。

未来，类脑计算将从"由脑结构启发"向"兼顾脑结构启发和脑功能启发"转型，"感知智能"和"认知智能"协同发展，由"专用智能"向"通用智能"转变。通过构建更强大的神经元模型、神经网络算法，研发更高效感知、存储和计算的神经形态芯片，构建融合感存算一体化的计算系统，实现大规模、高精度的神经网络启发的下一代人工智能算法，开发类神经元处理器、存储器和类脑计算机，以及类脑智能体和新型智能机器人，使类脑智能系统真正实现在信息处理机制上类脑、在认知行为上类人，并最终超越人类智能水平。

◎ **重要性**

通用人工智能需处理现实世界中诸多不确定性、模糊性和复杂性问题，传统冯·诺依曼架构在处理相关非结构化、时空关联信息的感知、认知和决策时效率低、能耗高、实时性差。模仿大脑神经网络的计算模式以突破冯·诺依曼架构的存储墙和能耗墙限制，实现高效的并行计算，是突破当前算力瓶颈的重要途径，被视为最有希望实现通用人工智能的解决方案之一。大模型爆发式发展导致算力需求指数级增长，算力供给增速难以满足指数级增长的算力需求。类脑计算作为一种新型计算架构，其发展有望提升算力综合供给能力，降低算力基础设施能耗，助力算力转化为生产力，进一步推动通用人工智能的发展。

◎ **驱动未来产业与市场规模**

类脑计算在未来智能化社会中将占据非常重要的地位，其发展有望催生类脑芯片、类脑计算机、类脑视觉传感器等新业态，并高效赋能物联网、脑机接口等新场景，从而引爆类脑智能未来产业。

类脑芯片、类脑计算机新业态。 在智能计算领域，类脑计算通过模仿人类大脑的学习和适应能力，构建自适应智能系统，能够根据环境和任务变化实时调整自身行为与决策，以适应复杂和不确定情况，有望催生类脑芯片、类脑计算机等新业态。

类脑视觉传感器新业态。 在智能感知领域，类脑计算的并行计算能力可助力构建媲美人眼、能同步进行信息探测和处理的类脑视觉传感器，在智能工业、智能驾驶、自动驾驶、智能安防等领域具有广泛的应用前景。

赋能物联网。 在边缘智能领域，类脑计算借鉴人类大脑的分布式学习和处理模式，推动联邦学习和边缘计算的发展，将学习和决策过程分布到多个设备和边缘节点上，提高隐私保护和计算效率，高效赋能物联网等产业发展。

赋能脑机接口。 在脑机智能领域，低功耗的类脑芯片适合人体植入，在神经康复、人机体能补偿与功能重建等场景有着广阔的应用前景，将高效赋能植入式疾病治疗、脑机接口等产业发展。

类脑计算市场增长势头强劲，具有巨大的市场潜力。2022年，全球类脑计算市场规模为42.37亿美元，预计到2027年，其市场规模将达到100.00亿美元，到2030年，其市场规模将达到202.72亿美元，年均复合增长率为21.6%（图2-9）。

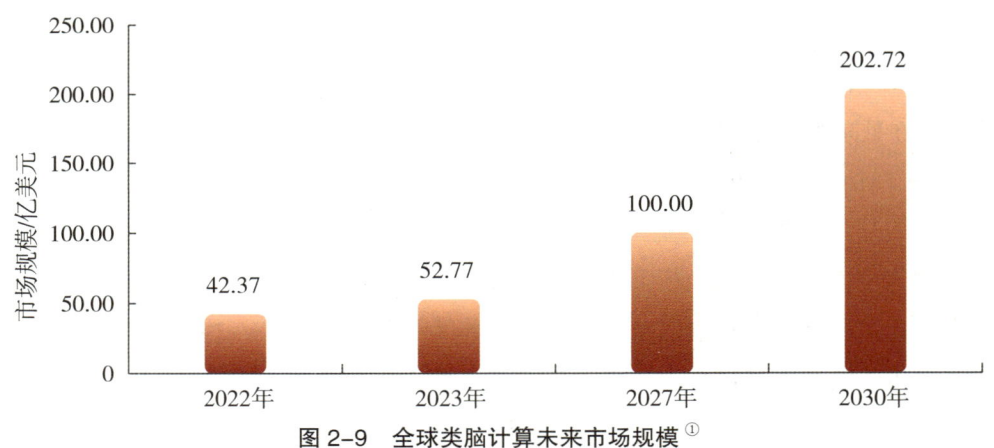

图2-9　全球类脑计算未来市场规模[①]

---

① 注：中国科学技术信息研究所汇总多方预测数据绘制。

二、人工智能与信息通信领域颠覆性技术线索

2023年,中国科学技术信息研究所颠覆性技术研究团队依托颠覆性技术感知响应平台,通过"全球技术监测→弱信号识别→技术线索发现→线索分析研判"等四步骤,识别研判出人工智能与信息通信领域14条颠覆性技术线索,分别是:具身智能理论与实践取得重要进展,助力迈向通用AI;生成式AI内容检测技术取得进展,为AI治理提供新工具;新型神经架构模型为可解释人工智能提供新路径;大模型评测基准为AI模型持续改进夯实基础;基于忆阻器的存算一体技术推动边缘人工智能发展;下一代光学原子钟的研制取得重大进展,"秒"将被更精确定义;首批后量子密码标准候选算法发布,标准化和商业化应用进程加速;光量子计算原型机性能大幅提升,确立新的算力里程碑;太赫兹轨道角动量通信实验首次成功,标志着6G关键技术获得突破;芯粒技术重塑芯片市场格局;低能耗高通用性存算一体芯片取得突破;去中心化身份协议推动Web 3.0时代网络用户隐私数据保护进入新阶段;RISC-V加速软件生态建设,助力我国芯片自主设计研发;光电芯片开辟超高性能芯片研发新路径。

(一)具身智能理论与实践取得重要进展,助力迈向通用AI

◎ 技术线索

2023年5月,英伟达推出由大语言模型驱动的具身终身学习智能体Voyager,可以根据游戏的反馈自主训练,还能自行写代码推动游戏任务。该智能体可以在无人为干预的情况下,在游戏场景中自主探索新世界,获得多种技能,并做出新发现。

构建能在开放世界中自主探索、规划和发展新技能的具身智能体是人工智能发展面临的一项重大挑战。在实践方面,多家头部企业取得了重要进展。英伟达开发了具身智能体Voyager,谷歌联合柏林工业大学团队发布多模态具身视觉语言模型PaLM-E,DeepMind发布了自适应智能体AdA和通用智能体模型Gato。在理论层面,图灵奖得主杨立昆等科学家提出了"具身图灵测试"。具身智能强调智能体的运动能力和与环境交互能力,能够自主理解并改造客观世界,不依赖人工标注数据。具身智能可测量、可解释、可检验,成为迈向通用人工智能的重要方向。

◎ 技术内涵

具身智能(embodied AI)是指能自主理解、推理、并与物理世界互动的智能系统。

智能体通过运动与环境交互，实现自主学习和智能行为，产生对客观世界的理解和改造能力。具身智能包括具身感知（perception）、具身想象（imagination）和具身执行（execution）。具身智能不仅依赖于传感器数据和算法，也需要实时的物理交互与反馈，使智能体能适应不同的任务和场景，在执行任务中快速适应环境变化。

具身智能可以在与物理世界的互动中自主学习进化。传统深度学习主要是基于数据采集、数据标注、监督性训练等学习范式，该范式严重依赖数据集的质量。传统范式在数据充足、数据标注难度低、无须交互等应用领域取得了较好的效果，但是这种方式依然属于弱人工智能。而具身智能具有支持感知和运动的物理身体，能够自主进行感知，强调"感知－行动回路"（perception-action loop）的重要性，即感受世界、对世界进行建模、进而采取行动、进行验证并调整模型的过程。该过程与人类的学习和认知过程一致。

1950年，图灵在论文"Computing Machinery and Intelligence"中首次提出了具身智能的概念。此后，受限于技术发展水平，具身智能并未取得很大进展。具身智能涉及机器人学、深度学习、强化学习、机器视觉、计算机图形学、自然语言、认知科学、材料学、物理学等学科的融合。随着人工智能在预训练大模型、传感器等方面的突破，具身智能涉及的众多学科逐渐成熟，具身智能再次成为重要的前沿热点。2022年，DeepMind发布了通用智能体模型Gato。2023年，图灵奖得主杨立昆等科学家提出了"具身图灵测试"（embodied turing test），英伟达开发了具身智能体Voyager，谷歌联合柏林工业大学团队发布多模态具身视觉语言模型PaLM-E，DeepMind发布了自适应智能体AdA（adaptive agent）。具身智能可测量、可解释、可检验，成为迈向通用人工智能的重要方向。

◎ 重要性

具身智能创造了机器自主学习的新方式，能够为机器人技术和其他的人工智能领域应用带来更强大、更灵活的解决方案。具身智能的应用有望突破机器人在开放环境、泛化场景、连续任务等复杂条件下的感知、认知、决策技术，使机器能够更接近人类思维方式。具身智能有望催化下一波人工智能应用浪潮。

◎ 潜在应用与影响

具身智能模仿人类的运动和感知方式，使机器人的行为更容易被理解和接受，不依赖人工标注数据，迎合了人类对自然与人工智能交互的期待。具身智能有望在机器人技术、自动驾驶、智能制造等领域发挥重要作用。尤其是在机器人技术领域，具身智能有望为机器人带来更灵活和高效的智能行为，机器人通过与环境的物理交互，可以更好地自主感知和理解环境中的变化并快速适应，从而更高效地完成任务。

◎ 问题与障碍

虽然目前具身智能在理论与实践方面都取得了一定的突破，但是要实现真正的具身智能仍面临许多挑战。

①具身智能需要能以第一人称视角准确地感知和理解周围的物理环境，因此具身认知系统更强调对物体可操作性的理解，而在目前的预训练视觉模型中这些信息并不容易获得。

②具身智能需要具有高度自主推理、推断和规划能力，能够根据环境变化和任务要求，将自身知识与观测结果结合做出判断，灵活地制定决策和行动计划。目前在技术上实现还比较困难。

③具身智能与物理世界进行精确运动交互，需要具备精细的运动控制能力，在复杂的物理环境中执行各种任务。复杂多变的物理环境下，传统的机器人运动学难以满足具身智能精确运动交互的需求。

◎ 弱信号

（1）美国英伟达推出接入 GPT-4 的智能体 Voyager

2023 年 5 月，英伟达推出全新的 AI 智能体 Voyager，将 GPT-4 整合到微软的 3D 沙盒游戏 Minecraft 中，实现在游戏中进行全场景的终身学习。Voyager 是第一个由大语言模型驱动、可以终身学习的具身智能体，不仅可以根据游戏的反馈自主训练，而且还能自行写代码推动游戏任务，利用 GPT-4 不停地探索世界，开发越来越复杂的技能，并始终能在没有人工干预的情况下进行新的发现。

（2）谷歌发布多模态具身视觉语言模型 PaLM-E

2023 年 3 月，谷歌联合柏林工业大学团队发布多模态具身视觉语言模型 PaLM-E。该模型具有 5620 亿个参数，集成了可控制机器人的视觉和语言能力，能够利用视觉数据来增强其语言处理能力。该模型无须对场景表示做任何预处理以分析机器人摄像头采集到的数据，消除了对数据预处理和标注的需求，有望将机器人的自主水平提升至新的层次。

（3）人工智能领域顶尖学者发文提出"具身图灵测试"

2023年3月，人工智能领域顶尖专家、图灵奖得主杨立昆、Yoshua Bengio等科学家联名发表《通过神经人工智能（NeuroAI）催化下一代人工智能》白皮书，提出"具身图灵测试"，通过高级感觉运动能力将人工智能与人类和其他动物的交互进行基准测试和比较，具体包括与物理世界互动、动物行为的灵活性、能源效率等特征。该白皮书进一步基于进化论视角提出了应对具身图灵测试的策略，即将其分解为一系列相互构建的挑战性增量测试，并在此基础上迭代优化。

（4）DeepMind发布自适应智能体AdA

2023年1月，DeepMind的Adaptive Agents团队提出了一种人-时间尺度（human-timescale）自适应智能体AdA。该智能体经过大规模训练后，具有通用上下文的学习能力，可以像人一样快速适应开放式的具身3D问题，不需要任何提示、微调或访问离线数据集。

（5）DeepMind推出通用智能体模型Gato

2022年5月，英国人工智能研究机构DeepMind推出了一个通用智能体模型Gato，具有多模态、多任务、具身化等特点。Gato使用单一训练模型就能完成多类型任务，如玩雅达利游戏、给图片输出字幕、用机械臂堆叠积木、根据上下文输出文本、关节力矩、按钮按压等各类的任务。

（二）生成式AI内容检测技术取得进展，为AI治理提供新工具

◎ 技术线索

2023年6月，美国堪萨斯大学研究团队通过构建数据集并进行训练和测试，成功地开发出一种分类算法，能够准确区分由科学家和ChatGPT所写的论文，准确率可达到99%。

在生成式AI内容检测方面，国内外国家研究机构、头部企业等都取得了重要进展。斯坦福大学研究团队推出了DetectGPT，OpenAI推出AI Text Classifier，中国上海财经大学、哈尔滨工业大学（深圳）等学者发布ChatGPT检测器，GPTZero团队推出可集成到Microsoft Word中的写作跟踪插件"Origin"。

以ChatGPT为代表的生成式AI作为创新辅助工具，推动知识生产效率大幅提升。

然而，生成式 AI 的滥用会导致信息真假难辨，可能会被无意滥用或恶意利用于欺诈、剽窃、造谣、伪造身份等，威胁国家安全与社会稳定。生成式 AI 内容检测技术能够有效甄别使用 AI 工具生成的内容，防止生成式 AI 滥用。

◎ 技术内涵

生成式 AI 内容检测技术（generative AI detector），是一种利用人工智能技术实现自动化审核，将 AI 生成的内容与人类创作的内容区分开来的一类技术，旨在提高 AI 对社会的积极影响，降低生成式 AI 的滥用。该技术主要基于人类 ChatGPT 比较语料库（human ChatGPT comparison corpus，HC3），采用计算机视觉、自然语言处理、机器学习等技术，对文本、图片、视频等多种形式的内容进行分析和判定，快速判断内容是由 AI 生成还是人类编写。

基于机器学习的生成式 AI 内容检测技术目前主要分为 3 类：①简单的分类器（simple classifiers）：使用从头开始的分类器来区分大模型生成的内容和人类创作的内容；②零镜头检测（zero-shot detection）：使用预先训练好的生成模型（如 GPT-3 或 GROVER）从自身或类似的模型进行输出，该模型不接受额外的训练；③基于微调的检测（fine-tuning based detection）：对大模型进行微调，在一系列可用设置中以更高的性能和准确性检测自身。

近年来，多个顶级研究机构和头部企业均对生成式 AI 内容检测展开了研究。2019 年 5 月，德尔伯里国际研究中心实现了使用 GROVER 模型准确地识别出部分 AI 生成的文本。2019 年 11 月，OpenAI 发布了序列分类器 RoBERTa，能够检测 GPT-2 生成的文本，准确率约 95%。2022 年 12 月，普林斯顿大学 Edward Tian 发布的 GPTZero 通过检测文本的"突发性"和"困惑度"来判断一段文本是否由 AI 生成。2023 年以来，斯坦福大学研究者提出了 DetectGPT 来检测文档是否由大模型生成；GPTZero 团队推出了其最新工具"Origin"，可以集成到 Microsoft Word 中跟踪学生的写作过程；美国堪萨斯大学研究团队成功地开发出一种分类算法，能够准确区分由科学家和 ChatGPT 所写的论文。

随着日渐强大的大模型成为越来越有吸引力的工具，防止生成式 AI 滥用的必要性越来越强。在对 AI 生成的内容和人类编写的内容进行区分时，生成式 AI 自动检测技术的效率和准确率均优于人类。因此，使用自动检测方法在海量内容中快速、准确地识别出 AI 自动生成的违法、有害等攻击性言论，辅助平台实现高效自动化审核，维护科研诚信等，是当前的一个重要研究方向。

◎ 重要性

人工智能技术的进步，尤其是生成式 AI 的爆发式增长，推动了知识生产效率的大幅提升。但是，生成式 AI 在为人类提供便利的同时，降低了虚假信息活动的成本，其在欺诈、剽窃、造谣、伪造身份等不法场景中的使用对国家安全、经济发展和社会稳定造成极大的威胁与挑战。2023 年 9 月，兰德公司发布的报告指出 AI 大规模生成文本内容和逼真图片，意味着社交媒体操纵舆论潜力的巨大变化，可用于影响民众判断，对国家安全构成威胁。然而，人类通常难以准确区分 AI 生成的内容和人类编写的内容，尤其是伴随着人工智能技术日新月异的进步，AI 生成内容越来越接近人类创作。生成式 AI 内容检测技术够弥补人类在识别上的不足，有助于防止 AI 滥用，确保知识内容的原创和高质量，避免 AI 生成的海量内容造成信息爆炸、虚假信息散播、欺诈剽窃等风险，维护了国家安全与社会稳定。

◎ 潜在应用和影响

随着大模型的应用场景不断拓宽，原创、高质量的数字内容创作的验证审核等在保护网络用户安全、维持平台声誉、科研诚信评价等领域的有巨大的应用潜力。该技术能够自动过滤低质量、误导性信息，防止色情、暴力、恐怖主义等违法行为，可广泛应用于虚假新闻、AI 换脸诈骗、版权内容保护、学术诚信等场景，防止 AI 技术滥用，为媒体、教育、金融、公安等领域的人工智能安全治理提供可靠的工具，创造更加安全、可信、高质量的网络环境。

◎ 问题与障碍

①生成式 AI 内容检测技术的发展必须考虑到大模型日新月异的进步。ChatGPT 目前已经更新到 GPT-4，多个头部企业也在大模型方面持续发布新产品。更强大的大模型必然会为 AI 生成内容检测带来障碍。

②更准确的语言分析和内容检测需要更多具有不同风格、来源和语言的数据。目前相关研究主要是基于文本数据，未来相关研究会探索音频、视频、图像等领域的 AI 生成内容检测。

◎ 弱信号

（1）美国堪萨斯大学开发 ChatGPT 内容识别新算法，为鉴别学术不当行为提供了新工具

2023年6月，美国堪萨斯大学对外公布，研究团队通过构建数据集并进行训练和测试，成功地开发出一种分类算法，能够准确区分由科学家和 ChatGPT 所写的论文。初步实验结果显示，该分类器在区分真实科学写作和 AI 生成论文的整体准确率上达到100%。尽管在段落级别上准确率稍有下降，为92%，但研究人员认为这一分类器非常有效，因为它能够捕捉到人类和 AI 写作之间的多种风格差异。

（2）斯坦福大学推出 DetectGPT，利用概率曲率检测文本是否为大模型生成

2023年1月，斯坦福大学研究团队提出了一种名为 DetectGPT 的新方法，旨在成为首批打击高等教育中 LLM 生成文本的工具之一。研究团队基于"LLM 生成的文本通常徘徊（hover around）在模型的对数概率函数的负曲率区域的特定区域周围"这一发现，提出了一种用于判别 LLM 生成文本的新指标，这一方法既不需要训练单独的分类器，也不需要收集真实或生成的段落的数据集。

（3）OpenAI 发布官方 AI 生成文本分类器

2023年1月，OpenAI 发布 AI 生成文本分类器。该分类器是一种语言模型，针对同一主题的人工文本和 AI 文本进行了微调。每个文本分为提示和响应。根据这些提示，生成了来自 OpenAI 和其他组织训练的各种不同语言模型的响应。

（4）普林斯顿大学发布 AI 文本检测工具 GPTZero

2022年12月，普林斯顿大学 Edward Tian 发布了 GPTZero。这项技术通过检测文本的"突发性"和"困惑度"来判断一段文本是否由 AI 生成。该检测工具可以扫描一段文本，并使用机器学习判断这段文本是由人类还是由 OpenAI 的 ChatGPT、谷歌的 Bard 等 AI 工具生成的。

2023年7月，GPTZero 团队推出了其最新工具"Origin"。这是一个可以集成到 Microsoft Word 中的插件，可以跟踪学生的写作过程，以验证文本确实是由该学生本人创作的。

（5）OpenAI 推出 AI Text Classifier 的文件检测器

2023年2月，OpenAI 推出了一款检测工具，试图区分人工编写的文本和 AI 生成的文本。AI Text Classifier 不仅可以检测 ChatGPT 生成的文本，还可以检测其他同类 AI

工具生成的文本。

（6）中国学者发布国内首个ChatGPT检测器

2023年1月，来自上海财经大学、哈尔滨工业大学（深圳）等高校的研究者基于HC3（human ChatGPT comparison corpus）数据集开发了国内首个ChatGPT检测器。该研究建立了根据GLTR Test-2特征训练的逻辑回归模型、用于单文本检测的深度分类器和用于QA检测的深度分类器3个不同的检测系统，对如何有效检测某个文本是由ChatGPT还是人类生成的进行了广泛的实验。

（三）新型神经架构模型为可解释人工智能提供新路径

◎ 技术线索

2023年7月，斯坦福大学提出了一种新型神经架构Backpack，能够调控意义向量来干预语言模型的行为，引导语言模型输出想要的结果。Backpack作为Transformer的替代模型，为实现可解释人工智能提供了一种新的路径。

可解释人工智能也在其他方面取得了进展。Deepmind发布的模型构造工具Tracr从可解释逻辑反向搭建模型，Stability AI公司发布LLaMA2微调模型——FreeWilly，通过逐步学习复杂解释过程提升推理能力。

以GPT为代表的预训练大模型是基于传统的Transformer架构，没有清晰的输入-输出映射，缺乏可解释性。随着深度学习"黑箱"模型越来越多地应用于关键、敏感环境，AI的利益相关者对可解释性的需求越来越强。该新型架构对意义向量进行干预有助于解释和控制模型，通过意义干预来控制生成主题，降低性别偏见等，提升预训练大模型的可解释性。

◎ 技术内涵

可解释人工智能（explainable artificial intelligence，XAI）致力于以人类可理解的方式解释人工智能模型，使得人类能够理解模型的内部运行逻辑和决策结果，为模型的故障排除和广泛使用提供便利。当前以深度学习为代表的人工智能朝着更加自主、复杂的方向发展，形成了AI自主学习、自我创造等机制。但是在深度学习模型的输入数据与输出结果之间，存在着难以解释和理解的"黑箱"。该技术能够使人工智能系统与用户之间达成清晰有效的沟通，以取得人类信任，促进算法公平，满足监管要求。

因此，该技术是提升人类对越来越强大的人工智能系统信任度的重要技术。

可解释人工智能的概念最早来源于美国 DARPA 在 2015 年制定的可解释人工智能（XAI）计划。自 2016 年起，各国政府及社会组织开始呼吁加强人工智能系统的可解释性。在实践方面，随着可解释性成为人工智能技术发展的重要方向，微软、谷歌、IBM 等科技巨头纷纷加大投入，探索可解释人工智能的解决方案。针对人工智能模型的部署和监控环节，2019 年，谷歌公司推出了一项具有算法解释功能的技术"谷歌模型卡片"（model cards），能够为人工智能算法运作提供一份可视化的解释文档。2020 年，IBM 研究院研发出能够呈现算法模型重要特性的自动化文档"AI 事实清单"（AI fact sheets）。聚焦人工智能模型构建的数据准备阶段，2021 年，微软推出了算法训练数据集的可解释工具"数据集数据清单机制"（datasheets for datasets），该工具帮助开发人员等了解所使用数据的优势和局限性，防范偏见和过度拟合等问题。

可解释人工智能技术可以分为 3 类：基于数据的可解释性、基于模型内在的可解释性以及基于结果的可解释性。训练前基于数据的可解释性技术通过数据可视化技术、统计数据分析等进行数据探索，尽可能地了解数据。训练中基于模型内在的可解释性技术重点在于使用可解释的机器学习算法，或者优化模型增强可解释性等，开发可解释的模型。训练后基于结果的可解释性技术企图通过局部依赖图、特征归因方法等估计、推断模型的决策流程，是可解释人工智能领域目前最多的尝试策略。总之，当前主流的 AI 可解释机制都聚焦基于数据的可解释性和基于结果的可解释性，而能够更好地实现人工智能模型透明度的基于模型内在的可解释性技术，还有待更深入的探索。

◎ 重要性

人工智能已经日益渗入各行各业和人类生活的方方面面，正在重塑经济和社会形态。现有人工智能系统难以确保其决策和操作是透明且可解释的，许多深度学习方法被认为是"黑匣子"。人工智能只有可信可靠，才能获得可持续发展。可解释人工智能是保证人工智能可信可靠的重要技术之一。可解释人工智能赋予用户对算法决策机制的知情权等，通过算法透明化机制倒逼开发者、提供者采取有效的措施防范算法歧视、决策偏差等问题，从而促进算法公平，实现科技向善。随着预训练大模型驱动人工智能发展全面提速，发展可解释人工智能以保证社会自由、平等和博爱变得越来越重要。

◎ 潜在应用和影响

可解释人工智能对人工智能系统的自动决策过程提供解释，有助于增强人类对结果的准确性与合理性的信任度，进而使用这些系统来更好地指导他们的决策和行为。可解释人工智能的发展有助于促进人工智能在军事、医疗健康、金融、社交媒体、汽车和机器人等敏感信息领域的应用。当前，医疗领域可解释人工智能的发展需求更为迫切，相关研究在医疗健康领域也更为集中。随着人工智能的发展与渗透，可解释人工智能的应用范围将向更多领域扩展。

◎ 问题与障碍

当前，可解释人工智能的发展还面临局限和挑战。

①模型性能与可解释性之间存在矛盾。深度学习模型的复杂度随着性能的提升而增加，而模型自身的可解释性通常随着模型复杂度的提升而减弱。因此，相关研究需要平衡模型可解释性和模型性能之间的关系。

②目前缺乏统一的可解释性评估标准。现有研究中，可解释算法对于模型的解释程度没有一个统一的度量标准，很难对不同类型可解释算法的解释性进行分析和比较。因此，设计出一套完备的解释算法评估系统是未来可解释研究的方向之一。

◎ 弱信号

（1）斯坦福大学提出 Transformer 的替代模型 Backpack，可以去除偏见并增强可解释性

2023年7月，斯坦福大学的学者提出了一种新的神经架构 Backpack，能够调控意义向量来干预语言模型的行为，引导语言模型输出想要的结果。Backpack 是 Transformer 的替代模型，它可以在表现力上进行扩展，并为实现可解释性提供一种新的方法。Backpack 模型通过将词汇表中的每个词都表示成一组非上下文的意义向量，从而预测非上下文表征的对数 – 线性组合。

（2）DeepMind 发布模型构造工具 Tracr，从可解释逻辑反向搭建模型

2023年1月，DeepMind 和苏黎世联邦理工学院的研究人员提出模型构造工具 Tracr，可以将基于 RASP（专门根据 Transformer 架构设计的"编程语言"）编写的程序转换为 Transformer 模型的权重。Tracr 可将 RASP 转换成 craft（针对 Transformer 的"汇编语言"），再将 craft 转变成"机器码"模型权重。基于此，研究人员创建了一系列

人工编写程序的基准 Transformer，包括计算 token 频率、排序以及 Dyck-n 括号识别等。通过这种方式，既提升了模型的可解释性，又降低了设计架构的复杂度。目前对应的 Tracr 模型已经开源。

（3）DeepMind 用大型语言模型实现可信推理

2022 年 9 月，DeepMind 研究团队提出一套前向链选择推理模型，能够执行忠实推理并提供有效的推理跟踪，用以提高推理质量并帮助用户检查/验证最终答案。该研究通过因果结构反映问题的潜在逻辑结构，借此过程保证语言模型忠实执行多步推理。实验结果表明，该方法有助于提高模型在以精确度（而非召回率）为优先的现实世界中的可信度与安全性。

（4）美国 Stability AI 公司发布 LLaMA2 微调模型 FreeWilly

2023 年 8 月，Stability AI 与其子公司 CarperAI 实验室联合发布基于 LLaMA 系列模型的微调语言模型 FreeWilly1 和 FreeWilly2。FreeWilly 模型是在数据生成过程中采用了微软公司于 2022 年提出的 Orca 方法，该方法利用大规模语言模型自身生成训练数据，并通过逐步学习复杂解释过程来提升推理能力。

（四）大模型评测基准为 AI 模型持续改进夯实基础

◎ 技术线索

2023 年 10 月，香港中文大学自然语言处理实验室推出了中文大语言模型评测体系 CLEVA。CLEVA 覆盖 31 个任务，中文测试样本数是过往同类评测体系最大值的 4 倍，有助于评估不同模型的优劣势，并为未来的模型优化提供方向。目前，CLEVA 已经被斯坦福大学的英文大语言模型评测体系 HELM 认可和接入。

随着大模型在学术界和工业界越来越受到关注，以及大模型持续迭代和进化，使得对大模型的评估变得越加重要。大模型评测包含多样化的评测任务，涵盖文本处理与理解、文本生成、代码生成、安全伦理等多种任务。大模型评测致力于全面定位当前大模型的能力和局限性，找到未来优化方向，有助于更好地统筹和规划大模型未来的发展演变，防范未知和可能的风险，对于人工智能的发展具有重要意义。

◎ 技术内涵

人工智能的发展历史，是创建和评估智能模型和算法的历史。人工智能大模型能力水平的评测标准和方法，可以衡量其在不同任务和领域的表现，识别当前模型和算法限制，以帮助用户和开发者更好地了解和评估大模型的性能和可靠性，为模型优化提供依据。大模型评测包含多样化的评测任务，涵盖文本处理与理解、文本生成、代码生成、安全伦理等多种任务。通过对模型性能进行横向和纵向客观比较，有助于客观评价大模型的进步速度，推动大模型在多领域的研究和应用。

当前的评测基准主要分为通用基准（general benchmarks）、特定基准（specific benchmarks）和多模态基准（multi-modal benchmarks）。①通用基准旨在模拟真实世界通用场景，基于统一测试环境评估大模型的性能。2023年推出的 Chatbot Arena 和 MT-Bench 是两个重要的通用评测基准。Chatbot Arena 是美国加州大学伯克利分校等创立的研究组织 LMSYS Org 推出的大模型对抗评测基准平台，它提供了一个用户匿名投票平台以评估大模型产品在现实场景中的性能。MT-Bench 是加州大学伯克利分校发布的基准测试，包含80个高质量的多轮对话问题，旨在测试模型的多轮对话和指令遵从能力。②特定基准是专门为某些下游任务设计的基准。谷歌2023年7月推出了医疗问答基准测试系统 MultiMedQA，从临床知识和问答能力方面评估模型性能。③多模态基准旨在评估多模态大模型的能力。2023年11月，腾讯 AI Lab 推出的 SEED-Bench-2，基于三个层级的27个评估维度，评估模型对文本、图像、视频等的理解和生成能力。

上述基准主要面向英文任务评测，此外，基于中文大模型的加速产出和中文语言的特殊性，中文大模型评测基准也陆续推出。2023年5月，上海交通大学、清华大学、爱丁堡大学共同推出中文大模型的知识评估基准 C-Eval。2023年6月，智源推出 FlagEval（天秤）大模型评测体系及开放平台。2023年10月，香港中文大学自然语言处理实验室推出首个面向中文的大规模预训练语言模型评测体系 CLEVA。

现有的大模型评测呈现为以下趋势：①从客观计算到人工循环测试转变，允许在评估过程中获得更多的人工反馈；②从静态测试集到动态、众包测试集的转变正越来越普遍，部分工具开始依靠众包工作者测试模型；③测试环境从统一环境到具有挑战性的环境转变，统一环境测试的测试集不偏好任何特定任务，而具有挑战性的环境则需为特定任务创建测试集。尽管现有的大模型评测工作进行了大量的尝试，但是目前的大模型评估标准和评测体系还不足以对大模型进行全面的评估，该技术仍然有待进一步发展。此外，大模型评测不仅要通过任务测试等进行模型性能评估，还应从内容安全、决策道德等社会风险角度完善大模型测评指标设计。

◎ 重要性

随着大模型呈现"百花齐放"态势,大模型持续迭代和进化,其能力也越来越强大。通过科学、公正、开放、标准的评测基准和工具评估模型性能还变得越来越重要。大模型评测能够从演化角度评测其能力,预知和防范可能的挑战和风险,更好地统筹和规划大模型未来的发展演变,引导大模型朝着更加健康、安全的方向发展,对于人工智能的发展具有重要意义。

◎ 潜在应用和影响

大模型评测致力于全面定位当前大模型的能力和局限性,帮助找到未来的优化方向。评测有助于了解大模型的优缺点,进而通过模型更新和新算法开发增强大模型性能。此外,对大模型能力的全面了解和评测能够为人与大模型的协同交互提供指导和帮助,有助于更好地进行人机交互新范式的设计。

◎ 问题与障碍

当前的大模型评测标准和方法还不足以评估大模型的真实实力,对大模型评测工作的开展提出了重大挑战。

①大模型评测中仍有大量未解决的问题。当前,大模型评测普遍利用来自教育学、心理学、社会学等领域的跨学科知识来设计评测基准。但是,哪些评测任务可以真正度量大模型的能力,仍有待进一步探索。

②目前大模型评测基准较为分散,缺乏公认的、规范化的评测基准。当前的评测基准主要从技术角度对模型进行任务评估,从社会角度进行风险评估还有待进一步完善。

③缺乏动态演化的大模型评测系统。大模型发展迅速且能力在训练迭代中不断增强,静态基准难以准确评测模型性能,且在评测中静态基准容易被大模型记忆,污染训练数据。

◎ 弱信号

(1)香港中文大学推出中文语言模型评测体系CLEV

2023年10月,香港中文大学自然语言处理实验室推出面向中文的大规模预训练语言模型评测体系CLEVA。该评测体系包含31项不同任务,用于评估中文预训练语言模型在准确性、鲁棒性、公平性、效率、校准与不确定性、偏见与刻板印象和隐私性等方面的性能。CLEVA 中 33.98% 的测试数据是新采集构造，基于规模最大的中文测试数据，在每轮评测时都会通过不重复采样得到一个全新的测试集，使得评测结果更可信。目前，CLEVA 已经被斯坦福大学的英文大语言模型评测体系 HELM 认可和接入。

（2）北京大学等提出一种新型大模型评估范式 PandaLM

2023 年 5 月，北京大学、西湖大学等高校合作开发了一种新型的大模型评估框架 PandaLM，致力于实现可复现、自动化、低成本的大模型评估方案，是全球首个评估大模型的大模型。PandaLM 通过训练使得大模型学习到人类对不同大模型生成文本的总体偏好，并做出基于偏好的相对评价，以代替人工或基于第三方应用程序编程接口（API）的评测方式。

（3）美国 LMSYS Org 推出大模型评测基准平台 Chatbot Arena

2023 年 5 月，美国加州大学伯克利分校、加州大学圣地亚哥分校和卡内基梅隆大学合作创立的研究组织 LMSYS Org 推出基于 Elo 评分系统的大型语言模型评测基准平台 Chatbot Arena。Chatbot Arena 采用众包方式对不同的大模型产品进行匿名、随机的对抗测评，具有可扩展性、增量性和唯一排序等优势。系统每次会随机选择两个不同的大模型机器人和用户聊天，并让用户在匿名的情况下选择哪款大模型产品的表现更好。最后系统根据用户的选择判定大模型产品的积分，以排行榜的形式出现在首页中。

（4）上海交通大学等提出中文大模型的知识评估基准 C-Eval

2023 年 5 月，上海交通大学、清华大学、爱丁堡大学共同推出中文大模型的知识评估基准 C-Eval。C-Eval 构造了一个覆盖 52 个学科共 13 948 道题目的中文知识和推理型测试集，旨在打造一个中文的、有足够区分度的、多学科的基准榜单，辅助中文大模型研发。

（5）智源推出 FlagEval 大模型评测体系及开放平台

2023 年 6 月，智源研究院联合多个高校团队推出大模型评测体系及开放平台 FlagEval（天秤）。该平台采用"能力—任务—指标"三维评测框架，涵盖 22 个主客观评测数据集，共计 84 433 道题目，旨在提供全面、细致的评测结果，细粒度刻画模型的认知能力边界，可视化呈现评测结果。

（6）谷歌提出全新医疗大模型评估基准 MultiMedQA

2023 年 7 月，谷歌 Shekoofeh Azizi 及其团队提出了全新的医疗大模型基准测试 MultiMedQA，涵盖 7 个医学问答数据集，包括医学考试、医学研究、消费者查询等相关问题和回答，以评测大模型在临床知识方面随机应变的能力。基于 MultiMedQA，研究人员评估了大模型 PaLM 及其变体 Flan-PaLM。

（7）微软发布大模型对抗性基准测试工具 PromptBench

2023 年 8 月，微软发布大模型对抗性基准测试工具 PromptBench，评估大模型在对抗性提示方面的鲁棒性。PromptBench 采用多种针对提示的对抗性文本攻击，在情感分析、自然语言推理、机器翻译等多个任务中应用这些提示进行评测。研究人员生成了 4032 个对抗性提示，通过 8 个任务和 13 个数据集对多个大模型进行评测。

（五）基于忆阻器的存算一体技术推动边缘人工智能发展

◎ 技术线索

2023 年 10 月，清华大学研究团队基于存算一体计算范式，研制出全球首颗全系统集成的、支持高效片上学习的忆阻器存算一体芯片。该芯片可实现不同任务的快速"片上训练"与"片上识别"，能够有效完成边缘计算场景下的增量学习任务，以低功耗适应新场景、学习新知识，满足用户的个性化需求。

基于忆阻器的存算一体的交叉阵列结构特别适合快速矩阵向量乘法，可以减少权重搬移带来的功耗和延时，为有效解决目前算力缺口和能效瓶颈提供了一种创新发展路径，是解决边缘人工智能功耗问题的关键技术。基于忆阻器的存算一体芯片有助于赋能基于本地学习的边缘训练新场景，预期能带来更强大、更智能、更易访问的边缘设备，推动边缘人工智能的发展。

◎ 技术内涵

存算一体架构将计算直接映射到存储结构中，在存储器中嵌入计算能力，以新的运算架构进行乘积累加运算，消除了数据搬移导致的延迟和功耗，解决了传统冯·诺依曼架构的瓶颈。其中，忆阻器（resistive random access memory，RRAM）作为一种重要的非易失性[①]存储器，是存算一体基础器件的有力竞争者之一。忆阻器是一种具有电荷记忆功能的非线性电阻，通常采用交叉阵列的方式进行高密度集成。与晶体管电路相比，忆阻器阵列进行乘积累加计算时，具有高集成密度、高速、低功耗、非易失性

---

① 非易失性是指不需要持续供电来保留存储在计算设备中的数据或程序代码。忆阻器的阻值由激励历史决定且连续变化，呈现非易失性。器件在特定外加电信号作用下，电阻值会在至少两个稳定的阻态间发生切换，当外加电信号撤去后，阻态能够保持。

等优点。基于忆阻器的存算一体技术被视为变革传统冯·诺依曼计算架构、突破芯片算力和能效瓶颈的重要路径。

基于忆阻器的存算一体技术发展可以分为三个阶段：第一个阶段关注单个器件的发展。1971年，加州大学伯克利分校的蔡少棠教授提出了忆阻器的原始理论架构；2008年，惠普实验室的Stan William教授首次在实验室制备出忆阻器；2016年，美国加州大学圣芭芭拉分校的谢源教授团队提出基于忆阻器的PRIME存算一体架构，引起了广泛关注。第二个阶段，相关研究开始聚焦忆阻器阵列存算一体演示。2015年，美国加州大学圣芭芭拉分校研究团队在12×12阵列上演示了3个字母的识别；2017年，清华大学团队在128×8阵列上演示了人脸识别。第三个阶段，前沿研究开始攻克存算一体芯片。2020年，清华大学研究团队基于多阵列忆阻器搭建出全硬件构成的完整存算一体系统；2022年9月，清华大学联合斯坦福大学、加州大学圣地亚哥分校等联合推出基于忆阻器的存算一体芯片NeuRRAM；2023年10月，清华大学研究团队研制出全球首颗全系统集成的、支持高效片上学习的忆阻器存算一体芯片。

基于忆阻器的存算一体技术主要分为两种技术路线：模拟式存算一体技术和数字式存算一体技术。数字式存算一体技术基于忆阻器完成布尔逻辑功能，经过不同布尔逻辑的组合调用实现复杂的加法、乘法等计算。数字存算一体架构具有高性能、高精度的优势，适合需要高精度的云计算场景和训练场景。模拟式存算一体技术则基于欧姆定律和基尔霍夫电压定律，利用忆阻器阵列，可以一步实现乘积累加计算。模拟式存算一体的模拟计算误差限制了计算精度，适合计算精度和功能灵活性要求不高、更注重低功耗的边缘人工智能场景。

◎ 重要性

随着人工智能等应用对数据存储和计算需求的不断提升，存算一体架构解决了处理器与存储器分离所导致的计算效率低、功耗高的问题，有助于从根本上解决冯·诺依曼架构存算分离带来的算力限制和能耗瓶颈。在存算一体的多条技术路线中，基于忆阻器的存算一体的交叉阵列结构特别适合快速矩阵向量乘法，可以减少权重搬移，大幅降低功耗，显著提升计算效率，为实现存算一体技术提供切实可行的解决方案。

◎ 潜在应用和影响

基于忆阻器的存算一体技术市场巨大、前景广阔。在智慧物联网（AIoT）时代，数据中心存在海量运算需求，智能手机、自动驾驶、可穿戴设备等终端带来的边缘计算需求日益增加。基于忆阻器的存算一体技术的低功耗、低时延、高算力密度优势，为上述场景提供了变革性的解决方案，有助于推动边缘人工智能的发展。

◎ 问题与障碍

尽管基于忆阻器的存算一体架构整体处于快速发展阶段，但是仍有诸多问题尚未解决。

①忆阻器件参数均一性和可靠性距离应用需求差距较大。高性能稳定忆阻器件是开展应用研究的前提和基础，但是器件的参数均一性和可靠性受到材料、工艺制约，非易失性存储器由于介质本身的不足，存在使用寿命有限、读写速度不对称、磨损不均衡等问题，难以满足大规模实际应用需求，距离量产还有一定距离。

②忆阻器阵列中的串扰问题是制约忆阻器大规模集成应用的关键物理因素。忆阻器件与晶体管或选通器件集成是解决串扰问题的主要途径，其中高性能选通器件是实现忆阻器高密度三维集成的关键，目前还无成熟的解决方案。

◎ 弱信号

（1）清华大学推出全球首颗支持片上学习忆阻器存算一体芯片

2023年10月，清华大学集成电路学院研究团队基于存算一体计算范式，研制出全球首颗全系统集成的、支持高效片上学习的忆阻器存算一体芯片。芯片研制参照仿生类脑处理方式，可实现不同任务的快速"片上训练"与"片上识别"，能够有效完成边缘计算场景下的增量学习任务，包括运动控制、图像分类和语音识别等。该芯片在相同任务下能耗仅为专用集成电路（ASIC）的1/35，同时有望实现75倍的能效提升。

（2）美国罗切斯特大学开发出新型混合相变忆阻器

2023年11月，美国罗切斯特大学研究人员开发出一种新型混合相变忆阻器，可实现高效的存储功能。研究人员通过控制二维二碲化钼材料的单向拉伸，将材料转化为不同的晶相，从而产生不同电阻，实现存储功能。这种设备结合了忆阻器和相变材料的优点，既能够提供快速、密集的存储，又能够降低功耗。

（3）美国洛斯阿拉莫斯国家实验室为神经形态计算设计人工突触

2023年6月，美国洛斯阿拉莫斯国家实验室研究人员开发出一种新的接口型忆阻设备，可用于为下一代神经形态计算构建人工突触。忆阻器可以记住自身在断电时所处的电气状态，因此可用于模拟人脑的记忆。通过忆阻器设备构建的神经形态网络具有低能耗、高并行性和出色的容错性等优点。

（4）西安交通大学团队研发多模态感-存-算一体化神经形态电化学晶体管

2023年4月，西安交通大学金属材料强度国家重点实验室马伟教授课题组和香港大学电气与电子工程系王中锐教授课题组等合作，设计出一种多模态感-存-算一体化神经形态电化学晶体管OECTs。该器件基于离子-电子混合导体材料，可在易失性/非易失性模式间切换，表现出优异的综合性能。研究基于该器件设计了均质化脉冲神经网络硬件和储蓄池计算系统，对微型化边缘计算AI系统的发展具有重要意义。

（5）复旦大学开发超快双极性闪存器件，实现自激活存算一体超快闪存

2023年3月，复旦大学微电子学院周鹏教授联合芯片与系统前沿技术研究院刘春森研究员开发出超快双极性闪存器件，并实现了自激活存算一体超快闪存。该成果通过对存储双极性行为的逻辑调控，在实现乘法累加操作的同时完成非线性自激活输出，显著降低外围电路复杂度和能耗。

（6）美国南加州大学研发出新型高密度存储芯片，可应用于边缘人工智能

2023年3月，美国南加州大学研究团队研发出新型高密度存储芯片，可应用于边缘人工智能。该研究团队将硅与金属氧化物忆阻器结合在一起，并使用原子的位置来表示信息，可稳定而紧凑地存储更多信息，同时，信息也可以存内处理，消除了当前计算系统中存在的冯·诺依曼瓶颈，从而制造出一款可实现存算一体的新型高密度存储芯片。

（六）下一代光学原子钟的研制取得重大进展，"秒"将被更精确定义

◎ 技术线索

2023年5月，欧洲多家研究所合作，成功对放射性同位素钍-229核异构体的辐射衰变进行了精密测量，这一成就不仅体现了对钍原子核能级的深入洞察，更是通往开发比现有技术更为稳定、精确的原子核钟的关键性突破。钍-229拥有一种异常低激发能态的异构体，可通过激光直接操控核子状态，是下一代光学原子钟的理想候选粒子。

光学原子钟是量子科学的前沿领域，是当前精确计时的发展方向。近年来，美国、日本、中国、法国、德国、英国等世界主要科技大国各自都在进行不同技术路线不同元素光学原子钟的研究，均取得了重要进展。为了满足更精准时间测量的需要，国际

计量组织计划将于 2026 年讨论由光学原子钟重新进行"秒"的定义，并将在 2030 年做出最终决定。

◎ 技术内涵

随着量子物理学和激光光谱学的发展，科学家认识到原子内部发射的电磁振荡周期非常稳定，以其为基准的时间计量系统原子时的精度远高于基于天体运动的历书时。1967 年，原子时取代了历书时成为现行国际单位制的基本时间计量系统，时间基本单位"秒"的精度得到极大提高。

原子钟是原子时的测量仪器，根据输出频率范围不同，可以分为微波原子钟（简称微波钟）与光学原子钟（简称光钟）。微波钟是以微波波段共振频率作为时间频率基准的原子钟，最常见的微波钟是氢钟、铷钟和铯钟，现行国际单位制的"秒"是由铯钟定义的。光钟是以光学波段共振频率作为时间频率基准的原子钟，光钟的工作频段比微波钟的工作频段高 4 到 5 个数量级，因此在相同跃迁谱线线宽的条件下，光钟的不确定精度优于微波钟 100 到 1000 倍。美国、日本、中国、法国、德国、英国等世界主要科技大国都在进行光钟的研究，近几年均取得了重要进展。2022 年，日本东京大学香取秀俊和美国国家标准与技术研究所叶军凭借其制造出的光学晶格钟，将时间测量精度提高 3 个数量级并获得基础物理学突破奖。目前最精确的光钟误差小于每 150 亿年 1 秒。

目前光钟有两条主流研究路线，分别是基于单离子（汞离子、镱离子、锶离子、铝离子等）囚禁和冷却的离子光钟、基于中性原子（钙原子、锶原子、镱原子、镁原子等）光晶格囚禁的光晶格原子钟。近期，其他研究路线的下一代光钟也取得了重大进展。一方面，凭借高电荷离子对外部磁场波动敏感性较低的特性，被认为是未来研发精确度更高的光钟的理想候选方案之一。2022 年 11 月，德国联邦物理技术研究院实验量子计量研究所的世界首台基于高电荷离子的离子光钟面世，其性能已与主流研究路线的光钟相当。另一方面，由于原子核结构紧凑、电磁矩小、不易受外界干扰等特点，基于原子核的离子光钟也是未来研发更稳定、更精确光钟的理想候选方案之一。2023 年 5 月，研究人员探测到了原子核跃迁发射出的光子，为原子核钟的发展迈出了至关重要的一步。

◎ 重要性

随着新一代信息技术的发展，特别是量子计算、人工智能等技术的出现，科学界对时间精度和测量方法提出更高的要求。高精度时间已经成为一个国家科技、经济、军事和社会生活中至关重要的参量。在基础科学研究中，物理常数的测量，引力红移以及引力波的探测都与时间测量息息相关；在航空航天领域，时间同步是火箭的测控基石，飞船与空间站的精准对接同样也需要时间同步；在物联网领域，时钟同步对节点的状态判断、节点的相互协同以及节点的数据融合都起到了重要作用；在通信领域，时间同步技术成为新一代移动通信发展的技术基础。

为了使时间测量更精准，国际计量组织计划将于2026年讨论由光钟重新进行"秒"的定义，可能会采用多种光钟的加权平均值进行定义，因此，世界主要科技大国都在大力研制各种类型的光钟，争夺世界标准时间的话语权。

◎ 潜在应用与影响

更为准确的时间基本单位定义，更为完善的时间计量设施将支撑时间计量系统的持续进步，将带动计算机网络、精密导航定位、雷达探测、全球授时、广域量子通信、天文研究、微观探测等多个研究领域的科技突破，促进智慧城市、智慧交通、智能电网等多个应用场景的发展，并且可以更精确地测量地球表面时空的引力扭曲、探测引力波以及寻找暗物质等，破译地球和宇宙的奥秘。

◎ 问题与障碍

由于光钟复杂度高、体积庞大、对环境条件要求高等特点，只能在特殊的实验室环境中工作，需要由专家进行操作，极大地限制了光钟的应用范围，当前光钟尚处于实验室阶段。光钟的应用还需解决高集成化、高可靠性、高运行率和可搬运等问题。

◎ 弱信号

（1）原子核钟的制造又前进了一步

2023年5月24日，欧洲多个研究所的研究人员合作在欧洲核子研究组织进行的实验中，测量了钍-229核异构体的辐射衰变，这是建造原子核钟的关键组成部分。放射性同位素钍-229拥有一种异常低激发能态的异构体，可通过激光直接操控核子状态，是下一代光钟的理想候选粒子。

（2）世界上第一台高电荷离子的光学原子钟面世

2022年11月2日，德国联邦物理技术研究院实验量子计量研究所与马克斯普朗克核物理研究所、布伦瑞克工大合作，首次实现了基于高电荷离子的光学原子钟，这一成果向着实现比现有光学原子钟更精确的高电荷离子光学原子钟方向迈出了关键一步。

（3）中国科学院国家授时中心的锶原子光晶格钟研究取得了重要进展

2023年1月23日，中国科学院国家授时中心的锶原子光晶格钟相关研究取得重要进展，对其研制的锶原子钟性能进行了评估确认，并在现行时间单位"秒"定义下对锶原子钟的绝对频率进行了测量，这些数据获得了国际认可。中国科学院国家授时中心成为继中国计量院（锶原子光钟）、中国科学院精密测量科学与技术创新研究院（钙离子光钟）和华东师范大学（镱原子光钟）之后，我国第4家完成光钟研制以及绝对频率测量的单位。

（4）日本东京大学香取秀俊和美国国家标准与技术研究所叶军获得2022年基础物理学突破奖

日本东京大学的香取秀俊和美国国家标准与技术研究所的华人科学家叶军获得2022年基础物理学突破奖。获奖理由为在光学晶格钟的发明与在改进过程中做出杰出贡献，可以用来精确检验自然界的基本定律。香取秀俊和叶军各自通过使用激光捕获、冷却和探测原子，制造出极其精确的量子时钟，将时间测量的精度提高了3个数量级，如果运行150亿年，其误差不到1秒。

（七）首批后量子密码标准候选算法发布，标准化和商业化应用进程加速

◎ 技术线索

2022年7月，经过严格评估，美国国家标准技术研究院（NIST）公布了首批选出的4项后量子密码标准候选算法，这是后量子密码标准化的一个重要里程碑。另有4项后量子密码作为替代方案进入下一轮评估，预计整个后量子密码标准化过程将在2024年完成。

伴随后量子密码标准化进程的加速，其商业化应用进程也开始加速，多家公司已将NIST后量子密码标准候选算法集成到现有产品中进行测试，美国国家安全系统的所有者和运营商将在2035年之前开始采用后量子密码。

◎ 技术内涵

后量子密码（post-quantum cryptography，PQC），也称抗量子密码，是沿着公钥体系的思路，寻找新的数学难题构造新的密码算法去抵抗量子计算机攻击。典型的后量子密码包括格密码、编程密码、多变量密码和哈希密码。作为未来最为重要和前沿的密码技术，后量子密码将对现有的公钥密码体制产生极为重要而深远的影响。

密码学界很早就在研究可以抵抗量子计算机攻击的密码算法，最早可以追溯到20世纪70年代末的McEliece加密、Merkle哈希树签名等。美国国家标准技术研究院（National Institute of Standards & Technology，NIST）于2016年在全球范围内启动了后量子密码标准征集，首批经过三轮严格评估选出的4项后量子密码标准候选算法于2022年7月公布，另有4项后量子密码作为替代方案进入第四轮评估，预计整个后量子密码标准化过程将在2024年完成。此外，欧盟网络安全局（European Network and Information Security Agency，ENISA）也加快了后量子密码标准化的步伐。

伴随着后量子密码标准化进程的加速，该技术的商用化应用尝试也开始启动，比如美国Cloudflare公司将后量子密码与其他算法集成到加密数据库CIRCL上，英国Crypto Quantique公司推出基于后量子密码版本的物联网安全平台。美国国家安全系统的所有者和运营商将在2035年之前开始采用后量子密码。

◎ 重要性

在全球力量平衡改变的背景下，国家间战略竞争愈演愈烈，信息安全已经成为影响国家安全和社会稳定的重要保障。量子计算技术的飞速发展对现有信息安全加密体系提出了挑战，能够抵御未来量子计算机攻击的密码算法对于保障网络安全和数据安全至关重要。

◎ 潜在应用与影响

近年来，全球主要科技大国都在大力推进量子计算机的研究工作。如果量子计算机得到大规模应用，将对目前使用的大部分公钥密码系统造成冲击，严重损害互联网和数字通信的保密性和完整性。因此，需要研究能够抵抗量子计算机攻击的加密系统来保护信息安全，后量子密码则应运而生。

后量子密码是对量子计算机和经典计算机都安全的加密系统，应用非常广泛，能够应用在政务、军事、金融、通信、数据中心、能源等领域，并推动这些领域的升级和创新。

◎ 问题与障碍

当前绝大多数后量子密码方案还处于实验室阶段，缺乏真正的大规模部署和应用场景，后量子密码的实际应用仍是一个具有挑战性的问题。比如与现行的公钥密码算法相比，后量子密码在使用中会生成较大的数据包，甚至超过了互联网路由上最大传输单元的限制，造成了加密数据包的分割，在传输中可能会出现延迟和错误，这是后量子密码在实际应用中需要解决的问题。

◎ 弱信号

（1）美国国家标准技术研究院公布首批后量子密码标准候选算法

2022年7月5日，美国国家标准技术研究院公布了首批后量子密码标准候选算法，包括Kyber、Dilitium、FALCON和Spincs+等4项算法。其中，Kyber在访问安全网站时使用，另外3项密码算法在数字交易期间用于验证身份或远程签署文件。NIST后量子密码标准征集是一项全球性工作，中国有4个团队参与征集，其中中国科学院信息工程研究所路献辉团队的LAC公钥加密算法和密钥交换协议进入到第二轮评估，未通过第三轮评估。

（2）欧盟网络安全局发布《后量子密码——整合研究》报告

2022年10月19日，欧盟网络安全局发布《后量子密码——整合研究》报告。该报告主要讨论将后量子系统融入现有协议、围绕后量子系统设计新协议、使用后量子系统的双重加密和双重签名、量子攻击下的可证明安全，以及后量子协议的标准化工作等问题。

（3）美国Cloudflare公司推出后量子密码实验

2022年8月5日，美国网络性能与安全服务商Cloudflare推出一项后量子密码实验，在其网站上添加对两种混合后量子密钥协议的支持。这两种密钥协议基于后量子密码Kyber，将与现有的加密方案一起工作，以确保兼容性。

（4）英国Crypto Quantique公司推出首个采用NIST后量子密码标准候选算法的物联网安全平台

2022年7月11日，英国网络安全技术公司Crypto Quantique宣布其"芯片到云"物联网安全平台QuarkLink有了后量子密码版本。升级后的平台是首个采用NIST后量子密码标准候选算法 Kyber 的物联网安全平台。

（5）美国国家安全局发布新的加密存储指南，将在 2035 年之前开始采用后量子密码

2022 年 9 月 8 日，美国国家安全局发布了新的加密存储指南《商业国家安全算法套件 2.0 网络安全咨询》。该指南中的算法选择基于美国国家标准技术研究院公布的 4 项后量子密码标准候选算法，美国国家安全系统的所有者和运营商将在 2035 年之前开始采用后量子密码。

（八）光量子计算原型机性能大幅提升，确立新的算力里程碑

◎ 技术线索

2023 年 10 月，中国科学技术大学潘建伟院士团队与多个科研团队合作，成功构建了 255 个光子的量子计算原型机"九章三号"，其处理高斯玻色取样的速度比上一代"九章二号"提升 100 万倍，刷新了光量子信息技术水平和量子计算优越性的世界纪录，确立了新的算力里程碑。

通用量子计算机是能够实现算力指数级提升的重大颠覆性技术创新，可以引领新一轮科技革命和产业变革方向，对于抢占战略高地、保障国家安全具有重大意义和战略价值。近年来，国际量子计算研究和产业发展竞争已进入提速阶段，主要科技强国政府和企业纷纷加大了对通用量子计算机的研发投入。光量子计算机是目前最有希望实现通用量子计算机的技术路线之一。

"九章三号"的研制成功，进一步巩固了我国在光量子计算领域的国际领先优势，为未来实现通用量子计算机提供了重要的技术基础和经验积累。

◎ 技术内涵

通用量子计算机是遵循量子力学规律执行计算、存储及处理信息的物理设备，具有超快的并行计算和模拟能力。与传统计算机相比，通用量子计算机在模拟量子系统和解决优化问题方面具有显著优势。根据实现量子比特的制备操控方案不同，通用量子计算机的研制存在超导、离子阱、光量子、中性原子、半导体、拓扑等多条技术路线，这些技术路线处于并行发展状态。与其他技术路线相比，光量子在能耗控制方面具备优势，不需要巨大的冷却设施和真空设施，可以在室温下、空气中运行，能够克服量

子噪声极限，结构亦相对单纯，所以是目前发展较快且最有希望的技术路线之一。

光量子是传递电磁相互作用的基本粒子，简称光子，是 1905 年由爱因斯坦提出的。光量子计算的原理是使用光子进行"多粒子纠缠的操纵"。由于光子不易与环境相互作用，具有善于维持叠加的特性，但同时控制难度较大，因此需要找到一种可以使光子相互作用的有效方法。近年来，物理学家们利用稀有元素的原子冷却到非常低的温度，使光子之间相互作用成为可能。

通用量子计算机发展的第一个重要里程碑是实现量子计算优越性。量子计算优越性是指量子计算装置在特定测试案例上表现出超越所有经典计算机的计算能力。利用光子实现玻色取样是目前实现量子计算优越性的两大途径之一，中国和加拿大的研究团队先后独立达到了此项成就，另一个实现量子计算优越性的途径是利用超导量子比特实现随机线路取样。

实现量子计算优越性之后，通用量子计算机的发展进入量子计算原型机的研制阶段。量子计算原型机是指在量子计算机研制过程中按设计图样制造的供试验或量产原型的装置。自 2017 年 5 月，我国成功研发实现 10 个量子比特纠缠的世界首台光量子计算原型机以来，光量子计算原型机的研制在诸多方面取得了突破性进展。2020 年 9 月，加拿大 Xanadu 公司推出的全球首个光量子计算云平台，该云平台搭载了 8 个或 12 个量子比特的光量子计算原型机；2020 年 12 月，中国科学技术大学研制出 76 个光子的量子计算原型机"九章"；2021 年 3 月，加拿大 Xanadu 公司推出一款可编程、可扩展、可执行多种算法的光量子芯片"X8 光量子处理器"；2021 年 10 月，中国科学技术大学研制出 113 个光子的量子计算原型机"九章二号"；2022 年 3 月，荷兰 QuiX Quantum 公司推出新的基于连续变量的 20 量子模式光量子处理器；2022 年 6 月，加拿大 Xanadu 公司推出 219 个光子的量子计算原型机 Borealis；2023 年 5 月，中国玻色量子公司发布了具有 100 个量子比特的光量子计算原型机"天工量子大脑"，并在通信、金融、生物医药、交通等产业领域开展真机应用测试；2023 年 10 月，中国科学技术大学研制出的光量子计算原型机"九章三号"将可控光子数目提升到了 255 个。

从量子计算原型机发展到通用量子计算机还有较长的技术突破之路要走，需要积累相关技术经验，提高量子比特的操纵精度使其超越量子计算容错阈值，以及将可集成的量子比特数目大幅度提高至百万量级。

◎ 重要性

通用量子计算机是一项对传统技术体系产生冲击、进行重构的重大颠覆性技术创新，将引领新一轮科技革命和产业变革方向，给信息技术带来革命性变化，对于抢占战略高地、保障国家安全具有重大意义和战略价值。

我国已在量子计算领域进行全方位的布局，成为唯一在超导和光量子两条技术路线上都实现量子计算优越性的国家。我国更在光量子计算领域处于世界领先地位，光量子计算原型机"九章三号"的研制成功，进一步巩固了我国的领先优势。接下来，我国需要继续围绕量子计算领域积极培育量子科技产业，支持有条件的科技领军企业、高校、科研院所进行技术攻关，加快形成量子计算攻关的国内大协同局面，在全球算力竞争中持续保持领先地位。

◎ 潜在应用与影响

通用量子计算机的研制将实现计算能力的飞跃，为人工智能、医疗、材料、国防、金融等领域的发展带来巨大的潜力和机会，不断催生量子机器学习、量子药物研发、量子新材料研发等新模式，开辟量子计算新产业。

通用量子计算机的并行输入和并行信息处理能力在加速训练深度神经网络、优化复杂机器学习算法以及处理高维数据等方面，可以提高机器学习的效率和准确性，有望催生量子机器学习新模式。

通过通用量子计算机在药物设计、识别、合成、筛选等环节的应用，可以提高研发效率与准确性，缩短研发周期，降低研发成本，有望催生量子药物研发新模式。

通过通用量子计算机对材料结构的电子性质和磁性进行计算、比较和分析，进而对新材料性能进行预测、设计和优化，可以缩短研发周期，降低研发成本，提高研发效率，加快应用速度，有望催生量子新材料研发新模式。

◎ 问题与障碍

不同技术路线下，从量子计算原型机发展到通用量子计算机均需要提高量子比特的操纵精度，以及大幅度提高可集成的量子比特数目，因此需要解决的主要问题包括：量子比特的稳定性问题、量子纠错问题、算法和软件问题以及硬件制造问题等。

光量子路线量子比特的增加难度远高于其他技术路线。量子比特非常容易受到环境噪声、温度、电磁辐射等的影响，从而导致计算结果的错误，因此设计一种有效的纠错机制来检测和修复计算中的错误至关重要。此外，光量子计算机需要高度精密的硬件设备，如光子晶体、光子芯片等，这些设备的制造和加工需要先进的工艺和技术，目前还难以大规模生产。

◎ 弱信号

（1）中国科学技术大学构建了 255 个光子的量子计算原型机

2023 年 10 月 11 日，中国科学技术大学中国科学院量子信息与量子科技创新研究院潘建伟、陆朝阳、刘乃乐等学者组成的研究团队与中国科学院上海微系统所、国家并行计算机工程技术研究中心合作，成功构建了 255 个光子的量子计算原型机"九章三号"，再度刷新了光量子信息的技术水平和量子计算优越性的世界纪录。"九章三号"处理高斯玻色取样的速度比上一代"九章二号"提升一百万倍。这一成果进一步巩固了我国在光量子计算领域的国际领先地位。

（2）中国科学家成功制备出可扩展多原子纠缠态

2023 年 9 月 4 日，中国科学技术大学潘建伟院士、苑震生教授等与清华大学马雄峰副教授、复旦大学周游副研究员合作，使用光晶格中束缚的超冷原子，通过制备二维原子阵列、产生原子比特纠缠对、连接纠缠对的分步扩展方式制备了多原子纠缠态，并通过显微学技术调控和观测其纠缠性质，首次突破了光晶格中原子纠缠对连接和多原子纠缠判定的瓶颈，向制备和测控大规模中性原子纠缠态迈出重要一步，为开展更大规模的光量子计算和模拟打下基础，实现了光量子计算机的里程碑。

（3）玻色量子公司发布"天工量子大脑"

2023 年 5 月 17 日，玻色量子公司发布自研的具有 100 个计算量子比特的相干光量子计算原型机"天工量子大脑"。该原型机可以解决最高超过 100 个变量的数学问题，实现了上百规模光量子之间的"全连接"控制，具备完整的可编程能力。对应不同的应用场景和不同算法，原型机硬件无须修改，完全通过软件配置即可实现可扩展、可编程，充分利用光量子计算优势，极大降低了实际问题的建模复杂度，是量子计算从理论量子优势向实用量子优势发展的重要突破。

（4）加拿大 Xanadu 公司在光量子路线验证量子计算优越性

2022 年 6 月 1 日，加拿大 Xanadu 公司与美国国家标准与技术研究院合作开发了光量子计算芯片，同时，通过 Xanadu 研发的光量子计算原型机 Borealis 使用了数量最多的独立量子系统，将 216 个压缩模注入具有三维连通性的 216 模干涉仪中，检测到多达219个光子。加拿大成为继我国之后第二个在光量子路线验证量子计算优越性的国家。

（九）太赫兹轨道角动量通信实验首次成功，标志着6G关键技术获得突破

◎ **技术线索**

2023年4月，中国航天科工二院二十五所在北京完成国内首次太赫兹轨道角动量的实时无线传输通信实验。通过4种模态合成，在10GHz的传输带宽上实现了100Gbps的无线实时传输速度，大幅提高了带宽利用率，为满足未来大数据、云计算、物联网等领域的高速通信需求提供可能，为我国未来6G的发展提供重要保障和支撑。

太赫兹轨道角动量技术是一种利用太赫兹频段的电磁波和轨道角动量来实现高速、大容量的无线数据传输的新兴太赫兹通信技术，在解决现有通信系统瓶颈和满足未来数据需求方面具有巨大潜力。太赫兹轨道角动量通信相关研究将为我国6G的发展奠定基础，并有助于提升我国在全球通信领域的话语权和影响力。

◎ **技术内涵**

太赫兹通信技术是指将太赫兹波作为信息传输介质，实现高速数据传输和图像识别的一种新型通信技术。太赫兹波是频率范围为（0.1~10）THz、波长范围为$30\mu m$~3mm、介于微波和光波之间的电磁波。在太赫兹通信中，信息是通过调制太赫兹波的振幅、频率或相位来实现的。与传统的微波通信（以微波为信息传输介质的通信方式）相比，太赫兹通信具有更高的频率和更大的带宽，能够支持多种通信协议，提供大容量、高速度的数据传输，可以满足超密集设备的连接需求，提高空间的保密性、可靠性和稳定性，同时还能够提高通信系统的抗干扰能力。

随着全球信息技术的飞速发展，人们对于高速、高品质的通信需求日益迫切。目前5G已经接近极限带宽，无法满足未来的通信需求。因此，研究人员开始寻找新的突破口，以实现更高速度、更高品质的通信技术，为未来的6G奠定基础。太赫兹通信技术作为可能成为未来6G的重要技术手段，一直受到各国政府的高度重视。早在2000年，欧盟第五研究开发框架计划就资助了WANTED（Wireless Area Networking of THz Emitters and Detectors）工程，以半导体器件为研发目标，研发可工作于（1~10）THz频段的振动器和检波器；2009年，美国DARPA和NASA开始投入大量资金和研发力量进行太赫兹通信计划；2016年，中国发布《"十三五"国家科技创新规划》，将太

赫兹通信技术研发及应用和相应的硅基太赫兹技术研究作为重点发展和突破的技术之一；2021年，欧盟将太赫兹星际通信列为太空计划的主要研究领域，研究（0.1～1.5）THz频段的星际通信。

太赫兹轨道角动量技术是太赫兹通信的一种新技术，可以通过调整电磁波的轨道角动量来实现信息的编码和解码，从而提高信息传输速度和带宽利用率，该技术在解决现有通信系统瓶颈和满足未来数据需求方面具有巨大潜力。与传统的通信方式相比，太赫兹轨道角动量技术具有更高的传输速率和更远的传输距离，该技术的突破将为6G的发展开辟新的道路，并为未来的高速、远距离通信提供新的解决方案。未来，6G的通信峰值速率将达到1 Tbps，需要在已有频谱资源下进一步提高利用率，实现更高的无线传输能力。太赫兹通信技术作为重要候选使能技术，应用潜力巨大，但同时面临众多应用挑战，亟待明确未来关键技术突破和产业化推进方向。

◎ **重要性**

近年来，太赫兹波以其独特的性能和广泛的应用而越来越受到世界各国的关注，已被公认为是高科技领域的必争之地，其研究和应用对于未来作战与国家安全将具有重大的战略意义。在通信领域，太赫兹波段成为无线通信发展的重要频段，太赫兹通信具有频率更高、带宽更大、可支持多种通信协议，传输效率更高等特点，是通信发展的必然趋势。

◎ **潜在应用与影响**

太赫兹通信技术既适用于恶劣环境下的短距离保密通讯，也适用于高带宽需求的卫星通信领域：

在军事领域，由于太赫兹通信技术具有传输速率高、容量大、方向性强、安全性高、穿透性好等特点，可以在大风、沙尘以及浓烟等恶劣的战场环境下以极高的带宽进行定向、高保密军事通信，应用前景广阔。

在航天领域，太赫兹通信技术也可以为探月、探火着陆器等提供高速传输服务，为我国深空探测、新型航天器研发提供信息保障能力。

◎ **问题与障碍**

未来太赫兹通信技术攻关将围绕"集成化""高效化""低成本"等维度发展，

需要解决的技术问题主要包括：在保证稳定性与安全性的前提下，尽可能提高太赫兹源功率；开展适合太赫兹通信传输的调制技术研究和器件研制，从而提高信号传输性能；优化高灵敏的太赫兹探测技术，从而提高太赫兹通信的能力等。

◎ 弱信号

（1）中国完成国内首次太赫兹轨道角动量实时无线传输通信实验

2023年4月，中国航天科工二院二十五所在北京完成国内首次太赫兹轨道角动量的实时无线传输通信实验，采用了高精度螺旋相位板天线，在110 GHz频段实现了4种不同波束模态的传输。通过4种模态合成，在10 GHz的传输带宽上实现了100 Gbps的无线实时传输速度，大幅提高了带宽利用率，为我国未来6G通信技术的发展提供重要保障和支撑。

（2）太赫兹通信被验证符合未来通信需求

2023年4月，美空军研究实验室公开披露已完成首次300 GHz频段的机间通信实验，验证了其可行性。实验中，空军研究实验室信息理事会与美国诺格公司、卡尔斯潘公司等合作，对两架飞机在相关高度和距离上的传播损耗进行测量。此次实验是空军研究实验室的"太赫兹通信"研发计划的一部分，旨在验证太赫兹频率满足美空军部未来通信需求的可行性。

（3）中国紫金山实验室发布6G重大成果，通信速率较5G提升10～20倍

2022年1月，中国紫金山实验室联合东南大学、鹏城实验室、复旦大学和中国移动，搭建出的首个（360～430）GHz太赫兹100/200 Gbps实时无线传输通信实验系统，完成了世界上首个6G光子太赫兹100 Gbps实时无线传输通信实验，创造出世界最高实时传输纪录。

（十）芯粒技术重塑芯片市场格局

◎ 技术线索

2022年3月，国际主要芯片厂商与云计算服务提供商共同成立了芯粒技术标准联盟，正式推出通用芯粒技术的高速互联标准UCIe，在芯片封装层面确立了互联互通的统一标准，是芯粒技术发展的一个里程碑节点。

近一年以来，国外半导体公司芯粒技术芯片产品不断取得新的突破，AMD和英特

尔均发布了各自的首款数据中心级芯粒技术芯片，国内半导体公司也在积极推进国产芯粒技术产品的发展。

芯粒技术是国内外都看好的一条芯片新赛道，在未来几年可能成为提升芯片性能的主要技术路径。在中美半导体产业博弈升级、国内先进芯片工艺制程发展受限的背景下，芯粒技术可能成为我国破解芯片困局的突破口之一。

◎ 技术内涵

芯粒（chiplet）技术是一种先进的芯片模块化设计技术，将芯片的功能模块拆分，制成一个个体积更小、产量更高且成本更低的芯粒，每个芯粒可以进行独立的设计、制造和测试，然后通过特定设计架构和封装技术，根据需求将多个芯粒像积木一样堆叠组装成完整芯片系统。芯粒技术是在传统单芯片工艺发展触及物理限制（即通过缩小器件尺寸来提高芯片性能的传统做法遇到瓶颈）的情况下，研发人员另辟蹊径从单芯片转向芯粒组合，在三维结构上实现高密度集成的技术。芯粒技术具有设计周期短、设计成本低、良率高等突出优点，是当前持续提高集成度和芯片算力的重要途径，正成为下一代高性能芯片的一种实现方案。

2015 年，Marvell 科技集团董事长兼首席执行官 Sehat Sutardja 提出模块化芯片架构的概念，是芯粒技术最早的雏形。2017 年，美国国防部高级研究计划局（DARPA）提早布局，启动了通用异构集成和 IP 重用战略（Common Heterogeneous Integration and IP Reuse Strategies，CHIPS）项目，以国家项目的形式牵引打通芯粒技术上下游产业链的配套，围绕芯粒技术构建一系列生态及应用。

行业发展，标准先行。2022 年 3 月，英特尔、AMD、ARM、高通、台积电、三星、日月光等主要芯片厂商与谷歌云、Meta、微软等主要云计算服务提供商共同成立了芯粒技术标准联盟，正式推出开放的通用芯粒技术高速互联行业标准"UCIe（Universal Chiplet Interconnect Express）"，在芯片封装层面确立了互联互通的统一标准，提供封装来自不同厂家芯片的能力。目前联盟成员数量已经超过 100 家。2022 年 12 月，中国首个原生芯粒技术标准《小芯片接口总线技术要求》正式发布，此项团体标准的发布，是我国在强化标准话语权方面做出的有力举措，为国内芯片企业发展提供助力。

近期，国外半导体公司采用芯粒技术的芯片产品不断取得新的突破，AMD 于 2023 年 1 月正式推出首款数据中心级芯片 Instinct MI300，英特尔于 2023 年 1 月正式发布第四代至强可扩展处理器 Sapphire Rapids 和首款数据中心级图形处理器 Ponte Vecchio 等。

国内的晶方科技、长电科技、通富微电、士兰微等半导体公司也在积极推进国产芯粒技术产品的发展，其中，长电科技于2023年1月宣布该公司面向芯粒的高密度多维异构集成技术平台XDFOI系列工艺已按计划进入稳定量产阶段，可以实现4纳米芯粒的封装。

◎ 重要性

芯片是数字经济发展的核心技术和重要基础，作为全球最大的芯片进口国和消费国，我国芯片产业面临着严峻的"卡脖子"难题，芯片自给率仅为20%左右。2022年10月，美国出台了对华半导体出口管制措施，要求美国半导体厂商必须获得许可证后才能向我国出口相关芯片制造设备，并在芯片产业链的所有环节对我国加以限制。甚至，美国更是计划升级对华半导体出口限制。

在美西方对我国集成电路产业先进工艺的高端装备全面封堵的形势下，短期内在中国企业很难在先进芯片工艺制程上缩小与国际芯片巨头的差距。而芯粒技术可以最大程度激发14纳米以上成熟工艺区间芯片的潜力，我国芯片企业可以借助先进封装技术把采用成熟工艺制程的芯粒拼接在一起，实现接近先进芯片的性能，并借助国内完整的产业链和巨大的市场，构建芯粒技术新赛道新生态，驱动芯片上游产业在被钳制的环节上进步。

◎ 潜在应用与影响

芯粒技术作为一项能够提高芯片设计和制造效率、降低成本、提高性能的创新技术，得到了各国政府和全球各大半导体企业的广泛关注。芯粒技术的出现，对整个电子行业，尤其是半导体产业的发展产生了深远影响，有助于推动芯片制造工艺和材料的创新，促进芯片产业的发展，为更广泛的应用场景提供更高性价比和更可靠的芯片解决方案。

当前，随着ChatGPT等大模型算法的迭代升级，对人工智能算力的要求不断提高，对高性能低能耗芯片的需求持续增加，这为芯粒技术的应用提供了广阔的市场空间。芯粒技术将应用在自动驾驶、数据中心、消费电子、高性能计算、高端智能芯片、物联网等诸多领域。

◎ 问题与障碍

基于目前的国际形势和国内外产业的实际发展水平，国内外面临的问题与障碍并不相同。

对于国外来说,需要解决的问题是要让基于芯粒的芯片设计方法从"可用"变到"好用",主要需要解决芯粒结构设计和多芯粒之间的通信问题。芯粒结构设计是一个长期不断迭代优化的过程,而多芯粒之间的通信问题包括协议标准、封装技术、电路设计等多个方面。其中,UCIe 的推出标志着协议标准方面问题已经取得重大进展;封装技术方面,要求发展出高密度、大带宽布线的"先进封装技术",尽可能提升多芯粒之间布线的数量和信号的传输质量;电路设计方面,由于目前成熟的高速通信接口电路设计协议是用于解决芯片之间甚至板卡之间通信的,用在芯粒之间会造成面积和功耗的浪费,需要有针对性地设计芯粒之间的通信接口电路。

对于国内来说,最大的挑战来自于"封锁",所以面临的问题主要是芯片工艺制程和封装技术不够先进、缺乏大型系统级芯片设计与规划人才,以及缺乏必要的产品积累。

◎ 弱信号

(1)通用芯粒技术高速互联行业标准白皮书正式发布

2022 年 3 月,英特尔、AMD、ARM、高通、台积电、三星、日月光等主要芯片厂商与谷歌云、Meta、微软等主要云计算服务提供商共同成立了芯粒技术标准联盟,正式推出开放的通用芯粒技术高速互联行业标准"UCIe",旨在芯片封装层面确立互联互通的统一标准,提供了封装来自不同厂家芯片的能力。

(2)国内首个芯粒技术标准发布

2022 年 12 月,中国首个原生芯粒技术标准《小芯片接口总线技术要求》正式发布。这项标准描述了 CPU、图形处理器、人工智能芯片、网络处理器和网络交换芯片等应用场景的小芯片接口总线技术要求,通过对链路层、适配层、物理层的详细定义,实现在小芯片之间的互联互通,并兼顾了现有协议的支持,列出了对封装方式的要求。

(3)英特尔发布全新数据中心处理器

2023 年 1 月 11 日,英特尔正式推出第四代至强可扩展处理器 Sapphire Rapids、至强 CPU Max 系列 Sapphire Rapids HBM,以及数据中心图形处理器 Max 系列 Ponte Vecchio,实现数据中心性能、能效和安全性大幅跃升,为人工智能、云、网络、边缘和领先的超级计算机带来新的功能,标志着英特尔对数据中心产品的统合进入新的阶段。

（4）AMD推出首款采用芯粒技术的数据中心级芯片

2023年1月5日，AMD推出首款数据中心级芯片Instinct MI300。这款芯片采用芯粒技术，由9颗5纳米制程工艺制造的CPU和图形处理器，以及4颗6纳米制程工艺制造的其他芯片组成，相较于上一代的Instinct MI250提升8倍的人工智能训练算力和5倍的人工智能能效。

（5）长电科技4纳米芯粒封装工艺实现稳定量产

2023年1月5日，长电科技宣布基于芯粒技术的高密度多维异构集成技术平台XDFOI系列工艺已按计划进入稳定量产阶段，实现4纳米节点多芯片系统集成封装产品的出货，最大封装体面积约为1500平方毫米。XDFOI是长电科技于2021年7月推出的，利用协同设计理念实现芯片成品集成与测试一体化。

（十一）低能耗高通用性存算一体芯片取得突破

◎ 技术线索

2022年8月，加州大学圣迭戈分校的研究团队设计并制造的NeuRRAM芯片，采用基于阻变存储器的"存算一体"架构来减少数据流动，可运行各种人工智能应用。实测证明该芯片兼具高效率和通用性，能在保持高精度的同时，仅消耗通用人工智能计算平台所耗能量的小部分，是该领域发展的一个重要里程碑。

存算一体芯片在完成数据存储功能的同时可以直接进行计算，可以从根本上解决冯·诺伊曼架构瓶颈，在做到低成本、大算力的同时，保持低功耗。当前，众多研究机构、企业共同发力，存算一体芯片处于多种技术路径百花齐放的阶段，该技术的重大突破预期能带来更强大、更智能、更易访问的边缘设备，推动边缘人工智能发展。

◎ 技术内涵

存算一体是指计算单元与存储单元融合，在完成数据存储功能的同时可以直接进行计算。随着近几年云计算和人工智能应用的发展，面对计算中心的数据洪流，数据搬运慢、搬运能耗大等问题成为计算的关键瓶颈。传统冯·诺依曼架构基于存算分离的设计，存储器与处理器之间数据交换通路窄及由此引发的高能耗形成两大难题，在存储与运算之间筑起了"存储墙"和"能耗墙"。为了从根本上解决冯·诺依曼架构瓶颈，就必须使用将计算和存储合二为一的存算技术。存算一体技术被视为人工智能创新的核心。将存储和计算有机结合，直接利用存储单元进行计算，极大地消除了数据搬移带来的开销，解决了传统芯片在运行人工智能算法上的"存储墙"与"功耗墙"问题，可以数十倍甚至百倍地提高人工智能运算效率，降低成本。

存算一体的概念诞生于1969年，最早由斯坦福研究所的William Kautz等提出。2010年，惠普实验室用忆阻器实现了简单的布尔逻辑运算。2016年，加州大学圣塔芭芭拉分校研究团队利用电阻式随机存取存储器构建了基于存算一体架构的深度学习神经网络。2017年，美国DARPA在电子复兴计划（Electronics Resurgence Initiative，ERI）中，设立新计算所需基础（Foundations Required for Novel Compute，FRANC）项目专注于存内计算。2022年，三星电子构建了一种基于磁性随机存储器（magnetic random access memory，MRAM）的新存内计算架构。存算一体芯片的技术前景广阔，技术发展方向众多，但是距离商用落地还有较远的距离。

◎ 重要性

先进计算芯片是军工、生物等多行业高科技发展的关键。2022年10月，美国对华禁售应用在超算领域及人工智能领域的各类高性能芯片，对中国进行先进计算全产业封锁，斩断了我国获取先进计算相关芯片的途径。存算一体技术在存储器内部实现高效的数据计算，突破冯·诺依曼架构瓶颈，减少数据搬运能耗及时延，大幅提升算力和能效水平。凭借强算力、高能效优势，存算一体有望成为AI时代的主流计算架构，支持端、边、云侧智能计算等多种高效计算场景。存算一体芯片为解决我国人工智能大算力困局提供了新的方向。

◎ 潜在影响与应用

存算一体芯片使人工智能更接近于在广泛的边缘设备上运行，与云断开连接。这意味着边缘人工智能可以随时随地执行复杂的认知任务，让智能设备无须访问云即可对输入做出快速反应，无须依赖与中央服务器的网络连接，同时不必担心隐私或因数据传输而导致的减速。

存算一体芯片的突破赋能边缘人工智能的算法在能够边缘计算的设备上运行，可以实时处理数据，而无须连接到云端。从智能医院、智慧城市到无人商店再到自动驾驶汽车，比以往任何时候都更需要边缘人工智能。

◎ 问题与障碍

（1）由于目前厂商和工艺均未成熟，存算一体芯片的研发与制备都存在巨大的挑战。现有的浮栅存储器件不适合计算，需要优化和改进，且面临编译器的支持不足等问题。

（2）在芯片设计阶段，存算一体芯片有别于常规的芯片设计方案，目前市面上没有成熟的电子设计自动化（electronic design automation，EDA）工具辅助设计和仿真验证。

（3）存算一体芯片性能与场景的结合还需要进一步探索。芯片流片之后，没有成熟的工具协助测试；在芯片落地应用阶段，暂时没有专用的软件与之匹配。

◎ 弱信号

（1）美国加州大学圣迭戈分校研究团队开发的 NeuRRAM 芯片可以直接在内存中运行计算，兼具低能耗、高效率和通用性

2022 年 8 月，加州大学圣迭戈分校的研究团队设计并制造了一种直接在内存中运行计算的芯片，可运行各种人工智能应用，而且它能在保持高精度的同时，所耗能量仅为通用人工智能计算平台所耗能量的小部分，兼具高效率和通用性。NeuRRAM 神经形态芯片使人工智能更接近于在广泛的边缘设备上运行，与云断开连接。

（2）阿里巴巴达摩院成功研发新型存算芯片，大幅提升带宽的同时实现了超低功耗

2022 年 12 月，阿里巴巴达摩院宣布成功研发新型存算一体架构芯片，是全球首款基于 DRAM 的 3D 键合堆叠存算一体 AI 芯片。该芯片的内存单元采用了异质集成嵌入式 DRAM，拥有超大带宽、超大容量、超低功耗等特点，充分展示了存算一体技术在数据中心场景的潜力。

（3）三星电子与哈佛大学发布首个基于磁性随机存储器的存内计算芯片

2022 年 1 月，三星电子与哈佛大学发布了业内首个基于磁性随机存储器的存内计算芯片。研究团队通过构建新的磁性随机存储器阵列结构，用基于 28 nm CMOS（complementary metal oxide semiconductor）工艺的磁性随机存储器阵列芯片运行了手写数字识别和人脸检测等人工智能算法，准确率分别为 98% 和 93%。

（4）清华大学发布国际首款面向通用云端高算力场景的存算一体 AI 芯片 ReDCIM

2022 年 2 月，清华大学集成电路学院研究团队提出可重构数字存算一体架构 AI 芯片，将可重构计算与数字存算一体架构融合，兼顾算力、能效、精度和灵活性，设计出国际首款面向通用云端场景的存算一体 AI 芯片 ReDCIM。该芯片首次在存算一体架

构上实现了高精度浮点与高精度整数计算，可满足数据中心级的云端 AI 推理和训练需求。

（十二）DID 协议推动 Web 3.0 时代网络用户隐私数据保护进入新阶段

◎ 技术线索

2023 年 8 月 28 日，Galxe 宣布推出去中心化身份（decentralized identifier，DID）协议 Galxe Protocol，旨在提供一种去中心化的身份验证系统，使用户能够完全控制和保护自己的数字身份。该协议由"零知识证明"提供支持，确保用户的私有数据在验证过程中保持完全加密。该协议标志着互联网用户可以将数据和身份变成资产，由用户自主决定身份的使用，即用户可以在必要时选择性披露信息。

DID 协议提供了一种更安全和去中心化的身份管理方式，使用户能够真正掌握自身数据，且方便用户以同一身份登录多个服务，优化了用户的互联网体验；同时可有效解决当前中心化身份验证系统中存在的隐私泄露和数据滥用问题，有利于数据安全保护，进而提高社会信任度，促进用户在 Web 3.0 时代更公平地参与社会活动，避免弱势群体在数据信息方面受到欺骗或歧视。

◎ 技术内涵

DID 协议是互联网的一种全新的分布式数字身份，是公钥基础设施层的核心组成部分，通常与加密材料（如公钥）和服务端点相关联，以建立安全的通信信道。核心目标是允许用户控制其数据，保护其隐私并最终通过开放的网络来确保其自由，从而赋予其用户权力。

数字身份伴随互联网的发展而产生，将真实物理世界身份信息转变为数字标识码。目前，数字身份已经历了中心化数字身份、联邦化数字身份、分布式数字身份阶段。就发展趋势而言，DID 是未来数字身份管理的主流趋势。据统计，全球数字身份解决方案市场预计将从 2020 年的 23.3 万亿美元增长到 2026 年的 495 万亿美元。不断增加的身份欺诈、数据泄露等事件和新政府法规是促进数字身份市场发展的主要内驱力。

为抢占 DID 协议的先发优势并主导未来网络中的话语权，多个联盟及组织已纷纷布局 DID 协议解决方案。2015 年 12 月，微软等企业在互联网大会上首次提出"分布式数字身份"概念；截至 2021 年，美国国土安全部已分批次提供超 400 万美元的 DID

技术研究专项资金；DID 基金会成立于 2017 年 5 月，旨在为各类主体、应用和设备开发基于开放、标准、分散的身份生态系统的基础组件，提升 DID 社区利益，包括研究和推进"竞争前"技术基础，建立可互操作的全球标准；2022 年 7 月 19 日，作为 Web 技术标准和指南创建的重要国际组织，万维网联盟（W3C）发布了去中心化标识符 v 1.0 正式推荐标准，将 DID 描述为"一种新型标识符，可实现可验证的分散式数字身份"，描述了创建 DID 解决方案可以遵循的技术细节和标准。

◎ 重要性

数字化身份是人们运用互联网的重要媒介。去中心化数字身份借助区块链等底层支撑技术，将标识主体由"人"扩展到"物"再到更大范围，实现数字对象的全面联通和隐私身份管理。DID 的去中心化、身份自主可控等特征成为未来构建可信数字身份体系中实现数据资产可信交互的关键基础。

◎ 潜在应用与影响

DID 管理是 Web 3.0 的重要理念，有助于改进现有身份认证中对个人信息的过度泄露，加强用户对自我身份信息的管控权。

DID 协议能够从根本上解决互联网中用户信息泄露和数据共享受限等问题，服务于构建"不受中央注册机构控制、由用户自己掌控、安全可信去中心化"的新型互联网数字身份体系。

◎ 问题与障碍

在技术方面，现有 DID 加密方式容易引发身份隐私安全问题。当前的加密方法是将去中心化的标识符与公钥绑定，可能会引起身份窃取攻击和单个实体存在多个身份标识的问题。

在监管方面，主体与数字身份的映射关系存在监管难度。互联网为了满足合规要求，增加了物理世界身份验证，其初衷是为建立网络信任体系，用于网络用户行为的可问责、可追溯。DID 虽然一定程度上规避了用户个人信息泄露问题，但仍面临映射具体主体的合规问题，需要进一步解决。

在市场方面，DID 的市场化推行存在阻力。一方面，企业不会愿意主动放弃用户数据，因为该数据能使企业产生巨大的商业价值，尤其对于互联网企业；另一方面，

DID 打破各平台方原有数据管理结构，必定需要增加相关验证平台，其成本将会极大阻碍 DID 推行。目前尚无理想方案来平衡相关方利益。

◎ 弱信号

（1）Galxe 推出 DID 协议 Galxe Protocol，加强数据加密过程，助力避免隐私泄露和数据滥用

2023 年 8 月 28 日，Galxe 宣布推出 DID 协议 Galxe Protocol。Galxe Protocol 基于零知识证明开发，为开发者提供了建立 Sybil 预防算法、声誉系统、信用系统、个人数据市场、去中心化审查系统的机会。Galxe Protocol 的核心由一系列部署在链上的智能合约和 SDK 工具组成，允许开发人员构建和使用这些合约来发布或验证链下凭证。

（2）BDRA 机制助力车辆用户安全注册与认证过程

2023 年 7 月 15 日，北京交通大学电子信息工程学院科研人员提出一种双层区块链和去中心化标识符的 BDRA 机制。该机制用于解决传统依赖第三方进行用户注册容易出现的单点故障和低身份验证效率问题，优化车辆临时网络中的用户安全注册和认证过程，提高身份认证的安全性和消息的可信度验证，进而促进车辆用户的信息交互频次，实现道路安全加强和道路交通效率提升。

（十三）RISC-V 加速软件生态建设，助力我国芯片自主设计研发

◎ 技术线索

2023 年 11 月，众多企业在 RISC-V 北美峰会上展示了基于 RISC-V 的最新创新。Meta 公司在峰会上分享其利用 RISC-V 开发的尖端的视频转码器、推理加速器和训练芯片；高通公司介绍其已出货了 10 亿台带有 RISC-V 微控制器的设备；三星公司在峰会上讨论了如何探索 RISC-V SoC（system on chip）设计验证的可能性，以及评估移动市场的 RISC-V 应用处理器等，这些创新体现了全球 RISC-V 生态系统正在呈现持续增长的繁荣态势。

可以看到，当前 RISC-V 的软件生态建设已吸引大量芯片企业争相布局建设。RISC-V 作为一种开源指令集架构，凭借其先进的架构、更广阔的应用和更经济的成本，完善生态建设后有望在世界主流 CPU 市场上与 x86、ARM 形成三分天下的格局。

◎ 技术内涵

RISC-V 是一种新兴的开源精简指令集架构，用于 CPU 的架构设计，由加州大学伯克利分校 David Patterson 教授于 2010 年提出。RISC-V 采用模块化设计，提供大量自定义编码空间以支持对指令集的扩展，从而允许开发者根据资源、能耗、权限、实时性等不同需求，基于特定部分的模块和扩展指令集进行精细化的系统设计开发，具有强大的系统可定制化能力。同时，相比于现有 x86、ARM、MIPS 等传统体系架构研发新版本时为了向后兼容而不得不支持一些过时的定义和不再需要的技术特性，RISC-V 作为一种从零开始设计的新架构，无须顾及历史遗留问题并依赖旧有技术。此外，RISC-V 的架构文档较为精简，大大降低了开发者的学习和维护成本。整体而言，RISC-V 具有开源、免费、开放、自由等特征。

2015 年 8 月，RISC-V 基金会成立，该基金会是一个非营利性组织，负责 RISC-V 指令集架构及其硬件生态的标准化、保护和推广。RISC-V 基金会为了传达服务全世界、使任何组织和个人不受地缘政治影响、平等自由地使用 RISC-V 的理念，将其总部于 2020 年 3 月迁往中立国瑞士。同时，为了进一步壮大 RISC-V 的全球影响力，2016 年 12 月 RISC-V 基金会形成会员条约，RISC-V 基金会的会员可参与其指令集的规范及相关软硬件生态的开发，并决定其未来推广方向。截至 2023 年 6 月，RISC-V 基金会的会员已超过 3600 家，包括 Google、英伟达、IBM 等巨头公司，中国的华为、平头哥等企业和俄罗斯的 Baikal Electronics、RusBITech Astra 等企业也位列其中。随着 RISC-V 逐步发展壮大，中国的 RISC-V 生态建设亦在如火如荼地进行。2018 年，中国先后成立三家 RISC-V 的联盟组织，分别是中国 RISC-V 产业联盟、中国开放指令生态联盟和 RISC-V 基金会中国顾问委员会。中国工程院院士倪光南在 2023 年 8 月 23 日的 RISC-V 中国峰会上指出，开源的 RISC-V 已成为中国业界最受欢迎的芯片架构。

◎ 重要性

在经历美国高端芯片的出口限制政策和老牌芯片企业在指令集层面的长期垄断后，RISC-V 已成为当下芯片设计企业寻求低价芯片设计替代方案的最优选择。一方面，RISC-V 是第一个被设计为可根据具体场景选择适合指令集的指令集架构，受到广泛关注。同时，它又可与全世界芯片产业同轨，避免了芯片开发企业闭门造车、互不兼容的风险。另一方面，RISC-V 凭借其开源特性，不受单一国家和商业公司控制，成为中国在大国科技竞争中减少依赖国外知识产权的新希望。总之，RISC-V 作为一个开放指令集架构，被《麻省理工科技评论》评选为 2023 年"全球十大突破性技术"之一，被路透社评论为"中美科技战的新战线"。

◎ 潜在应用与影响

RSIC-V 架构的开源、免费、开放、自由等特征使其快速成为全球芯片设计者的重要方案之一，未来有望在多个领域发挥重要作用。

在物联网领域，RISC-V 凭借高能效和灵活性成为物联网领域的理想之选，其内置的模块化设计能够满足低功耗嵌入式设备需求，且开源免费的优势使之成为物联网架构平台的合适选项。

在人工智能领域，RISC-V 架构提供人工智能所需的高性能处理器，可被设计为支持向量处理器，提供更高的并行计算能力，优化不同的机器学习算法和应用程序。

在边缘计算领域，边缘计算通常在设备端进行实时数据处理，因而对处理器性能和能效有较高要求，RSIC-V 的简洁高效设计符合这一需求。

◎ 问题与障碍

尽管 RISC-V 已经得到快速发展，然而仍存在一系列问题尚待改进：

（1）技术成熟度仍旧不足。目前在一些高性能计算场景下 RISC-V 技术成熟度仍存在不足，尚需在性能、功耗和成本方面进一步优化，以便在市场环境的激烈竞争中获取较大优势。

（2）生态系统建设面临技术、政治意识形态冲突的双重考验。目前虽然 RISC-V 已取得一些进展，然而其生态系统仍落后于 ARM 和 x86 等主流指令集架构，因此需要在软件兼容性、开发工具、操作系统等方面加强生态建设。此外，一些美国政客以国家安全为由，企图将 RISC-V 纳入出口管制，并希望限制中国等国家在 RISC-V 生态建设中的作用。

（3）商业合作模式仍处于摸索阶段。由于 RISC-V 的开源特性，其产品在企业使用和发布时，要考虑到产品商业化时的知识产权保护等特征，由此保证 RISC-V 生态的可持续发展。因此，全球合作伙伴需要共同探索 RISC-V 合作模式，合理进行商业模式创新。

◎ 弱信号

（1）多家企业齐聚 RISC-V 北美峰会展示最新创新成果

2023 年 11 月，RISC-V 北美峰会在美国加利福尼亚州举办，多家企业在峰会上展示了基于 RISC-V 的最新创新，体现出全球 RISC-V 生态系统呈现持续增长的态势。Meta 公司在峰会上分享其利用 RISC-V 开发尖端的视频转码器、推理加速器和训练芯片；高通公司宣布在 RISC-V 运用方面达到了一个新的里程碑，其搭载 RISC-V 微控制器的设备出货量达到 10 亿台；三星公司在峰会上讨论了如何探索 RISC-V SoC 设计验证的可能性，以及评估移动市场的 RISC-V 应用处理器等。

（2）多家半导体行业翘楚企业联手组建 RISC-V 新公司，致力于推动 RISC-V 全球推广

2023 年 8 月，英飞凌、高通、博世、恩智浦、Nordic 半导体等公司计划联合组建一家专注于 RISC-V 技术的新公司，旨在通过支持下一代硬件开发推动 RISC-V 架构在全球的推广。该公司将在初期致力于车用芯片的研发，尝试帮助业界建立可以广泛使用的 RISC-V 产品参考架构，后期将逐步扩展至移动通信及物联网领域。

（3）中国赛昉科技发布自主研发的 RISC-V 众核子系统 IP 平台

2023 年 11 月，中国的赛昉科技公司正式发布自主研发的基于 StarLink-700 和 Dubhe-90 的高性能 RISC-V 众核子系统 IP 平台。该平台将为 RISC-V 的相关软硬件开发提供操作环境，具体包括 RISC-V Debug 模块调试接口、RISC-V 中断控制器、功耗管理、IO 一致性和内存子系统等，具有高性能、高带宽、低延迟的特征，未来可以广泛用于服务器、DPU、计算存储、网络通信等领域的 RISC-V 软硬件系统开发。

（4）西班牙推出基于 RISC-V 的欧洲高性能处理器芯片雏形

2023 年 12 月，西班牙巴塞罗那超级计算中心–国家超级计算中心（BSC-CNS）展示了新型 Sargantana 芯片。该芯片完全由 BSC 设计，是欧洲摆脱依赖美国和中国等区域进行芯片设计和生产的重要尝试，也是欧洲学术层面最先进的开源芯片之一。该新型 Sargantana 芯片是 BSC 领导未来欧洲芯片科学开发的阶段性成果，将适用于高性能计算、人工智能、汽车行业和物联网等行业。

（5）高通联合谷歌开发 RISC-V Snapdragon Wear 芯片

2023 年 10 月，高通公司宣布与谷歌公司合作开发基于 RISC-V 架构的 Snapdragon Wear 芯片，该芯片将实现"定制核心、低功耗、高性能"等智能手表必备因素，被用

于下一代 Wear OS 手表。这将有助于高通公司在全球范围内提供基于 RISC-V 的可穿戴解决方案。

（6）RISC-V 领导者 SiFive 公司推出两款基于 RISC-V 的高性能计算芯片

2023 年 10 月，RISC-V 的先驱和领导者 SiFive 公司宣布推出最新 RISC-V 架构处理器 P870 和 X390，是目前性能最强的 RISC-V CPU 之一。这两款芯片提供具有低能耗、矢量计算能力，提升了指令集架构可用性、吞吐量、并行性和内存带宽方面的性能标准，能够满足当下数据密集型计算和计算密集型人工智能应用于消费性、车用和基础设施市场的性能要求。

（十四）光电芯片开辟超高性能芯片研发新路径

◎ 技术线索

2023 年 11 月，清华大学研究团队结合光计算、纯模拟电子计算等技术，突破了传统芯片架构中数据转换速度、精度与功耗相互制约的物理瓶颈，创造性地提出光电融合的全新计算框架，并研制出国际首个全模拟光电智能计算芯片 ACCEL（all-analog chip combining electronic and light computing）。经实测，该芯片在智能视觉目标任务方面的算力可达目前高性能商用芯片的 3000 余倍。

当前随着集成电路密度越来越接近物理极限值，仅靠升级制程实现芯片性能提升越来越难。在此背景下，光电芯片技术将信息传输的载体由电子转换为更高宽带、更低功耗的光子，具备高效率的信息传输等优点，被认为是后摩尔时代实现芯片性能升级的新途径。

◎ 技术内涵

光电芯片技术是将光电材料和功能微结构集成在单一芯片上，实现系统功能的新技术。与传统半导体芯片相比，光电芯片用超微透镜代替晶体管，以光信号代替电信号进行运算，可以有效弥补电子芯片在高速稳定运行和数据处理能力方面的不足，具有低功耗、高速率、高可靠、体积小等突出优点。作为光电芯片的核心技术，光电融合集成是指将光芯片和电芯片在硅基材料平台上进行一体化设计和制备，实现硅基光电子和微电子的单品集成，发挥光电子在信息高速传输和微电子在信息高效处理方面的优势，最终实现性能更优的光电融合集成芯片。

从概念上讲，完美意义上的纯"光子芯片"仍处于概念阶段，这是因为光子本身不具备灵活的控制能力，也没有光子存储单元，纯光子器件自身难以实现完整独立的功能，即光信号控制和信息存储依然需要借助电子器件实现。当前全球围绕光电芯片技术进行了许多尝试。2019年9月，台积电推出针对数据中心市场的新型先进封装技术COUPE（compact universal photonic engine）异构集成技术，用于光电共封装，把光学引擎和多种计算及控制ASIC（application specific integrated circuit）集成在同一封装载板或中间器件上，以提高带宽和功率效率。2022年3月，美国Global Foundries公司推出硅光电子与微电子单片集成平台Fotonix，实现了300 mm硅制造的规模、效率和工艺控制，以及在同一芯片上高性能CMOS、射频和光子组件的单片式光电集成，且在该平台基础上，Global Foundries公司与麻省理工学院共同开发了相关的光电融合计算互连芯片。2022年6月，Intel研究院宣布展示了完全集成在硅晶圆上的八波长分布式反馈激光器阵列，该激光器利用Intel晶圆厂现有的生产和制程控制技术，为下一代光电共封装和光互连器件的量产提供了一条清晰路径。

◎ 重要性

芯片技术是信息产业的基石，对提升国家综合实力和保障国家安全具有极为重要的战略意义。光电芯片同时结合了光电子的信息传输优势和微电子的信息处理优势，能够冲破当前摩尔定律的增长缓慢困境，大大提高了芯片的高速稳定运行和数据处理能力，可能成为光子芯片的终极形式，是突破信息网络所面临的速率和能耗两大技术瓶颈的重要路径。

◎ 潜在应用与影响

目前，光电芯片研究领域正处于从光子器件物理制备到光电融合回路设计的关键转型阶段。相关学者认为，光电芯片目前是相比光子芯片更有可能实现大规模实用化的芯片技术，未来将在高速大容量光纤通信、全光网络、下一代互联网、宽带光纤接入网络中发挥重要作用。如光电芯片在信息通信中，可用于光纤两端的信息发射和接收，具有速度快、损耗低的优点。

◎ 问题与障碍

尽管光电芯片具有极大发展潜力，但还缺少成熟、可借鉴的技术发展经验，多处于实验室层面，距离产业化大规模应用尚有一定距离。我国在光电芯片领域还缺乏标准化和规范化的光电子器件工艺平台，高端光电器件和光电子特种设备等依赖进口，自主程度低；且芯片模块化封装和测试分析技术较为落后，这些成为国内自主芯片和工艺装备的短板。

◎ 弱信号

（1）清华大学开发国际首个全模拟光电智能计算芯片

2023年11月，清华大学研究团队结合光计算、纯模拟电子计算等技术，创造性地提出光电融合的全新计算框架，并研制出国际首个全模拟光电智能计算芯片ACCEL。经实测，该芯片在智能视觉目标任务方面的算力可达目前高性能商用芯片的3000余倍，ACCEL技术是光电芯片技术的重大突破成果。它利用光波作为载体进行信息处理，基于光电深度融合的计算框架，结合电磁波空间传播的光计算，"挣脱"传统芯片架构中数据转换速度、精度与功耗相互制约的物理瓶颈，在节能和超高速视觉任务上具有较强的任务性能和可扩展性，具有高速度、低功耗、大幅改善芯片发热问题等优点，突破了大规模计算单元集成、高效非线性、高速光电接口3个国际难题。

（2）双光子光刻技术突破光电芯片的封装瓶颈

2023年11月，之江实验室虞绍良博士团队和麻省理工学院合作提出一种基于双光子吸收过程的双光子光刻技术。有望突破光电芯片的封装瓶颈问题。作为一种微纳尺寸下的三维打印工艺，双光子光刻技术可以高精度地制备任意的三维结构，且可以在子模块组装完成后再制备连接结构，有效降低了芯片封装过程中的对准精度的要求。

（3）悉尼大学纳米研究所发明了一种光电集成芯片，助力澳大利亚先进制造产业

2023年12月，悉尼大学纳米研究所发明了一种紧凑型硅半导体芯片，该芯片将电子元件和光元件集成在一起，显著扩展了射频带宽和准确控制信息的能力。该芯片的制造基于一种独特的异质材料集成方法，即采用硅光子学中的新兴技术构建，允许在宽度小于5 mm的半导体上集成各种系统，相当于使用电子"小芯片"通过组件的先进封装来集成新材料。该芯片可以用于先进的雷达、卫星系统、无线网络及6G、7G等先进制造领域。

三、人工智能与信息通信领域重要技术动向

2023年，人工智能与信息通信领域科技飞速发展，特别是在人工智能、量子信息、芯片、信息通信等4个技术方向上科技突破不断涌现、产业化应用加速。

（一）人工智能大模型持续突破，并在垂直领域加速落地应用

2023年1月12日，中国科学院化学研究所于萍和毛兰群团队与中国科学院大学、湘潭大学及北京师范大学的研究人员合作，提出了一种聚电解质限域的流体忆阻器，并利用单个器件，首次实现了神经化学信号与电信号转导的模拟。这意味着，未来人们有望读取大脑的"化学语言"，更好地模拟大脑，实现与大脑的智能交互。

2023年1月26日，美国Salesforce Research公司发表最新研究成果，开发出一款新的人工智能工具ProGen，其能从头开始设计出已被证明有效的抗菌蛋白质，最新方法有望用于研制新药。研究人员指出，ProGen的工作方式与能生成文本的人工智能相似。ProGen通过学习氨基酸如何结合形成2.8亿种现有蛋白质，学会了如何生成新蛋白质。

2023年2月24日，美国Meta公司官网公布了一款新的人工智能大型语言模型LLaMA，从参数规模来看，Meta公司提供有70亿、130亿、330亿和650亿4种参数规模的LLaMA模型，并用20种语言进行训练。Meta公司首席执行官马克·扎克伯格表示，LLaMA模型旨在帮助研究人员推进工作，在生成文本、对话、总结书面材料、证明数学定理或预测蛋白质结构等更复杂的任务方面有很大的前景。

2023年2月27日，美国麻省理工学院对外公布，研究人员制造了一种增强现实的头戴设备，可以为佩戴者提供X射线般的视觉能力。这种头戴设备结合了计算机视觉和无线感知，可以自动定位隐藏在视线之外的特定物品，可能是在一个盒子里，也可能是在一堆东西下面，然后引导用户去取回它。

2023年3月15日，清华大学技术成果转化的公司智谱AI开源了GLM系列模型ChatGLM-6B，这是一个支持中英双语的对话语言模型，基于general language model（GLM）架构，具有62亿参数。结合模型量化技术，用户可以在消费级的显卡上进行本地部署（INT4量化级别下最低只需6 GB显存）。

2023年5月18日，马克斯·普朗克信息研究所、麻省理工学院、谷歌和宾夕法尼亚大学的计算机科学家团队开发了一种新的人工智能成像工具DragGAN，用于对照片

中描绘的 2D 图像进行用户交互式 3D 操作。DragGAN 能够做到以前的应用程序都无法做到的事情，允许用户在想象的三维空间中即时改变图像。

2023 年 6 月 17 日，上海交通大学李慧武教授团队与上海微创医疗科学有限公司合作研发的"鸿鹄"骨科手术机器人，已成功完成创新项目成果转化。这是我国首个且唯一同时获得 NMPA、FDA、CE、ANVISA 认证的骨科手术机器人，先后通过美国、欧洲、巴西等多个海外市场准入要求。

2023 年 7 月 14 日，美国 Meta 公司发布了多模态语言模型 CM3leon，它是第一个从文本到图像使用改编自纯文本语言模型语料进行训练的生成式人工智能模型。CM3leon 利用注意力机制和并行处理方式来判断文本、图像等输入数据的相关性，效率比同类 Transformer 架构高 5 倍以上，提高了模型的训练速度。

2023 年 7 月 22 日，日本电装集团旗下子公司 NSITEXE 与东京工业大学等组成研究团队，成功研发出支撑人工智能运转的新型半导体运算线路，能效比是目前已使用技术的 5 倍以上，可以解决人工智能耗电量较大的问题。在新型半导体运算线路中，每 1 W 功率在 1 s 内的计算次数可达 15 万亿次，相当于目前已使用技术的 5 倍以上，装置单位体积对应的计算效率也较高。

2023 年 8 月 1 日，硅谷人工智能计算机制造商 Cerebras 公司对外公布，推出 2 Exaflops 人工智能超级计算机，该系统名为"Condor Galaxy 1"，每秒能够进行 20 亿次运算（2 亿次浮点运算），有望在 12 周内将其规模扩大一倍。Condor Galaxy 1 在短短 10 天内组装并启动，由 32 台 Cerebras CS-2 计算机组成，并将扩展到 64 台。

2023 年 9 月 1 日，美国 Intel 公司联合瑞士苏黎世大学等机构研究人员开发出一个基于深度强化学习、名为 Swift 的人工智能系统，该系统操控无人机的能力可在一对一比赛中战胜人类顶尖选手。相关研究成果发表于 *Nature* 期刊。

2023 年 9 月 10 日，据 Fox News 网站报道，美国微软公司宣布将与数字病理学提供商 Paige 合作，建立世界上最大的基于图像的人工智能模型，用于识别癌症。该人工智能模型正在针对"前所未有的数据量"进行训练，其中包括数十亿张图像。

2023 年 11 月 22 日，粤港澳大湾区数字经济研究院（IDEA）创院理事长、美国国家工程院外籍院士沈向洋在 2023 IDEA 大会展示出最新的计算机视觉融合大模型的研究成果：视觉提示（visual prompt）模型 T-Rex。其团队表示，在真实应用场景中，许多罕见、复杂的物体难以用文字充分描述，视觉提示的加入能够有效解决这一问题，直观的视觉反馈与强交互性，也有助于提升检测的效率和精准度。

2023年11月30日，"华为云行业高峰论坛2023"在北京开幕。会上，华为云重磅推出业界首个大模型混合云，并发布《深度用云展望2025》白皮书及深度用云行动计划。华为云Stack 8.3率先实现了大模型能力基于混合云部署，提供算力平台、云服务、开发套件和专业服务等业界最完整的AI生产链，帮助政企客户一站式建立专属大模型能力。

2023年12月6日，美国谷歌公司宣布推出该公司"规模最大、功能最强"的人工智能模型"双子座（Gemini）"。"双子座"将推出Ultra、Pro和Nano 3个版本。Ultra版本功能最强大，适用于复杂任务；Pro版本可扩展多种任务；Nano版本为高效设备端模型。在大型语言模型（LLM）研发中被广泛使用的32项学术基准中，"双子座"Ultra的性能有30项超过了当前先进水平。

2023年12月18日，丹麦技术大学成功创建一种名为life2vec的Transformer方法，被用来表示人类生活的丰富向量，并从中可以做出准确的预测。研究团队利用丹麦的一个国家登记处上约600万人的教育、健康、收入、职业和其他生活事件数据，设计了机器学习方法life2vec，构建了个体的人类生活轨迹。相关研究成果已发表于 *Nature Computational Science* 期刊上。

（二）量子信息科技领域取得多项突破，为量子技术的实用化奠定坚实基础

2023年2月8日，英国萨塞克斯大学和环球量子公司研究人员首次证明了量子比特可以直接在量子计算机微芯片之间传输，并以破纪录的速度和准确性证明了这一点。这一突破解决了构建足够大和强大的量子计算机以解决对社会至关重要的复杂问题的重大挑战。

2023年3月9日，美国后量子网络安全公司QuSecure实现美国有史以来第一个已知的实时、端到端卫星量子弹性密码通信链路。该成就标志着美国卫星数据传输使用后量子密码术首次受到保护，即传统数据网络之外的服务器、边缘、物联网、战场和其他设备能够采用量子安全通信，可以免受经典和量子解密攻击。

2023年3月16日，中国科学院大学潘建伟院士、徐飞虎教授等与中科院上海微系统与信息技术研究所、济南量子技术研究院、哈尔滨工业大学等单位的科研人员合作，通过发展高保真度集成光子学量子态调控、高计数率超导单光子探测等关键技术，在国际上实现百兆比特率的实时量子密钥分发，实验结果将此前的成码率纪录提升了一个数量级，对未来量子通信的大规模实际应用具有重要意义。

2023年2月23日，美国谷歌公司研究团队演示了一种随着纠错规模增加而错误率下降的量子计算。这一进展向可扩展的量子纠错更进一步，到达了继2019年谷歌量子计算机实现"量子优越性"后，通往实用量子计算机的第二个里程碑。

2023年3月23日，日本富士通公司和大阪大学量子信息和量子生物学中心展示了一种新型高效模拟旋转量子计算架构的开发。这是实现商业量子计算应用的一个重要里程碑，通过成功将量子纠错所需的量子比特数量减少到现有技术的10%左右，将任意旋转所需的门操作数量减少到传统架构的5%左右，将物理量子位中的量子错误概率抑制到约13%，从而实现了高精度计算。

2023年3月27日，美国耶鲁大学演示了一个全新的完全稳定和纠错的逻辑量子比特，其量子相干比QEC过程中所有不完全量子分量要长得多，相干增益达到了$G=2.27 \pm 0.07$。在此次工作中，振荡器是超导腔的电磁模式，其量子态通过透射辅助量子比特进行操纵。

2023年4月1日，澳大利亚悉尼大学和瑞士巴塞尔大学的科学家首次展示了识别和操纵少量相互作用的光子（光能包）的能力，这些光子具有高度相关性。这一史无前例的成就是量子技术发展的一个重要里程碑。通过证明可识别和操纵光子束缚态，新研究朝着将量子光用于实际用途迈出了至关重要的第一步。同时，可应用同样的原理来开发更高效的设备，以提供光子束缚态，这将在生物研究、先进制造、量子信息处理等领域具有广泛的应用前景。

2023年6月6日，美国加州理工学院研究人员发现了一种将光学显微镜分辨率提高一倍的方法。未来的病理医生可以利用量子纠缠原理实现粒子在远距离的即时关联，从而达到前所未有的图像清晰度和细节水平。这场分辨率革命很可能会增强医疗专业人员的诊断能力，从而对组织样本进行更准确、更及时的评估。

2023年6月22日，美国麻省理工学院研究人员开发了一种新型的量子光源设备，可以发射单光子流，为光学量子计算机奠定基础。这项工作对于光学量子计算机和量子隐形传态设备的发展具有重要意义。通过使用这种新型光源，科学家们可以用更简单、更便宜的设备构建量子计算机。

2023年7月13日，中国厦门大学半导体研究团队提出轨道调控的拓扑自旋保护新原理，首次生长出室温零场下本征稳定、长程有序的磁半子晶格，并成功研制拓扑自旋固态光源芯片。这一成果实现了拓扑材料从理论到器件的新突破，开拓了光电子学与拓扑自旋电子学交叉融合的新领域，有望满足未来量子信息等技术的发展需求。

2023年7月14日，中国科学技术大学潘建伟、朱晓波、彭承志与北京大学袁骁等学者组成的研究团队成功实现了51个超导量子比特簇态制备和验证，刷新了所有量子系统中真纠缠比特数目的世界纪录，并首次演示了基于测量的变分量子算法。该研究充分展示了超导量子计算体系优异的可扩展性，变分量子算法为基于测量的量子计算方案走向实用奠定了基础。

2023年7月21日，法国里昂高等师范学院与法国国家科学研究中心合作开发出了首个基于微波的量子雷达，能同时测量纠缠探针和该探针从目标物体反射后发生的惰性微波光子态，并与热噪声合并，其性能比现有传统雷达高20%，实现了"量子优越性"，标志着量子科技在雷达领域的应用的新里程碑。

2023年9月6日，美国洛斯阿拉莫斯国家实验室研究人员开发出一种新型光子偏振器，有望用于量子通信。研究人员通过二硒化钨和三硫化镍磷两种超薄材料堆叠制造出该偏振器，随后使用原子力显微镜在两层超薄材料的堆叠中形成压痕。这些凹痕能够产生微小的磁场，从而精准地引导并影响系统发射的光子偏振状态。光子的发射位置距离铁磁材料非常近，因此上述过程产生的磁性足以引起光子极化。这种方式相比于传统的冷磁体诱导光子极化方式更具经济性与效率，如果扩大规模，将可以加速量子通信的实用化进展。

2023年11月29日，美国芝加哥大学、阿贡国家实验室和英国剑桥大学科学家合作发明了一种新方法，通过"拉伸"金刚石薄膜，创造出可显著降低设备运行成本且更易实现高保真控制的量子比特。

2023年12月6日，美国哈佛大学与麻省理工学院、加州理工学院和普林斯顿大学在美国国防部高级研究计划局的中等规模带噪声量子优化（ONISQ）计划中取得了重大突破。研究团队研发出了首个具有逻辑量子比特的量子电路，该量子电路内含约48个里德堡原子逻辑量子比特，数量居世界之最。

2023年12月4日，美国IBM公司在IBM Quantum峰会上发布了全球首个模块化量子系统二号，以及拥有1121个超导量子比特的下一代量子处理器芯片，这是业界首款拥有超过1000量子比特的量子芯片。

（三）芯片技术在设计、制程、封测等方面取得重大进展

2023年3月16日，荷兰代尔夫特理工大学首次将两项诺贝尔奖获奖技术结合在一起，在微芯片上创立了一项新技术。这种微芯片可以高精度测量材料的距离。该技术

使用声音振动而不是光，因此可以适用于不透明材料中的高精度位置测量。这可能会引领监测地球气候和人类健康的新技术。

2023年3月21日，美国桑迪亚国家实验室对外公布，研究团队展示了动态控制来自传统非相干光源的光脉冲的能力。这种使用半导体器件控制光的能力可以使低功率、相对便宜的光源，如LED或手电筒灯泡，在全息图、遥感、自动驾驶汽车和高速通信等新技术中取代更强大的激光束。

2023年6月21日，中国台湾台积电公司将在2 nm制程芯片中首次采用全新环绕闸极电晶体架构为高速运算产品量身打造背面电轨设计，通过改善电晶体传输效率来提高运算效能并降低功耗。目前，新的芯片仍然要依赖现有的极紫外光刻技术。

2023年10月31日，中国清华大学自动化系和电子系发表最新研究成果，研发出一种超高速光电计算芯片，算力达现有高性能芯片的3000余倍，能效是高性能芯片的400万余倍。

2023年10月31日，美国苹果公司召开了一场线上发布会，正式发布了全新的M3系列芯片，这是全球首颗3 nm电脑芯片，采用台积电工艺制程，晶体管数量高达920亿个。与M1芯片相比，M3芯片快了30%，效率内核快了50%。

（四）5G应用场景持续扩展，6G关键技术不断取得突破

2023年4月12日，美国空军研究实验室完成了首次300吉赫兹频段，又称太赫兹频段的机间通信实验，验证了其可行性。实验中，空军研究实验室信息理事会与美国诺格公司、卡尔斯潘公司等合作，对两架飞机在相关高度和距离上的传播损耗进行了测量。此次实验是空军研究实验室的"太赫兹通信"研发计划的一部分，旨在验证太赫兹频率满足美空军部未来通信需求的可行性。

2023年8月26日，中国华为公司在中国移动研究院的组织下，协同重庆移动、江苏移动、上海移动在全国多地完成基于5G商用网（全Uu空口）的车联网摸底测试，空口端到端通信平均时延小于17 ms，测试结果符合预期，标志着5G商用网络承载车联网业务成为可能。

2023年8月30日，瑞典爱立信公司通过聚合6个分量载波，在全球首个分量载波数据呼叫中创造了5.7 Gbps的下载速度纪录，这将进一步加快5G载波聚合的速度。

颠覆性技术发展报告
2024

第 3 篇
新能源

随着碳中和的深入推进和世界新一轮能源革命的快速发展,建设清洁低碳、安全高效的未来能源体系,成为各国发展的共识。2023年,在全球地缘冲突、气候变化、能源价格波动等多种因素交织影响下,主要国家采取行动积极推动传统化石能源体系转型:美国提出扩大清洁能源规模,加速碳捕集、清除、利用和封存等技术发展;欧盟将太阳能、风能、电池和储能、电解槽和燃料电池、碳捕集和封存、先进核能等多项技术列为战略性净零技术;日本积极推进能源绿色转型,并通过了首个国家核聚变战略;韩国提出提升核电和可再生能源比重,建设新型电网与储能系统的可再生能源基础设施建设等转型过渡举措,并提出在工业、建筑、交通等行业脱碳,发展氢能与碳捕集、利用与封存等技术;英国发展清洁能源、减少能源需求、发展绿色经济等,支持低碳电力技术、低碳氢、建筑与供热、清洁交通等技术发展。

在此背景下,科技和产业界积极开展新能源与储能技术研究与应用实践,新能源技术与产业呈现蓬勃发展态势。一是新能源领域颠覆性技术进入重要窗口期,里程碑突破不断涌现,有望产生革命性影响并驱动未来产业发展。可控核聚变研发呈加速突破趋势,将推动人类进入无限能源的新时代,有望形成可控核聚变电力新产业;绿氢制备技术不断迭代有望推动绿氢应用,助力涵盖"制-储-运-加-用"

的氢能全产业链发展；固态电池技术研发呈现指数级增长趋势，有望高效赋能新能源汽车、电动航空、电网储能等产业发展；钙钛矿太阳能电池（perovskite solar cells，PSCs）研发和产业化取得显著进展，可应用于光伏发电、建筑、交通、消费电子等众多领域，形成钙钛矿太阳能电池新产业。二是新能源领域部分新技术研发接连突破或取得应用，相关信号汇聚形成有益线索，带来技术发展布局机会。可控核聚变科技储备引发国内外风投机构广泛关注；新型催化剂不断取得突破，有望促进质子交换膜（PEM）电解水制氢商用进程；液氢电动飞机载人试飞首次成功，氢能航空领域实现重要里程碑；全固态电池量产进程提速，或将重塑电动汽车市场竞争格局；钠离子电池技术不断储备，产业化进程加速；大面积钙钛矿太阳能电池组件技术取得进展，商业化进程提速。三是新能源领域技术研发多元发展并取得诸多新进展。先进核能技术走向应用，核聚变成为各国竞逐热点；低成本耐用催化剂助力多元化制氢与氢能利用；正负极与固态电解质材料研究不断提升锂离子电池性能；新型储能技术不断突破，为不同场景储能需求提供新可能；新方法、新策略推动太阳能电池效率与稳定性进一步提升。

一、驱动未来产业的新能源领域颠覆性技术

2023年，中国科学技术信息研究所颠覆性技术研究团队依托颠覆性技术感知响应平台，在检测全域科技信息、感知弱信号的基础上，识别预判出能解决未来大问题大挑战、驱动未来产业的新能源领域4项颠覆性技术，分别是：**可控核聚变、绿氢制备、固态电池技术、钙钛矿太阳能电池**。

（一）可控核聚变

可控核聚变是指在一定条件下控制核聚变的速度和规模，以实现安全、持续、平稳的能量输出的核聚变反应。可控核聚变具有原料充足、经济性能优异、安全可靠、无环境污染等优势，被认为是解决人类能源短缺问题的终极方案，能够重塑能源格局，推动当前以化石能源为核心的能源体系升级，彻底解决能源安全问题，并助力碳中和进程。

可控核聚变研发呈加速突破趋势。从20世纪60年代至今，每隔1.8年，人类的核聚变试验就会使三重积（密度、温度与约束时间的乘积）水平增加一倍，如今只要三重积再增加5倍，就可以达到重大工程突破的必要水平，制造出有效的反应堆。届时人类将迎来一次主流能源的大转变，可控核聚变将成为人类最大的能源来源，推动人类进入无限能源的新时代，有望形成可控核聚变电力新产业，催生核能发动机、航天器核动力推进等新模式新业态（图3-1）。据预测，全球可控核聚变市场规模将从2022年的2964.00亿美元，达到2027年的3951.40亿美元，年均复合增长率为5.9%。

◎ 技术介绍

两个原子聚合成一个质量更重的原子时所释放的能量被称作核聚变能，可控核聚变可以使核聚变过程产生的巨量能量稳定地被人类利用。与化石能源相比，核聚变过程不产生碳排放，且原料在自然界储量丰富；与核裂变相比，它不会产生核废物；与风能、太阳能等可再生能源相比，其受自然条件影响小，可获得性高。总之，核聚变能是人类可以依赖的终极能源。

人类从发现原子聚变到在地球上科学验证并进行核聚变系统点火运行，至今已百余年的时间。1919年，原子物理学之父卢瑟福通过用α粒子轰击氮原子，最终得到了氧原子和氢原子，首次实现了元素的人工嬗变。1932年，在卢瑟福的核嬗变实验基础上，澳大利亚科学家马克·奥利芬特完成了氢同位素的实验室聚变。1952年，世界首枚氢

弹"常春藤麦克"爆炸，成功实现了大规模不可控核聚变。如何控制核聚变过程使其更好地为人类所用，也成为科学家面临的新问题。1957年英国物理学家劳森在对核聚变反应堆的能量平衡问题进行深入研究后，提出了"劳森判据"判断核聚变点火成功条件。苏联科学家巴索夫和我国科学家王淦昌分别于1963年、1964年独立提出了用激光照射在聚变燃料靶上实现受控热核聚变反应的构想：以高功率激光作为驱动器的惯性约束核聚变。20世纪60年代，苏联发明了托卡马克装置，也加速了磁约束核聚变研究进程。1985年，美苏牵头国际热核聚变实验堆（International Thermonuclear Experimental Reactor，ITER）计划的倡议，该计划基于磁约束核聚变方案，由欧盟、中国、韩国、俄罗斯、日本、印度和美国七方共同参与，预计将在2035年进行聚变发电。近期核聚变领域重大突破频现。2022年12月，美国劳伦斯·利弗莫尔国家实验室的国家点火装置（National Ignition Facility，NIF）使用激光惯性核聚变，成功点火并实现"净能量增益"（能量增益因子$Q>1$），并在2023年12月宣布成功实现4次点火。英国Tokamak Energy公司也已于2022年3月采用托卡马克小型反应堆达到商业核聚变的温度阈值。不过据估算，一座商业上经济可行的核聚变电站，可能需要产生至少$Q>50$倍增益的能量才能实现能量自由。

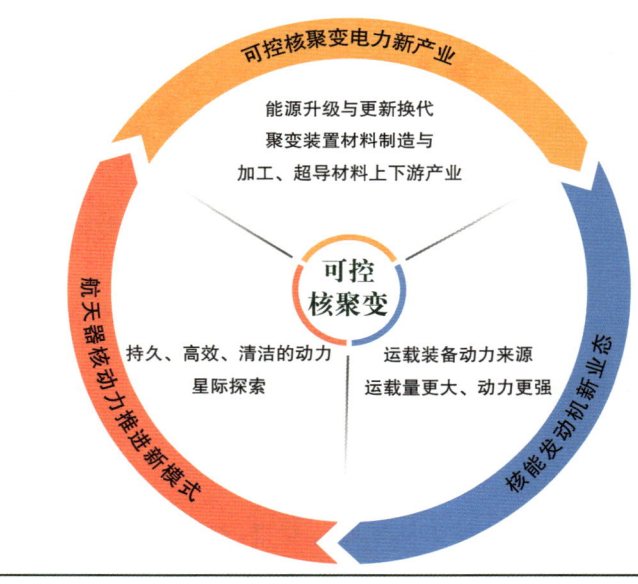

图3-1 可控核聚变驱动的未来产业

虽然可控核聚变距离实现长周期稳态运行和规模化商用还有一段距离，但随着该领域基础技术的不断积累，预计在不远的将来会实现可持续的核聚变反应。目前已有可控核聚变企业公布了其技术时间表，计划将在2030年左右建成商业上可行的核聚变发电站；也有分析认为，人类在未来30～50年才能将核聚变能源的大规模应用变为现实。

◎ 重要性

随着人口增长和经济发展，全球能源需求在不断增加，而传统化石能源的开采和利用也给环境带来了严重污染和气候变化问题。因此，清洁、安全的新能源成为各国政府和科学家们迫切关注的焦点之一。可控核聚变技术作为一种潜力巨大的新型能源技术备受瞩目。

（1）可控核聚变可以解决能源短缺问题。可控核聚变的原料储备十分丰富，1 kg海水中能提炼出约0.03 g的氘，通过聚变反应可释放出相当于300 L汽油的能量。而全球的海水中共含有40万亿吨氘，可以满足人类几十亿年的需求。若可控核聚变成功商业化，将大大减少经济社会发展对储量有限的不可再生能源的依赖，有助于缓解全球能源短缺问题，带来巨大的经济社会效益。

（2）可控核聚变能够解决我国能源安全问题。能源是重要的物质生产要素和工业基础性商品。中国作为全球最重要的新兴经济体和能源消费大国，可控核聚变可以为我国提供安全可靠的能源渠道并解决经济发展依赖大量进口能源的能源安全问题。同时，这一领域的发展也将对我国提升在新能源领域的竞争力和国际话语权产生重要影响。

（3）可控核聚变有望助力实现无限续航的动力系统。未来如果可控核聚变装置能够长周期稳态运行并实现小型化，则有望用于核能发动机，为其提供无限的清洁能源供应，提高运载装备的载荷与航程，为实现更遥远的太空探索等应用提供可能。

◎ 驱动未来产业与市场规模

可控核聚变将推动人类进入无限能源的新时代，若能解决"点火"约束条件与材料研制的技术瓶颈，实现长周期稳态运行，则将形成可控核聚变电力新产业，催生核能发动机、航天器核动力推进等新模式新业态。

可控核聚变电力新产业。 可控核聚变将推动人类能源升级与更新换代，带动可控核聚变装置材料制造与加工、超导材料等相关上下游产业的发展，形成可控核聚变电力新产业。

核能发动机新业态。 可控核聚变装置若能实现小型化，则可作为运载装备的动力来源，使运载装备运得更多、跑得更快更远，催生核能发动机新业态。

航天器核动力推进新模式。 在航天领域，未来可控核聚变可以用于航天器核动力推进系统，基于其提供的持久、高效、清洁的动力，人类开启星际探索的梦想或将成为现实。

据预测，2022—2027年全球可控核聚变市场规模将从2964.00亿美元增至3951.40亿美元，年均复合增长率为5.9%（图3-2）。

图3-2　全球可控核聚变未来市场规模[①]

（二）绿氢制备

绿色氢能（简称"绿氢"）制备是利用风、光等不稳定可再生能源通过分解水来制备氢气的技术。氢能具有能量密度大、热值高、来源丰富、使用灵活、转化效率高等特点，可作为高效的储能载体，是可再生能源实现大规模跨季节储存、运输的有效解决方案。现有制氢技术大多依赖化石能源，氢能的生产过程并非百分百"零碳"。绿氢制备可以实现氢能绿色无碳制取，助力摆脱对化石能源的依赖；另外，利用可再生能源电解制氢、储存和运输技术，可以有效解决风电、光伏、水电等可再生能源不稳定及长距离输送的难题，促进以清洁能源为主体的低碳、安全、高效能源体系的构建。

---

① 注：中国科学技术信息研究所汇总多方预测数据绘制。

随着绿氢制备技术的不断迭代与成本降低，绿氢将在燃料电池车、分布式发电、备用电源等多个场景中逐步应用，高效赋能绿色交通、可再生能源、多类型能源网络互联等众多领域，助力涵盖"制–储–运–加–用"的氢能全产业链发展，逐步形成绿氢新产业（图3-3）。全球绿氢市场规模在2022年达到了25.00亿美元，预计到2030年将增至639.43亿美元，年均复合增长率为49.96%。

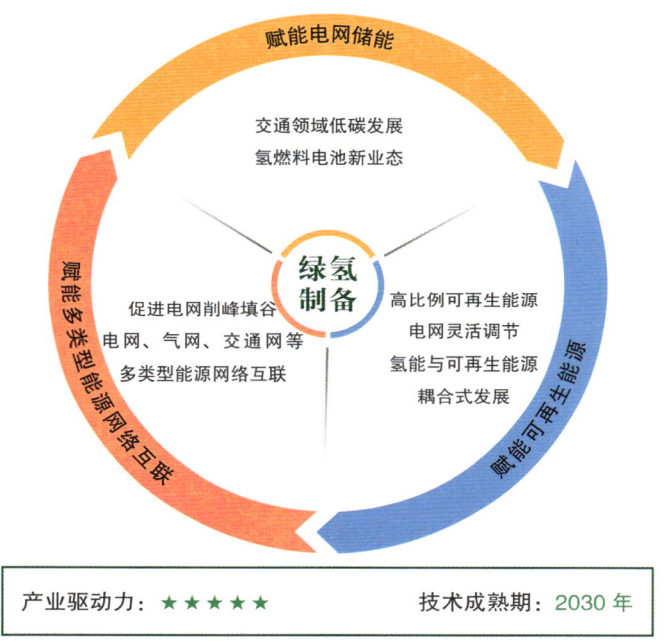

图3-3 绿氢制备驱动的未来产业

◎ 技术介绍

氢能是一种来源丰富、绿色低碳、应用广泛的二次能源，正逐步成为全球能源转型发展的重要载体之一。目前，世界范围内超94%的氢气来源于化石燃料重整，虽然该路线技术成熟、成本低廉，但其生产氢气的过程会产生大量的碳排放，从资源或环境角度来看都不是制氢的最佳选择。在这种背景下，绿氢技术应运而生。绿氢是指利用可再生能源制备的氢能，其从生产到消费全过程的碳排放量几乎为零，是推进能源生产和消费革命，构建清洁低碳、安全高效能源体系的重要支撑技术。

制氢技术是实现绿氢的关键环节。绿氢制备技术主要包含可再生能源电解水制氢、光解水制氢、生物质制氢等路径。电解水制氢技术目前有3条技术路线：碱性电解水制氢技术早在20世纪20年代就已用于工业生产过程，并逐步发展成熟进入工业化应用阶段，虽然具有工艺简单、成本低的特点，但其无法快速调节制氢速率，与可再生能源发电适配性较差；PEM电解水制氢技术研究起始于20世纪70年代，并以其制氢效率高、设备集成化程度高及环境友好等特点成为电解水技术的研究重点，逐步实现从小型化到兆瓦级的发展；固体氧化物电解水制氢转化效率最高可达85%以上，但因在高温下电解限制了材料选择，该技术尚处于研究阶段。

光解水制氢技术研究始于1972年，日本东京大学的Fujishima A和Honda K两位教授首次报告发现TiO_2单晶电极光催化分解水从而产生氢气这一现象，开辟了利用太阳能光解水制氢的研究道路，选取高效、经济的光催化剂是光解水制氢最关键的环节。

生物质制氢技术主要分为两类：一类是以生物质为原料利用热物理化学方法制取氢气；另一类是利用生物转化途径转换制氢。但由于其原料构成复杂，提纯工艺困难，且占地面积较大，不适合大规模制取。

基于可再生能源电解水的绿氢制备具有设备简单、技术相对成熟、无污染、产品纯度高的特点，且能够通过将电能转化为化学能存储，有效解决可再生能源发电的间歇性大、波动性强等问题，是短期内绿氢最有希望的发展路径。目前，经济性是制约可再生能源电解水发展的主要因素，电解水制氢过程的电耗成本占总成本的75%~85%，电价的高低直接决定了绿氢的应用。整体上，绿氢制备仍面临生产成本高、缺少专用基础设施、制取过程中能量损失严重等问题。

当前，包括日本、德国、美国、中国等在内的42个国家和地区都已经推出氢能政策，且各国在氢能政策中均着重提出要加速布局可再生能源电解制备绿氢。随着新型能源系统的发展，以及风电、光伏等可再生能源发电成本的持续下降，绿氢制备的经济性将大大提高。未来，通过探索绿氢全产业链条的商业化场景，氢能产业将迎来重要发展窗口期。

◎ 重要性

绿氢制备能够发挥显著的低碳减排作用，助力实现碳中和目标。绿氢作为一种高热值、多来源的绿色能源，是我国实现"双碳"目标的重要能源载体。在未来能源系统中，通过可再生能源发电而后制取的绿氢，具有替代煤炭、石油、天然气等传统化石能源的潜力，有助于实现大规模脱碳，推动现有能源系统向更新型、更优化的方向转型。

绿氢制备的成熟及氢能的有效储运可助力解决制氢经济性、可再生能源消纳及并网的稳定性等问题。可再生能源具有随机性、季节性和分布不均的特点，导致弃风、弃光、弃水现象严重。利用弃风/弃光电解水制氢，并运用储存和运输技术，将氢能输送到能源消费中心多元化利用，可以实现能源的时空平移，起到对电力系统灵活调节的作用。

◎ 驱动未来产业与市场规模

截至目前，全球范围所制取的氢能几乎都是"灰氢"，即利用天然气等化石燃料制取氢能。预计到2030年，大多数市场绿氢成本将低于每千克2美元，到2050年将降至每千克1美元。绿氢制备技术的成熟有望为绿氢的大规模利用奠定基础，促进加氢站建设、氢能储运、氢能利用等氢能全产业链发展，高效赋能绿色交通、可再生能源、多类型能源网络互联等众多领域，逐渐形成绿氢新产业。

赋能绿色交通。基于绿氢制备技术生产的氢气可在交通领域的低碳减排中发挥重要作用。利用绿氢作为能源为汽车、船舶、飞机等运输工具提供动力，可以推动交通领域绿色低碳发展，催生氢燃料电池新业态。

赋能可再生能源。利用弃风/弃光电解水制氢或风电/光伏离网制氢，通过合理储运利用，可以对高比例可再生能源电网起到灵活性调节的作用，有效解决可再生能源制氢不经济的问题，推动氢能与可再生能源的耦合发展新形态。

赋能多类型能源网络互联。氢气兼具储能、燃料和工业原料等多种属性。电解制氢后，氢气可直接或合成甲烷后混入天然气管道。另外，氢气也可以燃料电池的形式储存起来，为燃料电池车加氢，或者进入基于氢燃料电池的热电气综合系统，促进电网削峰填谷，实现电网与热网、气网、交通网等多类型能源网络互联，推进能源综合高效利用和"清洁替代"。

全球绿氢市场规模在2022年达到了25.00亿美元，预计到2030年将增至639.43亿美元，年均复合增长率为49.96%（图3-4）。

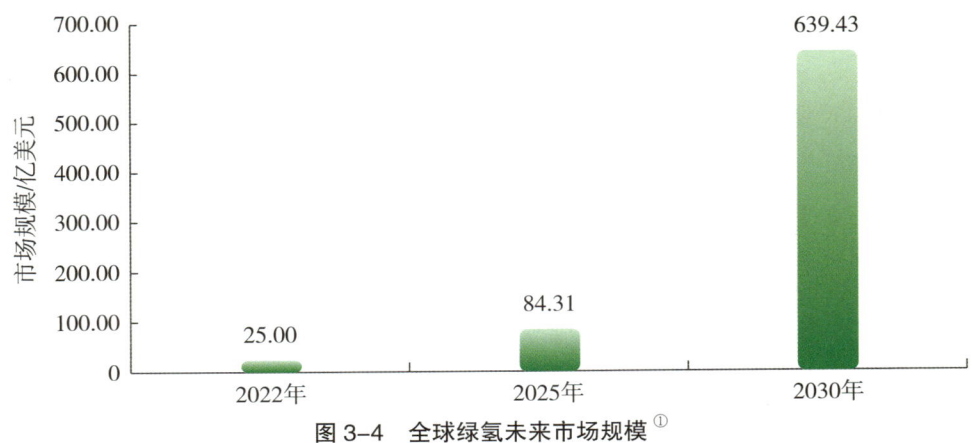

图 3-4　全球绿氢未来市场规模[①]

（三）固态电池技术

固态电池技术是一种采用固态电解质的二次电池技术。随着液态电解质含量的逐步下降，电池可分为液态电池、凝胶态电池、半固态电池、准固态电池、全固态电池等主要阶段。固态电解质可以抑制锂枝晶且无电解液走漏风险，具有不易燃烧、不易爆破、不会在高温下发生副反应等优势，相比于传统液态电池具有更高的能量密度、更长的寿命和更高的安全性能，是未来二次电池发展的方向。

固态电池具有广泛的应用前景，潜在应用领域涵盖汽车、消费电子、储能系统、工业、航空航天等众多行业。固态电池具有彻底解决电动汽车里程焦虑与安全隐患的能力，作为极具潜力的下一代电池技术，将高效赋能新能源汽车、电动航空、电网储能等产业发展（图 3-5）。据预测，固态电池的市场规模将于 2030 年达到 102.91 亿美元，年均复合增长率为 39.20%。

◎ 技术介绍

固态电池是一种新型电池技术，与传统液态电池不同，固态电池采用固态电解质代替液态电解质。在传统锂离子电池面临能量密度接近理论上限，且在遇到高温、撞击、过度充放电等情况时易引发起火、爆炸等问题的背景下，固态电池因其安全性强、能量密度高、体积小和使用寿命长等优势，已成为下一代电池的关注重点。

---

① 注：中国科学技术信息研究所汇总多方预测数据绘制。

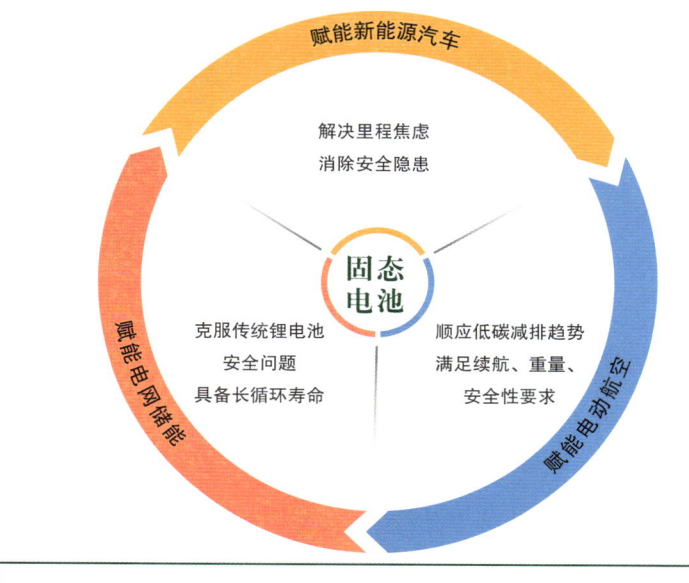

图 3-5　固态电池驱动的未来产业

高离子导电率的固态电解质研究起源于 20 世纪 70 年代。1983 年，Knutz 使用 Li_3N 作为固态电解质构建了循环超过 200 圈的固态锂金属电池。随后，多种氧化物、硫化物及聚合物固态电解质材料被相继提出。2011 年发现的硫化物电解质 $Li_{10}GeP_2S_{12}$（LGPS）具有与液态电解质相当的离子导电率，是固态电池发展的重要里程碑。2011 年，法国波诺雷集团成功制备全固态电池，并批量生产了 250 辆电动汽车。但此款电动汽车续航约为 250 公里，还需将电池运行环境温度维持在 60 ℃左右。2020 年，三星高级技术研究院研究发现采用银-碳复合材料作为阳极的固态电池，可实现电动汽车单次充电续航达到 800 公里，循环 1000 次。2020 年，美国 Solid Power 公司能量密度为 320 Wh/kg 的全固态电池已进入试验阶段，预计在 2025 年进行批量生产。韩国三星集团在 2022 年开始建设全固态电池试产线，计划于 2027 年正式投产。2023 年，日本丰田、日产等车企均对外宣布全固态电池研发成功，将于 2027 年前后量产。我国宁德时代、比亚迪、赣锋锂业等企业也纷纷布局固态电池技术研发，固态电池产业化进程加快。

近年来，固态电池技术领域的学术成果呈现指数级增长趋势，随着技术的不断创新与完善，全固态电池正在从概念走向现实。目前固态电池的主要研究方向是高能固态锂电池，主要研究问题是提升固态电池循环稳定性。作为最具潜力的下一代高能量密度电池体系之一，高能固态锂电池具有比常规锂电池更高的能量密度及更优越的安全循环稳定性，有望将能量密度从 300 Wh/kg 提升至 500 Wh/kg，未来发展空间非常广阔。

◎ 重要性

固态电池技术作为下一代电池的重要攻关方向，是未来动力电池的重要竞争领域。当前，主要国家地区纷纷布局下一代电池技术研究，高度重视固态电池技术发展，全球顶尖研发机构及企业也针对全固态电池技术加速开展研究。我国新能源汽车产业基于液态锂离子电池竞争优势实现了"弯道超车"，若国外率先量产固态电池，将极大赋能其新能源汽车产业发展，影响我国电动汽车市场领先地位。

固态电池相比于传统液态电池具有更好的安全性。它不容易破裂或泄露，也不会因为高温或机械振动引起燃烧，可以有效降低电池使用过程中的风险，进一步扩大二次电池的应用场景，具有重要的社会经济价值。

◎ 驱动未来产业与市场规模

在碳达峰碳中和及全球能源危机双重背景下，发展下一代电池技术已经成为新能源体系下的必然趋势。固态电池技术基于其自身优势，潜在应用领域涵盖汽车、航空航天、储能等众多行业，将高效赋能新能源汽车、电动航空、电网储能等产业发展。

赋能新能源汽车。随着新能源汽车的普及，发展下一代动力续航电池成为关注热点。固态电池因其能量密度大、体积小、安全性高的特点，可解决电动汽车里程焦虑与安全隐患问题，有望促进新能源汽车产业发展。

赋能电动航空。航空领域电动化是各国目前争相探索的新赛道，也是顺应低碳减排的大势所趋。固态电池基于自身优势，能够满足电动航空对于续航、重量、安全性等多方面要求。若能研发成功并规模化量产，固态电池将在航空领域推进电动化的进程中发挥重要作用，助力电动航空产业发展。

赋能电网储能。锂离子电池的安全问题成为制约其发展的弱点之一，其中的三元锂电池已被国家能源局在储能电站中明令禁用。固态电池鉴于其长循环寿命和改进的安全特性，有潜力在未来电网储能中发挥重要作用。

据预测，全球固态电池市场规模有望在 2025 年达到 19.69 亿美元，2030 年达到

102.91 亿美元，年均复合增长率为 39.20%（图 3-6）。

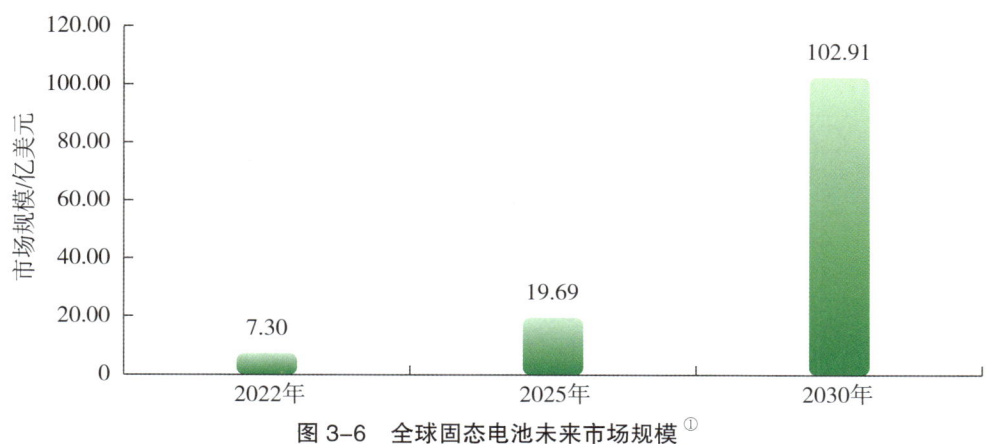

图 3-6　全球固态电池未来市场规模[①]

（四）钙钛矿太阳能电池

钙钛矿太阳能电池是利用钙钛矿型的有机金属卤化物半导体作为吸光材料的太阳能电池。在全球能源转型加速推进的背景下，光伏发电在全球可再生能源产能扩张中仍占主导地位。据国际可再生能源署统计，2023 年全球太阳能光伏装机量新增 346 GW，占同期可再生能源装机的 73%。钙钛矿太阳能电池用 10 年时间追平了晶硅电池 50 年的发展历程，成为光伏领域的"黑马"，且因其高效率、低成本和易于生产等特点，被认为是未来太阳能电池技术的发展方向之一。

钙钛矿太阳能电池具有柔性、轻薄、透光性强、颜色可调的特点，在地面电站、分布式电源、消费电子等场景有着明显的应用优势。伴随大面积组件技术的迭代改良，钙钛矿太阳能电池将基于自身优势对已有晶硅电池产品形成补充甚至替代，未来市场容量可观（图 3-7）。据预测，钙钛矿太阳能电池市场规模到 2032 年将达到 99.10 亿美元，年均复合增长率为 31.9%。

---

① 注：中国科学技术信息研究所汇总多方预测数据绘制。

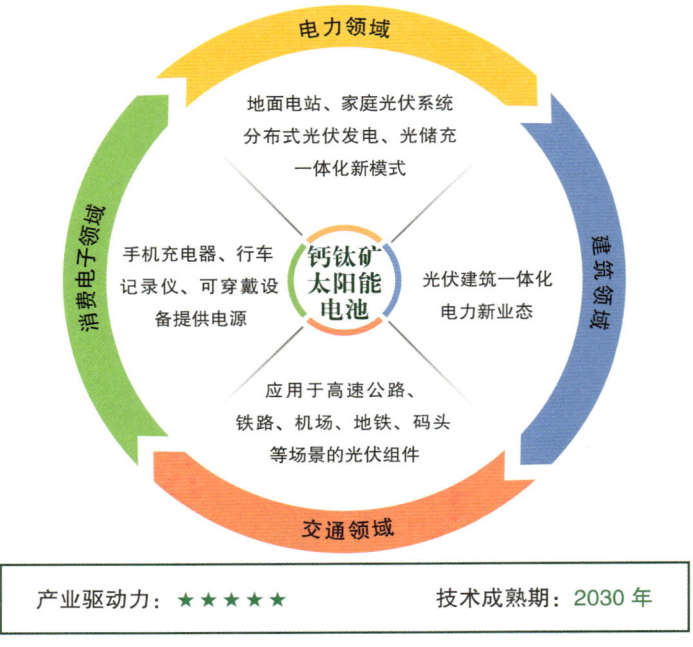

图 3-7 钙钛矿太阳能电池驱动的未来产业

◎ 技术介绍

钙钛矿太阳能电池是指采用有机-无机复合金属卤化钙钛矿材料为光敏剂的一类太阳能电池。它具备原料丰富、制备成本低、光电转换效率高等优势,是目前最具产业前景的新型太阳能电池。

钙钛矿(perovskite)诞生于 1839 年,广义的钙钛矿是指具有 ABX_3 型化学组成的化合物。1839 年,钙钛矿被俄罗斯科学家发现并以其名字命名。1978 年,Weber 将甲铵离子引入晶体中,形成了具有三维结构的有机-无机杂化钙钛矿材料。2009 年,日本 Tsutomu Miyasaka 等首次利用钙钛矿材料 $CH_3NH_3PbI_3$ 和 $CH_3NH_3PbBr_3$ 作为新型光敏剂,制备出了效率为 3.81% 的全球第一块钙钛矿太阳能电池器件。2011 年,韩国成均馆大学 Nam-Gyu Park 团队通过技术改进将钙钛矿太阳能电池转化效率提高到 6.5%,但其稳定性在几分钟后效率便削减了 80%。次年,该团队首次报告了效率接近 10% 的全固态有机-无机杂化钙钛矿太阳能电池,成为钙钛矿太阳能电池发展的里程碑事件。2013 年,英国 Henry Snaith 等采用共蒸发方法制备钙钛矿薄膜,形成了一种全新的平面异质结电池,效率达到 15.4%,引起世界瞩目。同年,钙钛矿太阳能电池被《科学》杂志评为 2013 年十大突破之一。2016 年,通过生长世界上第一个大尺寸钙钛矿单晶,科学家已能清楚表征钙钛矿材料本征的光电特性，可以根据不同的应用需求改变钙钛矿器件结构，提升效率和稳定性。近年来，钙钛矿太阳能电池光电转换效率提升显著。2023年6月，新加坡国立大学研究团队实现了单结钙钛矿电池24.35%的光电转换效率；2023年11月，中国企业隆基绿能宣布其研制的晶硅-钙钛矿叠层电池光电转换效率达到33.9%。

虽然钙钛矿太阳能电池研发和产业化取得了显著进展，但是仍面临以下挑战：①钙钛矿材料容易水解，使电池稳定性较差，严重影响电池效率和寿命；②传统的钙钛矿材料含有重金属铅，对环境和人体健康存在潜在危害；③当器件面积逐渐增大时，会不可避免地带来效率损失，因此，为实现产业化应用还需解决钙钛矿太阳能电池大面积制备问题。目前，钙钛矿太阳能电池技术领域研究成果频现，相关问题已出现部分解决思路。随着技术的不断发展和成熟，未来钙钛矿太阳能电池有望为光伏产业打开存量和增量市场，将具有广阔的市场前景和应用潜力。

◎ 重要性

作为下一代最具潜力的光伏技术，钙钛矿太阳能电池在性能与成本等方面与当前太阳能电池相比均有明显的提升。晶硅太阳能电池理论极限效率为29.43%，已然面临发展瓶颈期，而单结钙钛矿太阳能电池的理论光电转换效率可达33%，采取叠层模式后理论光电转换效率可达50%以上。此外，钙钛矿太阳能电池只需通过简单的旋涂、喷涂、刮涂等溶液工艺即可实现成膜，整个生产过程温度不超过150 ℃，与晶硅材料制备所需的最高工艺温度1700 ℃相比，可极大降低生产能耗，理论总成本仅为晶硅极限成本的50%。

◎ 驱动未来产业与市场规模

钙钛矿太阳能电池应用场景丰富，可应用于光伏发电、建筑、交通、消费电子等众多领域，形成钙钛矿太阳能电池新产业。

"钙钛矿太阳能电池+电力"新业态。钙钛矿太阳能电池规模化量产后，有望用于地面电站和家庭光伏发电系统，通过将太阳能转化为电能，满足地面电站与家庭供电需求，助力分布式光伏发电、光储充一体化等电力新模式的发展。

"钙钛矿太阳能电池+建筑" 新业态。由于钙钛矿具备高光吸收系数，钙钛矿太阳能电池在阴天及日出、日落等弱光场景下也能正常工作，可广泛应用于光伏建筑，形成光伏建筑一体化发电新业态。

"钙钛矿太阳能电池＋交通" 新业态。利用钙钛矿太阳能电池形成的高效率光伏组件有望在高速公路、铁路、机场、地铁、码头等交通领域多种场景取得应用，为降低交通运行成本、实现低碳减排提供支撑。

"钙钛矿太阳能电池＋消费电子" 新业态。在消费电子领域，钙钛矿太阳能电池具有较小的体积和重量，可以方便地携带并随时利用阳光进行充电，为手机充电器、行车记录仪、可穿戴设备等移动设备提供电源。

随着钙钛矿太阳能电池大面积稳定性的逐步提高和量产后成本的大幅度下降，有望与主流的晶硅电池形成有效竞争，助力光伏产业的进一步发展。2022 年钙钛矿太阳能电池市场规模为 6.20 亿美元，预计到 2032 年将达到 99.10 亿美元，年均复合增长率为 31.9%（图 3-8）。

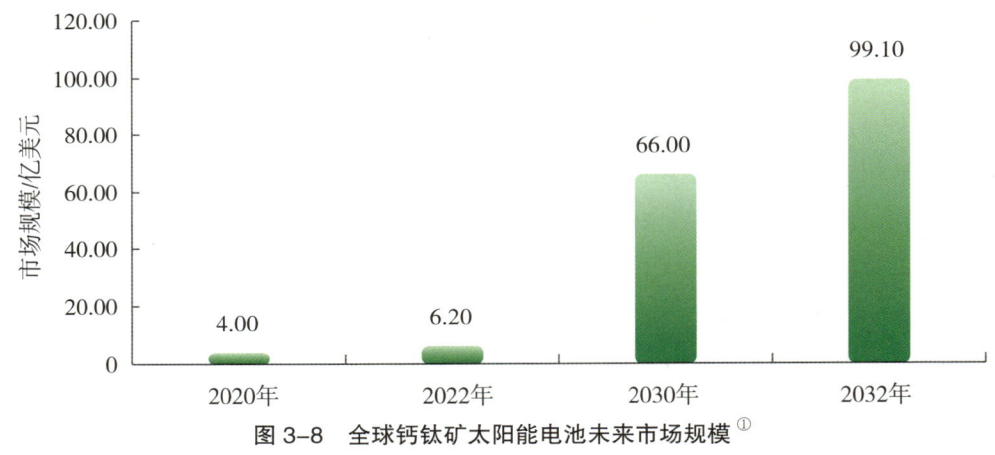

图 3-8　全球钙钛矿太阳能电池未来市场规模[①]

二、新能源领域颠覆性技术线索

2023 年，中国科学技术信息研究所颠覆性技术研究团队依托颠覆性技术感知响应平台，通过"全球技术监测→弱信号识别→技术线索发现→线索分析研判" 4 个步骤，识别研判出新能源领域 6 条颠覆性技术线索：可控核聚变科技储备引发国内外风投机构广泛关注；新型催化剂不断取得突破，有望促进 PEM 电解水制氢商用进程；液氢电

---

① 注：中国科学技术信息研究所汇总多方预测数据绘制。

动飞机载人试飞首次成功，氢能航空领域实现重要里程碑；全固态电池量产进程提速，或将重塑电动汽车市场竞争格局；钠离子电池技术不断储备，产业化进程加速；大面积钙钛矿太阳能电池组件技术取得进展，商业化进程提速。

（一）可控核聚变科技储备引发国内外风投机构广泛关注

◎ 技术线索

在2023年7月30日，实验室成功实现3.88 MJ的输出能量，创下历史新高。2023年12月15日，据《自然》报道，截至目前，美国NIF已成功点火4次。最新一次实验再次刷新纪录——输入能量首次达到2.2 MJ，输出能量达3.4 MJ，位列历次点火实验第二。这一系列突破性进展从科学原理和工程技术上验证了惯性约束核聚变技术路线的可行性，是人类迈向聚变能时代的一个重要里程碑。

可控核聚变具有原料充足、经济性能优异、安全可靠、无环境污染等优势，被认为是解决人类能源短缺问题的终极方案。除NIF实现"净能量增益"外，近年来可控核聚变领域取得了多项突破性进展。伴随着技术积累及未来经济诱惑，除政府拨款开展核聚变研究外，可控核聚变赛道被风投机构广泛关注，核聚变商业公司也屡创融资记录。

可控核聚变领域的技术突破及风投机构和商业公司的积极参与，有望加快该领域前沿中间技术的发展，同时推动该领域成为极具潜力的产业新赛道。

◎ 技术内涵

可控核聚变是指在一定条件下控制核聚变的速度和规模，以实现安全、持续、平稳的能量输出的核聚变反应，具有原料充足、经济性能优异、安全可靠、无环境污染等优势。目前，惯性约束核聚变与磁约束核聚变被认为是实现可控核聚变的两种主流方案。

20世纪60年代，随着高功率激光技术的发展，惯性约束核聚变应运而生。美国劳伦斯·利弗莫尔国家实验室的NIF采用该技术路线，利用高功率激光驱动器轰击氘氚靶丸实现聚变反应。磁约束核聚变是利用磁场来约束温度极高的等离子体的核燃料以使其产生核反应，虽然直到20世纪90年代才基本获得可以建造磁约束聚变实验堆的必要知识和技术，但该技术路线发展迅速。其中，采用托卡马克装置的磁约束技术路线被认为最有可能率先成功，由欧盟、中国、韩国、俄罗斯、日本、印度和美国七方共同参与的国际热核聚变实验堆计划就是基于该技术路线实现的。

2021年起,美国风投机构陆续投资核聚变创业公司,商业核聚变不断取得突破,英国Tokamak Energy公司已采用托卡马克装置的磁约束技术达到商业核聚变的温度阈值。据核聚变工业协会统计,截至2023年7月,全球有43家公司正在研究核聚变,吸引了62亿美元的总投资。

◎ 重要性

核能具有低碳排放、能量密度高、无间歇性、占地面积小、受气候条件约束少等优点,是可以全天候提供电力的基荷能源,有着其独到的巨大优势。与目前核电工业采用的核裂变技术相比,核聚变具有不产生核废料、辐射少、温室气体零排放等优势,更为清洁、安全、高效。

◎ 潜在应用和影响

可控核聚变技术的研发体现了人类对清洁、稳定、高效能源的美好向往。若核聚变成功商业化,将大大减少经济社会发展对煤炭和石油等不可再生能源的依赖,有助于缓解全球能源问题,并有望在太空任务等应用场景发挥优势,提供可靠能源。此外,核聚变还能够为医疗和工业应用生产同位素、高质量金属和工业材料。

◎ 问题与障碍

可控核聚变虽已开展了数十年的研究,但其距离真正规模化商用还有很长一段距离要走。

从科技上来说,可控核聚变所需的极高温高压环境需要高超的科技水平和大规模的实验设备来实现。需要克服的难题包括设计和制造可控核聚变反应堆、研究可控核聚变燃料的合成和制备方法,以及控制和优化聚变反应条件等方面。具体来说,惯性约束核聚变面临设计复杂、难以稳定连续实现轰击、单次聚变持续时间短、标靶制备困难、激光和光学系统成本高等挑战。磁约束核聚变中托卡马克装置的发展也面临稳态运行、氚自持、能量交换和大功率净电力输出等难点。

从经济上来看,可控核聚变的实验和开发所需要的成本非常高昂。目前,NIF依靠惯性约束技术路线实现的净能量增益,仅仅表示聚变产生的中子能量大于输入的激光能量,并非输出电能大于输入电能。再加上可控核聚变设备前期需要投入大量资源开展建设，据有关方估算，一个可控核聚变发电站要做到投入100万美元，生产出1750万度电，才能对煤电形成可替代的成本优势。

◎ 弱信号

（1）美国劳伦斯·利弗莫尔国家实验室首次成功在核聚变反应中获得"净能量增益"

2022年12月，美国劳伦斯·利弗莫尔国家实验室的科学家首次成功在核聚变反应中，获得"净能量增益"。通过"惯性局限融合"技术，该实验室实现核聚变过程产生的能量比输入的能量多50%以上。该实验从科学原理和工程技术上验证了激光核聚变反应实现净能量增益的可行性，是人类迈向聚变能时代的一个重要里程碑。

（2）英国First Light fusion公司利用弹丸聚变技术成功实现核聚变

2022年4月，英国First Light fusion公司表示，弹丸聚变（projectile fusion）技术近日首次成功实现核聚变。弹丸聚变技术是一种新的惯性约束聚变技术，具有简单、节能、物理风险低的特点。First Light fusion公司在花费不到4500万英镑的情况下实现了聚变，其性能改进速度比历史上任何其他聚变方案都要快。

（3）中国"人造太阳"成功实现403秒稳态长脉冲高约束模等离子体运行

2023年4月12日，中国有"人造太阳"之称的全超导托卡马克核聚变实验装置（Experimental Advanced Superconducting Tokamak，EAST）成功实现了403秒稳态长脉冲高约束模等离子体运行，创造了新的世界纪录。EAST物理实验取得的系列重大突破，完全验证了EAST全超导托卡马克装置高参数长脉冲稳态运行的能力，进一步验证了未来聚变实验堆高约束模式稳态运行的可行性。同时，该实验也对探索未来聚变堆前沿物理问题，提升核聚变能源的经济性、可行性，加快实现聚变能应用具有重要意义。

（4）新一代人造太阳"中国环流三号"取得重大科研进展

2023年8月，新一代人造太阳"中国环流三号"取得重大科研进展，首次实现100万安培等离子体电流下的高约束模式运行，再次刷新我国磁约束聚变装置运行纪录，突破了等离子体大电流高约束模式运行控制、高功率加热系统注入耦合、先进偏滤器位形控制等关键技术难题，标志着我国磁约束核聚变研究向高性能聚变等离子体运行迈出了重要一步。

（5）英国Tokamak Energy公司核反应堆达到商业核聚变的温度阈值

2022年3月，英国Tokamak Energy公司的ST-40球形托卡马克反应堆温度达到1×10^8 ℃，取得了私人资助核聚变研究的里程碑。虽然政府资助的反应堆已经达到了

1×10^8 ℃大关,但Tokamak Energy公司的ST-40球形托卡马克作为更小型的商业反应堆,在成本只有5000万英镑的情况下达到了这一标准,有望为实现低成本商业核聚变提供有效途径。2023年4月,Tokamak Energy公司宣布已建造出世界首套新一代高温超导磁体,将在美国实验室极端条件下进行测试。

(6)国内外风投机构陆续投资核聚变创业公司,推动核聚变技术商业转化

2021年6月,成立8年的核聚变创业公司Helion Energy公司宣布其可把等离子体加热到1亿℃;当年11月,该公司获风投机构投资5亿美元,创核聚变领域融资纪录,与美国政府当年核聚变研究拨款相当。

2021年12月,从麻省理工学院独立创建的核聚变创业公司Commonwealth Fusion Systems宣布获18亿美元融资,超核聚变创业公司融资之和。

2022年6月,陕西星环聚能宣布完成数亿元天使轮融资,是中国首个由风险投资驱动的核聚变商业化探索项目企业。

2022年11月,核心成员脱胎于上海交通大学高温超导团队的翌曦科技,完成5000万元种子轮融资。

2023年4月,聚变能源商业公司能量奇点宣布其已完成近4亿元Pre-A轮融资。本轮融资完成后,能量奇点已经累计融资近8亿元。

2023年,全球私营核聚变公司获得的投资额已增加至62亿美元。

(二)新型催化剂不断取得突破,有望促进PEM电解水制氢商用进程

◎ 技术线索

2023年5月30日,美国能源部阿贡国家实验室研究团队开发出一种用于PEM电解槽从水中生产清洁氢气的低成本钴基催化剂。该催化剂具有良好的实验室表现,使更低成本和更为节能的氢气生产成为可能。

PEM电解水制氢具备结构紧凑、响应速度快、在较低温度下运行且能够快速启停的特点,可有效匹配可再生能源发电的波动性,提高电力系统灵活性,正逐渐成为制氢技术发展和应用的重要方向。为解决PEM电解水制氢过程中,使用贵金属作为催化剂的高成本问题,全球研究团队积极开展阳极催化剂效率研究,探索出多种解决方案,并于近期不断取得突破性进展。相关新型催化剂的研究有望降低PEM电解槽成本,助力PEM电解水制氢技术的进一步推广应用。

◎ 技术内涵

氢气具有能量密度高、来源广泛、零碳排放的特点，被视为未来能源储存与供应的理想载体。PEM 电解水制氢是利用 PEM 技术进行水电解来制取氢气。与目前广泛使用的碱性电解水制氢相比，PEM 电解水制氢因具备快速启停的特点，能有效匹配太阳能、风能等可再生能源发电的波动性，提高电力系统灵活性，正逐渐成为制氢技术发展和应用的重要方向。

PEM 电解水制氢技术研究起始于 20 世纪 70 年代。随着过去 10 年全球加速推进可再生能源利用，欧盟、美国、德国等国家和地区的相关企业大力推进可再生能源 PEM 电解水制氢的发展。PEM 电解水制氢系统已迈入 10 兆瓦级别示范应用阶段，100 兆瓦级别正处于开发阶段，商业化趋势明显。PEM 电解槽需要在强酸性和高氧化性的工作环境下运行，依赖于性能稳定的贵金属材料作为催化剂，仅催化剂成本就约占电解槽的 10%。早期 PEM 电解池阳极和阴极催化剂主要为金属铂（Pt），因其造价昂贵，20 世纪 90 年代 Zen 和 Manoharan 等学者分别提出利用钌（Ru）、铬（Cr）等金属氧化物对金属 Pt 进行替代，然而催化效果并不理想。随后，学者们发现阳极析氧反应是限制电极反应的主要因素，对阳极催化剂效率的研究成为提高电解水制氢效率的重中之重。针对阳极催化剂，经历了贵金属及合金、金属氧化物、掺杂改性后的多元氧化物、多孔纳米新型结构等材料的攻关研究。目前最适合的高活性酸性电催化剂是铱（Ir）基氧化物 IrO_2，但其仍具有负载量高、价格贵的缺点。

目前，该领域处于基础研究探索阶段，国内外学者仍在尝试不同的解决方案，相关研究主要围绕以下 3 个方向开展：一是利用非贵金属进行掺混，降低 IrO_2 催化剂的使用量甚至对其进行代替；二是开发不同的制备工艺，提高 IrO_2 催化剂性能；三是选用合适的载体，对 IrO_2 催化剂进行负载，增大其电化学活性面积。随着相关研究不断取得突破性进展，有望找到更易于应用推广的新型催化剂方案，进而降低 PEM 电解水制氢的成本，促进其商用进程。

◎ 重要性

据国际能源署预计，到 2050 年实现全球净零排放将大约需要 5.2 亿吨的低碳氢气，其中约 3.06 亿吨绿氢来自可再生能源。目前，广泛使用的碱性电解水技术虽然成本低、技术成熟、市场占有率大，但与可再生能源的适配性较差。PEM 电解水制氢具有结构紧凑、电流密度高、占地面积小等优势，能够与具有波动性的太阳能、风能等可再生能源有效匹配。长期来看，随着 PEM 国产化和低成本化的突破，PEM 电解槽的市场份额到 2050 年将与碱性电解槽持平，并逐渐占主导地位。利用 PEM 及阳极、阴极催化剂组成的膜电极是电解水制氢的核心部件，低成本催化剂的研发将有助于降低电解槽成本，进而助力 PEM 电解水技术的推广应用。

◎ 潜在应用和影响

目前，PEM 电解水制氢技术已在加氢站现场制氢、风电等可再生能源电解水制氢、储能等领域得到示范应用并逐步推广。此外，炼油、化工、钢铁等碳密集型行业也是 PEM 电解水制氢的重要应用场景。

◎ 问题与障碍

在 PEM 电解水阳极反应环境下，Ir 可以保持较高的催化活性和稳定性，被认为是最理想的 PEM 电解水阳极催化材料。但 Ir 在地壳中的含量非常稀少且年开采量低，并高度集中于南非等地区。目前仍缺乏可大规模应用的 PEM 电解水阳极催化剂的替代方案。若 PEM 电解水制氢的需求上升，将造成产能供应不足，进而制约相关产业发展。

◎ 弱信号

（1）美国阿贡实验室研究团队开发新型催化剂降低了电解水制氢的成本

2023 年 5 月，美国能源部阿贡国家实验室研究团队开发出一种用于从水中生产清洁氢气的低成本钴基催化剂。研究人员用嵌入电纺聚合物纤维中的沸石咪唑酯骨架制备出一种镧和锰共掺杂的纳米纤维状钴尖晶石催化剂。该催化剂在 10 mA/cm^2 时表现出 353 mV 的低过电势，在 2.47 V（Nafion 115 膜）电压下表现出 2000 mA/cm^2 的电流密度，且在 360 h 内的降解率较低。

（2）中国科学技术大学研究团队研制白铁矿型电解水制氢电催化剂

2023 年 7 月，受到在自然界酸性环境中能够稳定存在的白铁矿石的启发，中国科学技术大学高敏锐教授课题组研制了一种用于 PEM 电解池阴极析氢反应的白铁矿型催化剂，其可在 1 A/cm^2 的电流密度和 60 ℃条件下稳定运行 410 h 以上。

（3）美国莱斯大学研制氧化钌催化剂，有望取代铱基电催化剂

2022 年 10 月，美国莱斯大学研究团队成功研制 PEM 水电解中持久酸性析氧反应的氧化钌催化剂（Ni-RuO_2）。该催化剂在酸性析氧反应中具有高活性和耐久性，可应

用于实际的 PEM 电解池装置，从而有望取代铱基电催化剂。当该催化剂应用于 PEM 电解水的阳极时，装置可在 200 mA/cm^2 的电流下表现出超强稳定性（超过 1000 h），从而显示出巨大的实际应用潜力。

（4）澳大利亚阿德莱德大学研究团队研制的新催化剂可减少铱（Ir）的使用

2023 年 6 月，澳大利亚阿德莱德大学研究团队发现了一种晶格水辅助机制——一种以特定模式排列水分子的方法，可以将氧化铱催化剂的效率提高 5%～12%，从而在消耗更少能量的同时产生更高的能量输出，成功提高了铱基催化剂的效率并同时减少了所需 Ir 的数量。这项突破性的研究有望降低生产绿氢的成本。

（5）香港城市大学科研团队研发高效纳米材料电催化剂

2023 年 9 月，香港城市大学研究团队基于纳米材料成功研发出一种高效电解水制氢催化剂，可通过电化学水分解显著提高氢气的产生，对于清洁能源行业具有巨大的应用潜力。团队利用具有非常规晶相的过渡金属二硫属化物（TMD）纳米片作为载体开发出一种电催化剂，该催化剂在 PEM 电解槽中可稳定工作 500 h，具有良好的应用潜力。

（三）液氢电动飞机载人试飞首次成功，氢能航空领域实现重要里程碑

◎ 技术线索

2023 年 9 月 7 日，德国 H2FLY 公司利用 HY4 液氢电推验证机完成全球首次载人试飞任务，在 4 次测试飞行中最长持续飞行 3 h。由于采取了新的技术路线——液氢作为燃料，HY4 验证机的最大航程从 750 公里增加到了 1500 公里。本次试飞是全球首次使用液氢的电动载人飞机试飞，实现氢能航空领域重要里程碑，标志着全球航空业向零排放、可持续的目标迈出了重要一步。

氢能飞机使用氢作为动力来源，具有能源密度高、绿色环保、资源来源广泛等优点，有望应用于未来支线客机、干线客机等商业航空领域。HY4 验证机搭载液氢燃料的首次载人试飞，证明了液氢在航空领域的广阔潜力。伴随储氢、燃料电池、辅助系统等技术的不断进步，氢能航空时代将加速来临。

◎ 技术内涵

氢能飞机是以氢燃料作为动力的新能源飞机，基于动力装置的不同，主要包括氢燃料电池、氢内燃机、氢涡轮、氢涡轮混合动力等类型。与纯电推进方式相比，压缩

后的氢在重量和体积上都具有更高的能量密度，且氢能具有绿色环保、来源广泛等突出优点，使氢能航空正在成为一条被广泛关注的发展新赛道。

氢能飞机研究已有较长的历史，德国、美国、苏联等率先开启了氢能作为飞机动力的研究试验。近年来，随着技术发展与商用航空减排的要求，面向商用航空的氢动力技术开始得到关注。美国、欧盟、日本等多数发达国家和地区作为全球航空运输业先进水平的代表，也纷纷在氢能飞机领域进行政策战略布局（表3-1）。

表3-1 氢能飞机发展大事记

时间	大事记
1937年	德国科学家Von Ohain将氢气用作燃气涡轮发动机的替代燃料，实现了有效推力
1956年	美国在B-57轰炸机上开展了氢燃料的试验飞行
1988年	苏联将图-154飞机中的1台发动机使用氢燃料驱动
2000年	受欧盟委员会资助，由空客公司牵头，34家航空企业及研究机构参与的"低温航线"项目，系统分析了以液氢为燃料的飞机方案
2005年	美国航空环境公司制造并测试了世界首架液氢动力无人机
2017年起	日本发布了《氢基本战略》《氢能利用进度表》等，鼓励相关企业发展氢能飞机
2020年	欧盟委员会支持开展"洁净天空计划"项目，计划2028年完成氢动力通勤飞机认证和支线飞机试飞、2035年完成中程氢动力飞机开发、2050年完成中远程氢动力飞机开发
2020年	美国能源部发布《氢能计划发展规划》，将氢燃料电池、氢涡轮机、氢气"制储输用"技术作为未来的重要研发方向
2023年	我国发布《绿色航空制造业发展纲要（2023—2035年）》，将氢能航空作为三大重点布局方向之一

与电动飞机相比，我国氢能飞机的发展尚处于研发起步阶段。国内有关企业与科研院所积极跻身氢能飞机研发行列，并在氢能飞机试验机、概念机等方面已取得一些进展。2023年以来，美国环球氢能（Universal Hydrogen）公司、德国H2FLY公司、英国零碳航空（ZeroAvia）公司不断开展氢能飞机试飞验证，氢能航空时代将加速来临。

◎ 重要性

氢能作为一种清洁能源，将在能源供给侧和消费侧助力深度脱碳，促进航空业变革转型。全球航空业产生的二氧化碳排放量约占全球碳排放总量的2.5%。氢能在航空领域的应用意味着航空产业链的重构，相比传统的石化燃料，氢能可减少航空领域全生命周期的绝大部分二氧化碳排放，助力航空业的低碳能源转型。

氢能飞机能够有效提高发动机性能，降低远程运输飞机的能耗，且能够支撑更大型的航空机型。预计在2035年前后，各种氢能动力系统及氢能飞机将迎来快速发展阶段，支线、干线和中型的氢能飞机将可能有众多机型投入市场。氢能飞机的布局与研制有望助力我国在全球氢能产业中抓住机遇，在国产大飞机成功研制的基础上进一步参与到航空市场竞争中。

◎ 潜在应用和影响

氢能飞机因其绿色环保、低噪音、零碳排放等突出优点，在多种民用与军用场景中具有良好的发展前景。随着总体设计、高压储氢、集成测试、适航符合性验证等关键技术的攻克，氢能飞机可基于氢燃料电池、氢涡轮等不同技术路线特点应用于支线客机、干线客机，并有潜力应用于超大型干线客机。

◎ 问题与障碍

以氢能为动力源实现航空领域绿色发展仍面临诸多挑战。一方面，氢能技术产业链长、难点多，现有技术成果的经济性还不能满足氢能航空的商业化需求，亟须从制、储、运、加、用等环节突破产业规模、配套设施和市场环境等关键因素；另一方面，氢能飞机本身在储氢罐、液氢燃油系统、气氢直燃烧涡轮、氢燃料电池等关键技术上还需突破，以提升整机系统和关键组件的可靠性与稳定性。

◎ 弱信号

（1）德国H2FLY公司全球首架载人液氢飞机成功完成试飞

2023年9月，德国H2FLY公司利用HY4液氢电推验证机完成全球首次载人飞行任务。此次飞行持续了3 h 1 min，消耗氢10公斤。由于采取液氢作为燃料，使HY4验证飞机的最大航程从750公里增加至1500公里。这是氢能航空首次使用液氢的电动载人飞机试飞，为电动航空的长途飞行开辟了新的可能性。H2FLY公司于2021年4月被美国著名电动垂直起降航空器（eVTOL）制造商 Joby 公司秘密收购，说明 Joby 公司已经将氢燃料电池作为未来 eVTOL 的潜在能源解决方案之一。

（2）美国环球氢能公司氢燃料电池验证机成功试飞

2023 年 3 月，美国环球氢能公司的 Dash-8 客机在华盛顿州首飞成功。Dash-8 是一款支线客机，能搭载乘客 50 名，配备了有史以来最大的航空氢燃料电池。此次试飞消耗了大约 16 kg 气态氢，飞行时长约 15 min，飞行高度达到 3500 英尺，验证了氢能作为客机动力燃料的可行性。

（3）英国零碳航空公司首次使用液态氢作为燃料的飞机完成试飞

2023 年 3 月，英国零碳航空公司宣布完成了首次使用液态氢作为燃料的飞机试飞。据悉该飞机经过改装后可以同时搭载 6 名乘客，航程达 500 英里。该公司计划于 2024 年推出 19 座的液态氢飞机，2030 年推出 50~100 座的液态氢飞机。

（4）中国商飞公司酝酿新一代氢能源技术验证机"灵雀 M"

2023 年 9 月，在 2023 年服贸会北京首钢展区，中国商飞公司展示了国内新一代氢能源技术验证机模型——"灵雀 M"，其机身按照加载液态氢原料设计。研发团队表示，目前正在研究该验证机的气动布局，解决操控性和稳定性问题，距离其商业化还有较长距离。

（四）全固态电池量产进程提速，或将重塑电动汽车市场竞争格局

◎ 技术线索

2023 年 6 月 13 日，丰田汽车公司对外公布，最早将于 2027 年向市场投放配备"全固态电池"的纯电动汽车，支持超快充和超长续航，充电 10 min 可行驶 1200 公里。据称，丰田汽车公司已找到了合适的替换材料克服全固态电池的耐久性问题，解决了固态电池无法长期充放电的短板，进而可实现大规模商用，并将与所有日系车企分享最新纯电动汽车技术。

近年来，全固态电池研究加速开展，不断取得试验与应用突破。2023 年，日本和欧美等顶尖车企陆续宣布全固态电池汽车生产计划，以期通过全固态电池技术助力电动汽车行业发展。

全固态电池能够大幅突破当前液态锂离子电池能量密度限制，可极大缩减电池的尺寸与重量，加之其高安全性的特点，一旦实现商业化，将全面取代当前液态电池体系并带来产业颠覆性变革，具有很大的发展潜力。

◎ 技术内涵

固态电池技术是一种采用固态电解质的二次电池技术。随着液态电解质含量的逐步下降，电池可分为液态电池、凝胶态电池、半固态电池、准固态电池、全固态电池等主要阶段。目前常说的锂电池属于液态锂离子电池体系，在传统锂电池面临能量密度接近理论上限，在遇到高温、撞击、过度充放电等情况时易起火、爆炸等问题的背景下，全固态电池因其安全性强、能量密度高、体积小和使用寿命长等优势，已成为下一代电池的关注重点。

高离子导电率的固态电解质研究起源于20世纪70年代。1983年，Knutz使用Li_3N作为固态电解质构建了循环超过200次的固态锂金属电池。随后，多种氧化物、硫化物及聚合物固态电解质材料被相继提出，但由于固态电解质离子电导率低、界面相容性差等技术瓶颈制约了其商业化进程，固态电池的研究停滞于20世纪末。2011年，硫化物电解质$Li_{10}GeP_2S_{12}$被发现具有与液态电解质相当的离子导电率，是固态电池发展的重要里程碑。同年，法国波诺雷集团率先尝试将固态电池装载于电动汽车上，此款电动汽车续航约为250公里，且需将电池运行环境温度维持在60℃左右。2020年，三星高级技术研究院和三星日本研究所开发出采用银-碳复合材料作为阳极的固态电池，可实现电动汽车单次充电达到800公里续航，循环次数达到1000次。同年，美国Solid Power公司能量密度为320 Wh/kg的全固态电池已进入试验阶段，预计在2025年进行批量生产。韩国三星集团在2022年开始建设全固态电池试产线，称目前已完成全固态电池中试线建设，将于2023年下半年生产样机。2023年，日本丰田、日产等车企均对外宣布全固态电池研发成功，将于2027年前后进行装载固态电池的电动汽车的量产。

近年来，美、欧、日、韩等国家和地区密集出台下一代电池技术相关政策文件，均明确要重点发展固态电池技术。目前，全球顶尖研发机构及企业针对全固态电池技术加速开展研究，全固态电池研发及试验应用不断取得突破。

◎ 重要性

固态电池具有高安全性、高能量密度及优良的高低温特性，是下一代电池技术的重要研发方向。固态电池技术可极大缩减电池的尺寸与重量，有望全面取代当前液态锂离子动力电池体系；同时，固态电池通过使用无机固态电解质替代易燃的液态电解液，能够大幅度提升电池的安全性能，从而拓宽锂电池的应用场景。

近年来，我国基于电动汽车及锂电池领域技术积累，实现了新能源汽车产业高速发展。国外主要车企通过开展固态电池技术研发，投资、收购固态电池企业等形式加快进行技术储备，促进固态电池全产业链发展，以求提升品牌认可度、扩大消费群体、抢占全球电动汽车市场，我国对此需要高度重视并采取有效应对举措。

◎ 潜在应用和影响

在碳达峰碳中和及全球能源危机双重背景下，发展下一代电池技术已经成为新能源体系下的必然趋势。固态电池技术基于其自身优势，潜在应用领域涵盖汽车、航空航天、储能等众多行业。

（1）固态电池因其能量密度大、体积小、安全性高的特点，可解决电动汽车里程焦虑与安全隐患问题，有望促进新能源汽车产业发展。

（2）固态电池能够满足电动航空对于续航、重量、安全性等多方面要求，若能研发成功并规模化量产，将在航空领域推进电动化的进程中发挥重要作用。

（3）固态电池相比于液态电池具有良好的循环寿命和安全特性，若能降低电池制造成本，则有潜力在未来电网储能中发挥重要作用。

◎ 问题与障碍

全固态电池仍处于研发阶段，技术尚不成熟，存在众多科学问题尚未解决。目前限制全固态电池发展的核心问题主要有：固态电解质的离子电导率低、固-固界面的接触稳定性、空间电荷层、颗粒间体积效应、金属锂负极应用困难、成本较高等。

固态电池的应用推广仍需不断降低电池生产制造成本。据日本专业机构估算，目前全固态电池（硫化物类）的制造成本比现有锂离子电池高4～25倍。就短期而言，固态电池成本将仍高于液态电池，需要对制造工艺不断优化迭代实现生产成本的下降。

◎ 弱信号

（1）日本丰田汽车公司称将于2027年投放全固态电池汽车

2023年6月，日本丰田汽车公司对外公布，最早将于2027年向市场投放配备"全固态电池"的纯电动汽车，支持超快充和超长续航，充电10 min可行驶1200公里。丰田在全固态电池的研发方面处于领先地位，拥有1000多项相关专利，早在2020年夏季，全球首次配备全固态电池的车辆获得车牌,并进行了行驶测试。据丰田汽车公司首席技术官中岛裕树副社长表示,其已克服全固态电池的耐久性课题,将实现固态电池商业化应用。

(2)日本日产汽车公司宣布全固态电池研发成功,并将于2025年试生产

2023年3月,日产汽车公司宣布全固态电池研发成功,并预计于2025年试生产,2028年实现量产。日产汽车公司声称其全固态电池相比锂电池不仅能够节省50%的成本,还能将能量密度提高一倍,充电速度也将提高3倍,将大大提高存储和电力传输的效率。

(3)德国宝马集团将打造全固态电池中试生产线,2030年之前将实现全固态电池的量产

2023年1月,德国宝马集团对外公布,将与美国初创公司Solid Power公司启动下一阶段全固态电池设计和制造技术的联合研发,并在其自己的电池制造中心采用Solid Power公司的全固态电池中试生产线,进而朝着长远目标——2030年之前全固态电池的量产迈进。宝马集团发展管理委员会成员Frank Weber表示:"宝马仍致力于追求全固态电池,我们认为该技术在未来具有巨大潜力。"

(4)日本大阪公立大学通过快速加热制造具有高离子电导率的固体电解质

2023年6月,日本大阪公立大学研究人员在室温下使全固态电池关键材料Li_3PS_4高温亚稳态相处于稳定状态,从而在室温下实现超高离子电导率。研究人员通过快速加热使Li_3PS_4玻璃材料结晶,首次成功在室温下稳定了高温α-Li_3PS_4相,代替了中温β-Li_3PS_4相,其在室温下的离子电导率大于10^{-3} S/cm。该研究成果为开发具有更高性能的全固态电池材料铺平了道路。

(5)中国科学技术大学提出全固态电池正极材料的新型技术路线

2023年3月,中国科学技术大学马骋课题组采用非常规材料设计思路,选择用氯化物构筑了一种全固态锂电池的新型正极材料——氯化钛锂。在确保良好循环性能的前提下,研究人员成功在氯化钛锂复合物正极中实现了95%质量比的活性物质载量,大幅超过了氧化物正极所能达到的极限(通常在70%~80%质量比)。此外,氯化钛锂复合物正极还展示了相当优异的循环性能,在1 h完成充电或放电的速率下,它在室温下实现了长达2500圈的稳定循环。

（6）韩国科学技术院开发全固态电池用固体电解质，可以充分提高全固态电池材料的生产率

2023年3月，韩国科学技术院能源材料研究中心研究团队宣布，通过新工艺，在常温常压下成功开发了一种新的固体电解质材料，并使其具有高变形性和离子电导率。这种新材料将促进全固态电池商业化，以用于电动汽车和储能系统。因为不需要高温热处理，可以充分提高材料生产率，同时提供高变形性和良好的导电性，所以适合解决全固态电池的电极界面问题。

（五）钠离子电池技术不断储备，产业化进程加速

◎ 技术线索

2023年5月30日，中科院物理所研发的钠离子电池被作为中关村论坛20项重大科技成果之一正式发布。该电池是国际上首次研发出的低成本、高性能钠离子电池，目前已在短续航电动车、1兆瓦时钠离子电池储能电站等进行示范应用。

在锂资源供给面临瓶颈、锂离子电池价格不断攀升的背景下，钠离子电池因原料储量丰富、分布广泛、价格低廉，且具有更高安全性和良好高低温性能而备受青睐。自2010年后，钠离子电池不断取得研究突破，日、美、欧等国家和地区纷纷出台政策支持钠离子电池发展，目前钠离子电池性能已逐步接近于锂离子电池。2023年，海内外有60多家企业致力于钠离子电池电芯或材料的研发与商业化，钠离子电池产业链初现雏形。

随着钠离子电池性能进一步提升，基于其自身既有的成本优势，将对锂离子电池形成补充和特定场景的有效替代。在推进双碳进程的背景下，钠离子电池产业化进程加速。

◎ 技术内涵

钠离子电池是一种依靠钠离子在正负极间移动来实现循环过程的二次电池，主要构成包括正负极材料、隔膜、电解液、集流体等，其工作原理与已被广泛使用的锂离子电池相似。

钠离子电池技术的研究可以追溯到20世纪70年代。1979年，法国的Armand首次提出"摇椅式电池"的概念，开启了锂离子电池和钠离子电池的研究。20世纪90年代，锂离子电池凭借更为优异的性能率先成功商业化，而钠离子电池的发展却陷入沉寂。

但是受锂资源储量和分布不均匀的限制，锂离子电池难以同时支撑起电动汽车和电网储能两大产业的发展。因此，各国开始开发资源丰富、价格低廉、适于规模化应用的新型能量储存体系来部分替代锂离子电池，以缓解对锂资源的过度依赖。

在此背景下，与锂离子电池具有相同工作原理和相似电池构件的钠离子电池再次受到关注。2000 年，一种较高储钠比容量的硬碳负极材料被发现，为钠离子电池的研究带来了转折。2010 年后，普鲁士白正极材料、铜基正极材料等被相继提出。2011 年，全球首家钠离子电池公司 Faradion 于英国成立。2015 年，法国开发出了世界上首颗 18 650 圆柱形钠离子电池，电芯能量密度 90 Wh/kg，循环寿命超 2000 次，再一次推进了钠离子商业化进程。随后，我国在钠离子电池领域取得了十足的进步，2017 年，中国首家钠离子电池公司中科海钠成立，并于 2021 年，推出了全球首套 1 MWh 钠离子电池光储充智能微网系统。

目前，全球众多国家布局钠离子电池技术的研发、示范和商业化应用。美国着力开展对动力电池和储能电池的研究与制造，明确将钠离子电池作为储能电池的发展体系；欧盟储能计划"电池 2030+"项目将钠离子电池列在非锂离子电池体系的首位；中国《"十四五"新型储能发展实施方案》中正式提出研究开展钠离子电池等新一代高能量密度储能技术试点示范。在技术的不断升级下，钠离子电池的性能已经逐步接近于锂离子电池，为商业化阶段做了良好铺垫。目前，海内外有 60 多家企业致力于钠离子电池电芯或材料的研发与商业化，包括英国 Faradion、美国 NatronEnergy、法国 Tiamat、日本岸田化学、丰田、松下、三菱化学，以及中国的中科海钠、宁德时代等。中国在钠离子电池的产品研发制造、标准制定、市场应用推广等各方面工作全面展开，走在世界前列。

未来，伴随着动力电池和储能规模的不断增长带动的大量市场需求，叠加对全球锂资源受到约束的担忧，钠离子电池有望形成对锂离子电池的有效补充，在大规模储能和推进双碳进程中发挥重要作用。

◎ 重要性

钠离子储量为锂储量的 420 倍。在锂资源供给面临瓶颈、锂离子电池价格不断攀升的背景下，钠离子存量丰富、价格低廉，钠离子电池理论成本较锂离子电池可减低 30%～40%，且在安全性、高低温、快充等性能上表现更优异。钠离子电池在规模化应用后成本有望低于锂离子电池，有望与锂离子电池形成互补和有效替代。

◎ 潜在应用和影响

钠离子电池具有成本更低、安全性能良好的优势，在对能量密度需求不高、对成本相对敏感的领域应用潜力更大。

（1）钠离子电池在能量密度和成本上都具有优势，能够提供更长的续航里程和更低的购买成本，可用于低速交通工具，主要包括低速电动车、电动自行车、电动船舶和公共汽车等。

（2）钠离子电池基于其低成本优势，也是一种可靠的储能技术，可用于可再生能源接入、家庭和工业储能、5G通信基站和数据中心等具体应用场景。

（3）钠离子电池还在航空航天等领域有所发展。钠离子电池相比锂离子电池具有更高的离子传输速率、更高的静电能密度和高温稳定性等特点，因此可以在卫星通信、无人机等领域应用。

◎ 问题与障碍

目前，钠离子电池产业尚不成熟，其电池成本仍高于锂离子电池，在降本过程中，钠离子电池在技术和工艺上仍面临很多挑战。其中，正极作为钠离子电池所有工艺中最重要的一个环节，层状氧化物、普鲁士蓝类化合物、聚阴离子化合物3条技术路线相互竞争，配套技术研发尚处于早期阶段，还需通过持续研发投入进行技术原理的改进和迭代。

◎ 弱信号

（1）中科院物理所成果钠离子电池作为重大科技成果在中关村论坛发布

2023年5月，在北京举行的中关村论坛重大科技成果专场发布会上，中科院物理所研发的钠离子电池作为20项重大科技成果之一正式发布。中科院物理所科研团队在国际上首次研发出低成本、高性能的钠离子电池，该电池由铜基氧化物正极材料、煤基无定型碳负极材料及高安全电解液体系组成，目前该电池已在短续航电动车、1兆瓦时钠离子电池储能电站等进行示范应用。

（2）中科院物理所在多界面协同提升钠离子电池性能上取得进展

2022年6月，中科院物理所在 *Nature Energy* 上发表论文，通过协同调控集流体/钠、钠/电解液和电解液/正极三重界面，减小钠形核尺寸，修复钠沉积裂纹，有效抑制了钠枝晶生长并阻止了铁、镍等过渡金属离子溶解，在无额外钠源补充情况下实现了能量密度高达 205 Wh/kg 的 Ah 级别的钠离子电池。该钠离子电池体系的能量密度甚至优于目前商业化的磷酸铁锂－石墨电池体系。

（3）日本东北大学开发出用 3D 打印机打印钠离子电池负极，将成本降低 40%

2022 年 8 月，日本东北大学与美国加州大学洛杉矶分校组成的研究团队开发出了有助于降低新一代电池的候选之一钠离子电池的成本并提高其性能的方法。使用 3D 打印机制作负极材料，使离子更容易通过，即使加厚负极并提高容量，充放电性能也不会下降。该方法有望简化零部件，将制造成本降低 30%～40%。研究团队正在推进用于正极等的研究。

（4）美国研究团队提出钠离子电池反复充放电解决方案

2022 年 7 月，美国能源部太平洋西北国家实验室开发了一种钠离子电池，据称可以克服此类存储系统的主要挑战——在反复充放电循环后保持充电的能力。固体电解质界面（SEI）的不稳定性是钠离子电池长期循环性能的关键障碍。电解质通常在低电压下分解，在阳极表面形成 SEI。为了避免 SEI 溶解，研究团队将传统电解液中的高极性碳酸酯溶剂替换为低极性的新型液体溶液，并设计用于在 4.2 V 高压钠离子电池中运行。该电池在 300 次循环后仍能保持 90% 的容量，同时将 SEI 溶解降至最低。

（5）钠离子电池产品现量产布局，产业化进程加速

近年来，传统锂电池厂商及新兴电池厂商都在加大布局钠离子电池产品。

2023 年 4 月，宁德时代宣布其研制的钠离子电池将首发落地奇瑞车型。宁德时代评价该产品"具备高能量密度、高倍率充电、优异的热稳定性、良好的低温性能与高集成效率等优势。"

2023 年 6 月，维科技术发布了 2023 年度以简易程序向特定对象发行股票的预案（修订稿），公司拟募资总额不超过 3 亿元用于年产 2 GWh 钠离子电池项目。

2023 年 2 月，孚能科技公告，已收到江铃集团《EV3 钠电池定点函》，并计划于 2023 年 6 月 30 日前启动量产。

此外，中科海纳、华阳股份及多氟多等初创企业钠离子电池进展最快，目前已实现产品下线。

（六）大面积钙钛矿太阳能电池组件技术取得进展，商业化进程提速

◎ 技术线索

2022 年 5 月，南京大学谭海仁教授团队研究的大面积（20.25 cm^2）全钙钛矿叠层

组件稳态输出效率高达 21.7%，经国际权威第三方测试机构认证，是目前报道的钙钛矿光伏组件的世界最高效率。该项工作为提升钙钛矿光伏组件性能和稳定性提供了新思路，有望推动新型钙钛矿光伏技术的产业化进程。

钙钛矿太阳能电池具备原料丰富、制备成本低、光电转换效率高等显著优势，是目前最具产业前景的新型薄膜太阳能电池。近年来，实验室研究人员采用不同结构的技术路线实现了较大面积钙钛矿太阳能电池的制备与效率的成功测试，对于推进钙钛矿太阳能电池量产制备具有重要意义。

伴随大面积钙钛矿太阳能电池组件技术的迭代改良，钙钛矿电池基于自身优势，将为光伏产业打开存量和增量市场，有望对已有晶硅产品形成补充甚至替代，未来市场容量可观。

◎ 技术内涵

钙钛矿太阳能电池是指采用有机-无机复合金属卤化钙钛矿材料为光敏剂的一类新型固态薄膜太阳能电池，属于第三代太阳能电池。钙钛矿电池具备原料丰富、制备成本低、光电转换效率高等优势，是目前最具产业前景的新型薄膜太阳能电池。

2009 年，Miyasaka 等首次利用钙钛矿材料 $CH_3NH_3PbI_3$ 和 $CH_3NH_3PbBr_3$ 作为新型光敏剂，制备了效率为 3.81% 的染料敏化太阳能电池。经过十余年的积淀，钙钛矿太阳能电池研究获得了飞速发展，其理论光电转换效率已达 33%。尽管目前其已验证的光电转换效率已经可以和商业化的薄膜太阳能电池相媲美，但是多在小面积器件（$< 1\ cm^2$）上实现。当器件面积逐渐增大时，不可避免地会带来相应的效率损失。一般地，随着电池器件面积的放大（$> 10\ cm^2$），钙钛矿太阳能电池的光电转换效率会大幅下降（降至 10%）。

为了实现钙钛矿电池商业化，大面积电池组件的制备必不可少。钙钛矿太阳能电池组件是由多个子电池单元串联或并联而成的，与小面积钙钛矿电池相比，组件制备更依赖于各功能层薄膜的质量，均匀覆盖且光滑的钙钛矿薄膜既能保证足够的光捕获效率，又能降低电荷的复合损失。为了同时实现"大面积"和"高效率"，研究人员针对钙钛矿吸收层提出了如钙钛矿组分工程、溶剂工程、添加剂工程等策略。

◎ 重要性

随着全球能源转型加速推进，作为下一代最具潜力的光伏技术，其在性能与成本等方面与当前太阳能电池相比均有明显提升，已经成为新能源领域备受瞩目的黑马。钙钛矿太阳能电池的理论光电转换效率已达33%，采取叠层模式后光电转换效率甚至有望突破45%，与理论极限效率为29.43%的传统晶硅电池相比优势显著。在成本上，钙钛矿太阳能电池只需通过简单的旋涂、喷涂、刮涂等溶液工艺实现成膜，整个生产过程能耗低、耗材少，理论总成本仅为晶硅极限成本的50%。大面积钙钛矿电池制备技术的研发有助于推进其产业化应用进程，以抢占下一代电池技术布局的领先地位。

◎ 潜在应用和影响

钙钛矿太阳能电池具有柔性、轻薄、透光性强、颜色可调的特点，相对于传统晶硅电池来说，在重量、美观、贴合度上均有着明显的优势，应用场景更为广阔。目前，在消费电子和移动电源方面对比其他光伏技术优势十分明显，已具备大量应用可行性。由于钙钛矿具备高光吸收系数，因此钙钛矿太阳能电池在阴天及日出、日落等弱光场景也能正常工作，可广泛应用于光伏建筑和车顶光伏。随着钙钛矿太阳能电池大面积稳定性的逐步提高和量产后成本的大幅下降，有望在分布式和地面电站应用上形成成熟产品，从而与主流的晶硅电池形成有效竞争。

◎ 问题与障碍

钙钛矿太阳能电池具有更高的理论转化效率，虽然目前已在实验室实现了小面积的转换效率验证，但如何制备大面积且能保持较高效率的钙钛矿太阳能电池，成为制约其产业化应用的"阿喀琉斯之踵"。

从工程技术上来看，采用现有的大面积薄膜制备技术（如狭缝涂布法、喷涂法和喷墨打印法），基于溶液法制备纳米级厚度的薄膜，容易出现大量由气泡、难溶颗粒或表面不浸润区等引起的针孔等微孔洞型物理缺陷，无法在大面积范围内实现均匀地覆盖；而基于微孔洞的功能层制备的器件很难构建均匀的内建电场，容易导致钙钛矿器件从小面积向分米级或平米级器件拓展时出现明显的效率损失。因此，还需要更多技术创新性方法来提高制备工艺及电池性能，降低面积拓展造成的效率损失。

◎ 弱信号

（1）南京大学研究团队实现全钙钛矿叠层光伏组件的可量产化制备

2022年5月，南京大学研究团队基于可量产化的刮涂制备技术，实现了宽带隙钙钛矿薄膜的均匀制备，并提出了可量产化的全钙钛矿叠层组件制备方案，经国际权威第三方测试机构认证，实现大面积（20.25 cm^2）的全钙钛矿叠层光伏组件稳态输出效率高达 21.7%，为提升钙钛矿光伏组件性能和稳定性提供了新思路，有望推动新型钙钛矿光伏技术的产业化进程。该记录是目前报道的钙钛矿光伏组件的世界最高效率，被 Solar cell efficiency tables（version 59）收录。

（2）中科院大连化物所制备出高性能大面积钙钛矿太阳能电池组件

2022 年 7 月，中科院大连化物所研究团队采用狭缝涂布制备技术，结合真空法氧化镍薄膜的表面氧化还原策略，在面积为 156 mm^2 × 156 mm^2 的大面积衬底上成功制备了大面积钙钛矿电池组件，能量转换效率达到 18.6%，且表现出极佳的稳定性。该工作提供了一种将真空制备的电荷传输层与溶液制备的钙钛矿相结合的设计思路，并有望促进高效、稳定的钙钛矿电池组件的发展。

（3）瑞士洛桑联邦理工学院等 17 个单位共同合成单晶 TiO_2 菱面体纳米颗粒，突破大面积钙钛矿太阳能电池效率记录

2022 年 4 月，瑞士洛桑联邦理工学院等团队研究人员通过结合旋涂和真空淬火辅助的方法制造了有效面积为 24.63 cm^2 的钙钛矿光伏器件，实现了 82.0% 的填充因子和 22.87% 的光电转换效率。其通过溶剂热法合成了具有暴露面的单晶 TiO_2 菱面体纳米颗粒，基于该纳米颗粒的小尺寸器件显示出长期运行稳定性，在连续运行 1400 h 后保持其初始效率的 90%。该研究是稳定的钙钛矿基光伏器件的一个里程碑。

（4）沙特阿卜杜拉国王科技大学创造了串联太阳能电池效率的世界纪录

2023 年 4 月，沙特阿卜杜拉国王科技大学（KAUST）对外公布，研究人员生产了一种钙钛矿/硅串联太阳能电池，其功率转换效率（PCE）达到了 33.2%，这是迄今为止世界上最高的串联装置效率，超过了柏林亥姆霍兹中心 32.5% 的 PCE 纪录。现在，该串联装置已经获得了欧洲太阳能测试装置的认证，并在国家可再生能源实验室的最佳研究电池效率图表中名列前茅。

（5）英国牛津光伏大面积钙钛矿/晶硅太阳能电池效率达 28.6%

2023 年 6 月，英国钙钛矿太阳能电池公司牛津光伏（Oxford PV）宣布，其 258.15 cm^2 商用尺寸的钙钛矿/晶硅串联太阳能电池可将 28.6% 的太阳能转化为电能，创造了新的效率纪录，打破了该公司 2022 年 5 月独立认证的 26.8% 的转换效率。牛津光伏最新效率纪录经德国弗劳恩霍夫太阳能系统研究所独立认证。牛津光伏首席技术官克里斯·凯斯表示，这一最新成果超出了该公司每年将电池效率提高 1% 的目标。

（6）国内企业积极推进钙钛矿光伏中试与应用验证

2021年9月，协鑫光电建成全球首条100 MW量产线，组件尺寸1 m×2 m，预计2023年底实现18%以上的转换效率，有望成为全球首条跑通量产的100 MW产线。

2022年初，纤纳光电投资建设的100 MW钙钛矿规模化产线建成投产，目前公司正在规划GW级生产线建设。

2022年12月，极电光能投资建设的150 MW钙钛矿光伏生产线正式投产运行，其投资超30亿元的GW级钙钛矿生产线及配套产线将于2023年启动建设。

2023年3月，极电光能经国际权威机构检测认证，其研发的809.8 cm^2 大尺寸钙钛矿光伏组件转换效率达到19.9%，是行业内大尺寸钙钛矿组件效率的最高纪录。

三、新能源领域重要技术动向

2023年，主要国家加快推进碳达峰碳中和进程，新能源及储能技术领域研发热度不减，在先进核能、氢能与燃料电池、锂离子电池、新型储能、太阳能电池、绿色低碳技术等方面不断涌现突破性科技进展。

（一）先进核能技术走向应用，核聚变成为各国竞逐热点

2023年3月7日，日本国立聚变科学研究所和美国TAE技术公司对外宣布，共同携手首次在磁约束聚变等离子体中实现了氢硼聚变实验。尽管这些聚变反应远未达到净能量，而且需要比标准核聚变燃料更高的温度，但氢硼燃料储量丰富，且不会产生破坏性颗粒。TAE首席执行官Michl Binderbauer在一份声明中指出，研究结果表明，这种由质子和硼元素混合而成的替代燃料有望在公用事业规模的核聚变发电中占有一席之地。

2023年4月19日，俄罗斯库尔恰托夫研究院T-15MD托卡马克装置首次实现稳定等离子体。T-15MD可供开展聚变能研究，获得相应的物理和技术参数，从而为国际热核聚变实验堆项目提供支持。T-15MD的独特之处在于高功率和紧凑尺寸相结合，高性能辅助等离子体加热与电流驱动系统将允许同时实现高等离子体温度和密度，脉冲时长可达2030 s。

2023年6月18日，中国第四代先进核能系统钍基熔盐实验堆项目再取得重大进展，

位于甘肃省武威市的 2 MWt 液态燃料钍基熔盐实验堆获得由国家核安全局颁发的运行许可证。钍基熔盐堆核能系统，是 6 种第四代先进核能系统的候选堆型之一，由于其固有安全性高、核废料少、防扩散性能和经济性更好等特点，近年来成为国际先进核能研发的热点。该钍基熔盐实验堆是国家重大科技基础设施建设项目，由中国科学院上海应用物理研究所自主设计并营运。

2023 年 12 月 5 日，由欧洲聚变能组织与日本量子科学技术研究所共同建设的全球最大托卡马克研究装置 JT-60SA 在日本茨城县投运。JT-60SA 高 15.5 m，能够容纳 135 m^3 等离子体，将使用氢和氘开展聚变研究，设计用于产生能够持续约 100 s、温度高达 2 亿 ℃ 的等离子体，以供开展等离子体稳定性及其如何影响输出功率的研究。

2023 年 12 月 15 日，《自然》发文报道，美国核聚变实验室已进入实现点火新时代。美国劳伦斯·利弗莫尔国家实验室国家点火装置已经完成了 4 次点火，最新一次实验中输入能量首次达到 2.2 MJ，输出能量达 3.4 MJ，位列历次点火实验第二。在 2023 年 7 月 30 日，实验室更是成功实现 3.88 MJ 的输出能量，创下历史新高。这一系列突破性进展从科学原理和工程技术上验证了惯性约束核聚变技术路线的可行性，是人类迈向聚变能时代的一个重要里程碑。

（二）低成本耐用催化剂助力多元化的制氢与氢能利用

2023 年 1 月 4 日，据密歇根大学网站消息，米泽田课题组通过高强度聚焦太阳光产生的红外热效应，在 InGaN/GaN 表面的光催化全解水过程中促进了正向的水分解反应，同时抑制了逆向的氢氧复合反应。该策略实现了高达 9.2% 的太阳能制氢效率，比同类太阳能分水实验的效率高出近 10 倍，代表了该技术的重大飞跃。相关研究成果已发表于 *Nature* 期刊。

2023 年 2 月 20 日，澳大利亚皇家墨尔本理工大学对外公布，研究团队开发出了一种专门用于海水的特殊催化剂：多孔 N-NiMo3P 纳米片，通过一种简单的方法改变了催化剂的内部化学性质，使其易于大规模生产。这项技术有望大幅降低电解槽的成本，且制造出的绿氢能满足澳大利亚政府的绿氢生产目标——每公斤 2 美元，朝真正可行的绿氢工业迈出了关键一步。

2023 年 9 月 13 日，据香港城市大学官网消息，该校研究团队成功开发了一种新方法来制备具有高纯度和高质量的非常规相过渡金属二硫化物纳米片，其有利于铂（Pt）纳米颗粒的外延生长，基于此团队进一步开发了单原子分散的 Pt 原子/1T'相二硫化钼（s-Pt/1T'-MoS$_2$）催化剂。实验测试结果表明，该催化剂在PEM水电解槽中可稳定工作500 h，具有广阔的应用前景。相关研究成果发表于 *Nature* 期刊。

2023年2月16日，中科院大连化物所研究团队在高温聚合物电解质膜燃料电池（HT-PEMFC）低界面传质阻力多孔电极设计构建研究方面取得新进展。团队基于多孔电极表面能调控，实现了非连续磷酸液-固界面层的可控构建，并阐释了该界面结构在工况下的演化机制与规律。该界面结构大幅降低了液态磷酸对催化活性位点的覆盖厚度，进而显著降低了界面传质阻力。与传统电极相比，该多孔纤维电极组装的HT-PEMFC膜电极峰值功率密度提高了28%，展现了该类燃料电池的实际应用潜力。

2023年6月6日，日本东京工业大学对外公布，研究人员发现Ba$_2$LuAlO$_5$是一种很有前途的质子陶瓷燃料电池质子导体。该氧化物在487 ℃时表现出10^{-2} S/cm的质子电导率，在232 ℃时表现出1.5×10^{-3} S/cm的质子电导率、高扩散率和高化学稳定性，无须化学掺杂。这些新见解可能为更安全、更高效的能源技术铺平道路。

2023年12月5日，美国纽约州立大学布法罗分校研究团队在铁-氮-碳（Fe-N-C）催化剂制造过程中向惰性气体中添加适量氢气，制备出低成本、耐用的燃料电池催化剂，且该催化剂的催化活性接近Pt。该研究能够促进燃料电池技术的发展与应用，在为卡车、火车、飞机和其他重型设备提供无污染电力方面迈出了重要的一步。相关研究成果已发表于 *Nature Catalysis* 期刊。

（三）正负极与固态电解质材料研究不断提升锂离子电池性能

2023年6月6日，美国爱达荷州国家实验室对外公布，研究团队发现由一种名为NMC811（80%镍、10%锰、10%钴）的富镍材料制成的正极寿命更长，性能更好。研究人员将NMC811的性能与NMC532（50%镍、30%锰、20%钴）进行比较，NMC811表现出更严重的表面下降解，但其循环寿命性能优于NMC532，具有更高的电导率和离子导电性，对电动汽车电池来说采用由NMC811制成的正极可能是更好的选择，可以实现10～15 min充电。

2023年8月12日，美国Amprius Technologies公司对外公布，研究团队开发了用于电动航空的超高功率高能量新型硅阳极锂离子电池，能够在保持400 Wh/kg的高能量密度的同时，实现了10 C放电速率，兼具高能量密度与高功率密度，从而实现更长的续航里程、更少的充电频率及更低的运营成本。同时，这一电池还具备超快充电能力，在约6 min内即可完成80%的充电。该电池不仅在电动航空领域引发了巨大关注，还适用于载人和无人驾驶的飞行系统。

2023年11月23日，韩国科学技术院联合LG电池研究所使用硼酸酯－吡喃为基础的电解液来解决锂金属电池中的锂腐蚀问题。使用硼酸盐－吡喃电解质、高镍层状氧化物正极（3.83 mAh/cm²）和薄锂（20 μm）组装的锂金属电池可提供较高的初始全电池级能量密度（＞400 Wh/kg）。结果表明，重组后的SEI最大限度地减少了锂与液体电解质之间的直接接触，从而有效地减轻了锂腐蚀，为设计具有良好稳定性和性能的精简电解液系统提供了可能性。相关研究成果已发表于 *Nature Energy* 期刊。

2023年6月20日，日本大阪公立大学研究人员在室温下使全固态电池关键材料 Li_3PS_4 高温亚稳态相处于稳定状态，从而在室温下实现超高离子电导率。研究人员通过快速加热使 Li_3PS_4 玻璃材料结晶，首次成功在室温下稳定了高温 α-Li_3PS_4 相，代替了中温 β-Li_3PS_4 相，其在室温下的离子电导率大于 10^{-3} S/cm。该研究成果是该团队近20年来致力于全固态电池材料开发的巅峰之作，为开发具有更高性能的全固态电池材料铺平了道路。

2023年7月5日，清华大学发表研究团队揭示了巨大的界面阻抗是全固态聚合物电解质室温应用的关键制约因素，设计了超分子聚合物离子导体，优化电极电解质界面膜组分，提高界面稳定性并降低阻抗，实现了全固态电池的室温长期稳定循环性能。该研究是卤键化学在全固态聚合物电解质中的新探索，强调了锂离子"弱溶剂化"结构对聚合物电解质室温应用的重要性，打开了全固态聚合物电解质商业应用的大门。

2023年7月23日，日本东京工业大学研究团队研发出一种高导电性的固态电解质"锂超离子导体"。研究团队以固态导体锂锗磷硫化物为基础，开发了在室温下离子电导率达32 mS/cm的新材料。在零下50 ℃至零上55 ℃的温度范围内，新材料离子电导率为原锂锗磷硫化物导体的2.3~3.8倍。研究人员将新材料作为固态电解质，制成了膜厚度达1 mm的钴酸锂正极，该电极单位面积的容量可提升至当前全固态电池的最大值的1.8倍。研究人员表示，该研究成果将为研发纯电动汽车、智能电网等领域使用的下一代蓄电设备带来新方向。

2023年10月9日，美国橡树岭国家实验室研究团队对固态电池（SSBs）材料的力学特性进行回顾总结，研究表明，SSBs机械接触及运行过程中应力的产生等材料的力学特性方面的研究与SSBs的电化学稳定性研究一样重要。在此基础上，进一步提出了一个SSBs设计框架，其中包括电池结构优化、材料组合选择和热管理策略等方面的指导，为SSBs的后续发展提供了实用的参考，有望促进电动汽车、可再生能源系统和智能设备的可持续发展。相关研究成果已发表于 *Science* 期刊。

（四）新型储能技术不断突破，为不同场景储能需求提供新可能

2023 年 1 月 11 日，沙特阿卜杜拉国王科技大学对外公布，研究人员通过将含铵阳离子的电解质与碳基电极相结合，开发出了一种高效无金属电池，可成为金属离子电池环保和可持续的替代品。对于铵阳离子，研究人员选择六氟磷酸盐离子作为负电荷载体，并利用石墨的能力将这些阴离子可逆地容纳在其层内，从而制造出"双离子"电池。通过筛选一系列耐高压溶剂并考虑其还原稳定性，团队设计出一种既抗氧化又抗还原的电解质。利用非金属电荷载体（如铵离子）代替锂有助于降低电池成本，以实现大规模储能场景应用。

2023 年 11 月 10 日，日本东北大学研究团队研发出一款石墨烯中海绵片的多孔碳素片，显著提升了锂氧电池的能量密度与循环稳定性。该团队所提出的锂氧电池使用的分层多孔阴极，实际质量负载 > 4.0 mg/cm^2，同时表现出优异的比表面积（> 30.0 mAh/cm^2）、质量（> 6300 mAh/g）及体积（> 480 mAh/cm^3）容量。该电池显示出 793 Wh/kg 的最佳能量密度；在 0.1 ~ 0.8 mA/cm^2 的电流密度范围内具有优异的倍率性能，在 0.4 mA/cm^2 的电流密度范围内具有长循环稳定性（> 260 个循环），优于最先进的碳阴极。这项研究深入了解了下一代碳阴极，不仅可用于实际的锂氧气体电池，还可用于其他高能量密度的金属－空气气体电池。相关研究成果发表于 *Advanced Energy Materials* 期刊。

2023 年 3 月 23 日，奥地利维也纳工业大学研究团队用氧化物陶瓷制造出一种可充电的氧离子电池，其成本相对较低，使用寿命长，适合需要大规模储存电能的场合。该新型电池的能量密度比锂离子电池低，不适用于智能手机和电动汽车等产品，但其储电能力可维持长时间不衰退，对工业储能有实用价值，例如，储存风力发电产生的电能。此外，该电池不需要使用稀少、昂贵的材料。相关研究成果发表于 *Advanced Energy Materials* 期刊。

2023 年 12 月 8 日，牛津大学科研团队发表最新研究成果，提出一种生产可靠且化学稳定的 Pb–PbF$_2$ 电极的新方法，可用于促进氟离子电池的发展。该方法采用聚四氟乙烯（PTFE）作为黏合剂的干法铸造工艺，引入了一种由高浓度四甲基氟化铵的甲醇溶液组成的新型液体电解质，并以丙腈为稀释剂，以证明其适合作为双电极纽扣电池设置中的对电极。通过这种电解质，首次在氟离子电池中使用稀释剂（丙腈）来改善传输性能并减少高浓度电解质所需的盐量，同时保留更广泛的电化学稳定性窗口。相关研究成果发表于 *ACS Energy Letters* 期刊。

2023 年 8 月 17 日，中国科学院对外公布，中国科学院工程热物理研究所和中储国能公司联合研发团队先后攻克了全三维设计、复杂轴系结构、动态调节与控制等关键技术，研制出完全自主知识产权的国际首台 300 MW 级先进压缩空气储能系统多级高负荷膨胀机，并完成集成测试，各项测试结果均达到或超过设计指标，具有集成度高、效率高、启停快、寿命长、易维护等优点。此次 300 MW 先进压缩空气储能系统膨胀机的成功研制，是我国压缩空气储能领域的重要里程碑，推动了我国先进压缩空气储能技术迈向新的台阶。

2023 年 7 月 3 日，美国德克萨斯大学研究团队在超级电容器中实现有史以来最高水平的能量存储，推动超快速充电储能快速发展。共价三嗪基骨架在比表面积、热稳定性和电化学稳定性方面具有优势，研究人员将其固定在球形碳纳米结构上，形成了三维的微孔和中孔组织。研究人员采用一种具有碳"纳米洋葱"芯的结构，可以产生多个气孔，存储更多的能量。该研究有助于实现具有高能量密度的超级电容器，或将颠覆目前的能量储存和管理方式。相关研究成果发表于 *Scientific Reports* 期刊。

（五）新方法、新策略推动太阳能电池效率与稳定性进一步提升

2023 年 2 月 18 日，中国科学技术大学研究团队针对钙钛矿太阳能电池中长期普遍存在的"钝化－传输"矛盾问题，提出了一种名为 PIC（多孔绝缘接触）的新型结构和突破方案。团队通过 PIC 生长方式从常规"层＋岛"模式向"岛状"模式的转变，成功利用低温低成本的溶液法实现了这种纳米结构的制备，并首次实现了空穴界面复合速度从 60 cm/s 下降至 10 cm/s，以及 25.5% 的单结最高效率。该研究实现了反式结构器件稳态认证效率的世界纪录，展现出 PIC 广泛的应用前景。

2023 年 4 月 18 日，沙特阿卜杜拉国王科技大学研究团队生产了一种钙钛矿/硅串联太阳能电池，其 PCE 达到了 33.2%，这是迄今为止世界上最高的串联装置效率，超过了柏林亥姆霍兹中心 32.5% 的 PCE 纪录。该串联装置已经获得了欧洲太阳能测试装置的认证，并在国家可再生能源实验室的最佳研究电池效率图表中名列前茅。此外，该团队正在探索可扩展的方法，以生产面积超过 240 cm^2 的工业规模钙钛矿/硅串联电池。

2023 年 6 月 21 日，新加坡国立大学与新加坡太阳能研究所研究团队设计的钙钛矿

太阳能电池，在有效面积为 1 cm² 的情况下创造了新世界纪录——效率达到 24.35%。研究团队使用了反式器件结构（p-i-n）实现了新的单结记录效率，这也是反式的钙钛矿单结认证效率首次在 1 cm² 尺寸上超过正式（n-i-p）钙钛矿太阳能电池。反式结构能够更好地兼容效率与稳定性，在光吸收范围和制备工艺等方面都具有优势，具备更适合工业生产的可能性，有望在可再生能源领域发挥重要作用。

2023 年 7 月 19 日，美国国家可再生能源实验室研究团队通过声波剥落工艺使在砷化镓衬底上生长的砷化镓（GaAs）太阳能电池效率达到 27%。研究团队使用声波剥落方法，在衬底上生长 0.25 cm² 单结 GaAs 器件实现了 AM1.5G 光谱下具有 26.9% ± 0.2% 的光伏转换效率。该结果使高性能Ⅲ - Ⅴ器件能够在非传统衬底上生长，具有显著降低高效太阳能电池制造成本的潜力。

2023 年 7 月 20 日，上海交通大学研究团队在钙钛矿结晶调控上取得了新的进展，大幅增加了八面体框架结构稳定性，并成功应用于电池器件。研究团队实现了在活性面积为 1 cm² 的钙钛矿单结太阳能电池上 24.6% 的转换效率。在连续 2000 h 光照条件下，该电池器件依然保持原效率的 90% 以上，是目前已知最优的高效率、高稳定性钙钛矿太阳能电池。该研究成果已经获得了权威光伏检测机构认证，通过融合更大面积的薄膜制备技术，将加速钙钛矿太阳能电池大规模应用的到来。

2023 年 8 月 23 日，德国亥姆霍兹材料与能源研究中心对外公布，其与柏林工业大学、瑞士洛桑理工学院共同合作，证明了双端子单片钙钛矿/硅串联太阳能电池的稳定性和效率，实现了高达 32.5% 的认证 PCE。研究团队通过将三卤化物钙钛矿（1.68 eV 带隙）与哌嗪碘化物界面改性相结合，改进了能带对准，降低了非辐射复合损失，并增强了在电子选择性接触处的电荷提取。该研究成果打破了钙钛矿/硅串联太阳能电池的效率阈值，得到了大于 30% 的效率，表明了钙钛矿技术具有广阔的研究潜力。

2023 年 11 月 8 日，武汉大学研究团队发现天冬氨酸（AspCl）一体化掺杂策略可实现高效的全钙钛矿叠层电池。研究显示，AspCl 可以有效地抑制二价锡氧化和减少有害的四价锡杂质。进一步的研究还表明 AspCl 的引入可以钝化钙钛矿材料的缺陷，调节费米能级，抑制有害的离子迁移等，从而加强了器件的性能和稳定性。这种简易的一体化掺杂策略实现了一举多能，为窄带隙钙钛矿及全钙钛矿叠层太阳能电池的性能提升提供了一个极有前景的方法，也有望促进其他光电领域的发展。相关研究成果已发表于 *Nature* 期刊上。

（六）绿色低碳技术研发助力碳达峰碳中和进程

2023年1月5日，瑞士洛桑联邦理工学院研究团队发明了一种由太阳能驱动的人造叶子，其本质是一种巧妙而简单的系统。该系统结合了基于半导体的技术和具有两个关键特征的新型电极：一是具有多孔特征，能够最大限度地与空气中的水接触；二是具有透明特征，最大限度地使半导体涂层在阳光下曝光。该系统简单暴露在阳光中，即可实现从空气中收集水，并将其转化为氢燃料。同时，此种基于半导体的技术是可扩展的，且易于制备。

2023年3月30日，中国科学技术大学研究团队开发了一种绿色高效的光催化甲烷卤化技术，可以利用海上的光照和海水条件，将甲烷高效地转化为氯代甲烷，证实了光催化甲烷氯化技术在可燃冰利用方面的可行性。在此基础上，研究团队设计了一种串联反应装置，实现了以甲烷为原料的甲醇和药物中间体合成。该工作为甲烷的高附加值转化和可燃冰的开采利用提供了全新视角。

2023年6月30日，中国科学院青岛生物能源与过程研究所研究团队发现了限制蓝藻直接转化碳的关键因素，进一步阐明了导致葡萄糖合成和分泌的途径和突变，并优化了重组菌株的葡萄糖合成性能。通过后续的代谢工程和培养优化，工程菌株在长期培养过程中分泌的葡萄糖超过 5 g/L，在固定碳源中的占比高达 70%。揭示了利用太阳能与二氧化碳开发和工业化更具定向性及连续性的葡萄糖生产系统。

2023年6月21日，英国萨里大学研究团队对新型碳捕获技术进行了试验，使用可切换双功能材料（DFM）捕获二氧化碳，并将其转化为绿色燃料或有用的工业化学品。新技术中使用的DFM由双金属合金纳米颗粒与分散的钠基吸附剂组成，可以在3个重要的化学反应中捕获和转化二氧化碳：二氧化碳甲烷化、逆水煤气变换、甲烷干重整。研究人员不仅确定了DFM的工作原理，而且大大提高了其设计高性能材料的能力。

2023年9月20日，美国橡树岭国家实验室研究团队开发出一种塑料解构工艺，可从混合塑料废弃物中选择性地生产出有价值的化学品。研究人员采用高效的定制有机催化剂，在特定温度下有选择地、连续地解构混合塑料，同时仍保持了塑料中添加剂或其他塑料（如聚烯烃和纤维素）的完整。与从石油中提炼化学品的传统工艺相比，新工艺是一种高效、低碳的塑料化学循环利用方式，为建立塑料闭环循环和实现净零排放目标提供了前景广阔的策略。

2023年10月19日，日本新能源产业技术开发机构（NEDO）成功开发出能够在制造过程中减排 80% 的建筑用混凝土。应用于本材料的技术主要包括：①二氧化碳减排技术：使用二氧化碳排放量低的高炉灰渣微粉 ECM 水泥代替普通水泥，可减少 60% 左右的二氧化碳排放量；②二氧化碳固定技术：将二氧化碳固定、储存在废旧混凝土所含的钙成分中，并作为混凝土用骨料和微粉（CCU 材料）使用；③二氧化碳吸收技术：将特殊混合材料"LEAF"与水泥混合，硬化后将二氧化碳吸收并固定。与普通混凝土相比，这种混凝土可在制造阶段减少 80% 以上的二氧化碳排放量。

颠覆性技术发展报告
2024

第 4 篇
智能制造与新材料

2023 年，智能制造与新材料科技与产业快速发展。

一是智能制造与新材料颠覆性技术不断涌现，并加速向产业渗透，持续催生新产业、新赛道、新领域、新业态、新模式。自动驾驶颠覆了传统的汽车驾驶模式，实现真正意义上无须人为干预的汽车驾驶自动化，将彻底改变人类的出行甚至是生活方式，对出行、保险、物流、消费等行业产生冲击，有望重塑汽车及相关产业的生态体系和价值链体系；人形机器人技术在感知模块、交互模块和运动控制模块等方面均取得重要进展，随着其在军事、制造、医疗护理、危险作业、教育娱乐等场景的应用，将催生军事作战、生产方式、医疗康复、灾害救援、教育娱乐等系列"人形机器人+"新模式新业态；生物打印发展迅速，从打印组织支架和植入物、类器官到打印微型器官芯片，有可能在未来 20 年内从根本上改变再生医学的现状，高效赋能药物研发、科学研究，催生生物打印器官新业态；自主技术正在向军事、自动驾驶、制造业、农业、快递物流、安检巡逻等领域不断渗透，将催生作战新方式，孕育智慧交通、无人驾驶、智能工厂、智能农业管理、智慧仓储物流、智能巡检等新模式新业态。

二是智能制造与新材料技术新突破、新应用接连出现，诸多技术机会初现端倪。

生物 3D 打印人体组织同时实现高密度、高活力和高分辨率，朝着功能性大规模人体器官制造迈出重要一步；选择性原子沉积技术为下一代微纳制造提供新方向；纳米压印光刻实现生产级突破，揭示光刻技术新方向；性能优于硅的潜在半导体材料：立方砷化硼；自修复聚合物实现高机械技能和室温自修复能力的突破；二维半导体材料助力芯片突破硅基极限；魔角石墨烯实现开关超导性，超导机理研究取得新突破；弹性铁电聚合物弥合铁电材料与柔性电子器件巨大鸿沟；金属有机框架材料为能源和环境挑战带来全新解决方案。

三是智能制造与新材料技术不断取得新进展，传感、控制、驱动等多技术合力驱动机器人技术与应用迭代发展；人工智能助力 3D 打印技术多路径突破；生物传感器有望为疾病诊疗、脑机接口带来新进步；先进制造成为推动新一代信息技术发展的核心驱动力；高性能纤维、柔性材料加速突破；人工智能、信息技术加速新材料研发；超导材料设计、预测与机理研究不断推进；前沿功能材料是驱动未来技术发展的重要引擎；面向可持续发展，新材料为能源和水资源短缺提供解决方案。

一、驱动未来产业的智能制造与新材料领域颠覆性技术

2023年，中国科学技术信息研究所颠覆性技术研究团队依托颠覆性技术感知响应平台，在监测全域科技信息、感知弱信号的基础上，识别研判出能解决未来大问题大挑战、驱动未来智能制造与新材料产业的4项颠覆性技术：**自动驾驶技术、人形机器人技术、生物打印技术、自主技术**。

（一） 自动驾驶技术

自动驾驶颠覆了传统的汽车驾驶模式，实现真正意义上无须人为干预的汽车驾驶自动化，通过构建感知层、决策层、执行层3个层面的技术架构，实现对周围障碍物的感知、车辆定位及路径规划等功能，可以大幅提升安全性能、缓解交通运输压力、减少温室气体排放，将引领发展百余年汽车产业的新变革。

随着自动驾驶汽车的发展成熟及大规模商业化落地，自动驾驶技术将彻底改变人类的出行甚至是生活方式，将对出行、保险、物流、消费等行业产生冲击，有望重塑汽车及相关产业的生态体系和价值链体系。目前自动驾驶已在高速、干线物流、港口、园区、固定路线接驳、清扫车、出租车等场景实现落地，应用场景还在持续拓展中。高级别自动驾驶有望在未来催生智能网联汽车、自动驾驶出租车、智慧物流等与人们生活息息相关且商业化潜力巨大的未来产业（图4-1）。据预测，到2028年全球自动驾驶市场规模将达到933.10亿美元，年均复合增长率为22.8%。

◎ 技术介绍

自动驾驶技术是依靠计算机与人工智能技术在没有人为操纵的情况下，完成完整、有效驾驶的技术。自动驾驶汽车被认为是一种典型的"人—机—物"三元融合的智能系统，能够节省人工成本、减少交通事故、缓解交通拥堵等，为人们提供更加安全、舒适及顺畅的出行方式。

自动驾驶技术经历了近百年的发展历程。1925年8月，美国陆军研制出世界第一辆名为"美国奇迹"的无线遥控汽车，是人类历史上第一辆有证可查的自动驾驶汽车；1958年，美国通用汽车公司将自动驾驶概念车Futurama变为现实，由电磁场引导的电动汽车；1977年，日本筑波机械工程实验室使用计算机来处理道路图像，实现了在钢轨辅助下跟随白色路标前进的自动驾驶；1984年，DARPA发起自主地面车辆（ALV）

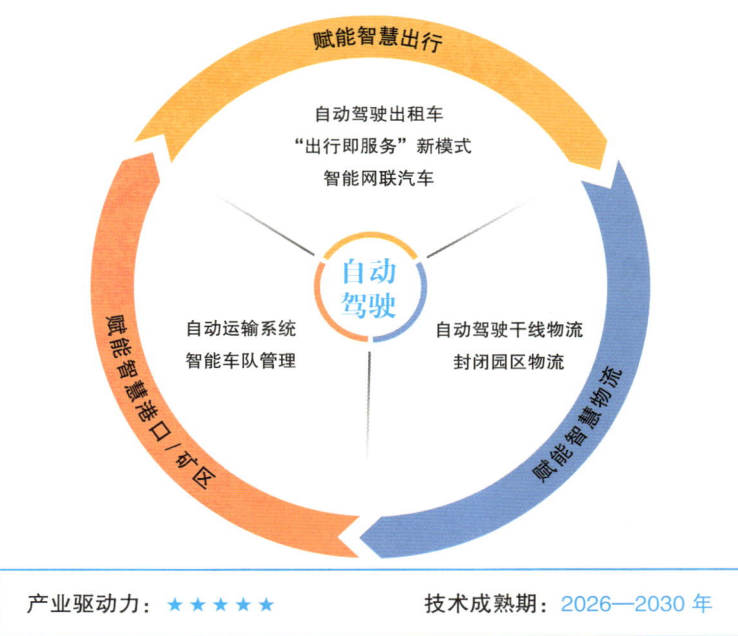

图 4-1 自动驾驶驱动的未来产业

计划，研究利用摄像头检测地形，通过计算机计算出导航和行驶路线的技术路线，并在 2004—2007 年举办了 3 届无人驾驶挑战赛，推进了自动驾驶技术研究；2009 年，Google 开始研发自动驾驶汽车项目，即 Waymo 项目，开启了自动驾驶技术一轮新的研发热潮，众多车企、互联网科技公司纷纷参与其中；2018 年 12 月，Waymo 推出的自动驾驶载人服务 Waymo One 在凤凰城上线，被视为全球自动驾驶出租车商用的开端；2021 年 8 月，百度升级 Apollo Go，推出了自动驾驶出行服务平台——萝卜快跑，至今已陆续在国内多个城市进行商业化运营。2022 年 3 月正式实施的《汽车驾驶自动化分级》（GB/T 40429—2021）中，将汽车自动化驾驶分为 6 个等级。目前自动驾驶在 L2.5 或接近 L3 级已经得到规模应用，L4 级是自动驾驶技术发展的下一阶段目标。

自动驾驶的智能化演进依赖重点技术的协同发展，主要包括以下突破口：自动驾驶系统需要大量的驾驶数据进行训练，通过仿真测试、封闭测试场的测试及在开放道路的验证，将加速自动驾驶的数据与算法迭代；由于环境感知和决策判断的复杂性，自动驾驶算法模型训练更加依赖强大的算力支撑，对芯片的高算力和低功耗提出更高的要求；自动驾驶最终能否实现大规模商业化落地，除单车智能外也依赖于路基设施的智能化程度，车路协同能够解决更复杂的场景问题，使自动驾驶更加安全、智能、高效。

◎ **重要性**

发展自动驾驶技术的目标是最大限度地减少人为因素对驾驶行为的影响，减少交通事故、缓解交通拥堵，从而使路上的交通更加安全和高效。据统计，全球每年约有 1.25 万人死于交通事故，其中 94% 的交通事故是由人为原因导致的。自动驾驶技术为此可提供一种有效的解决方案。当自动驾驶汽车渗透率达 25%、50%、75%、100% 时，将分别减少 12% ~ 47%、50% ~ 80%、82% ~ 92%、90% ~ 94% 的交通冲突，具有重要的社会意义。

自动驾驶有望彻底改变人类的出行甚至是生活方式，主要体现在以下 3 个方面：自动驾驶将加速共享汽车的商业化，通过实现车辆自动调度，为 MaaS（出行即服务）商业模式注入强劲发展动力；自动驾驶可以把许多人从繁重的驾驶任务中解放出来，大大地节省人工成本、解放生产力；自动驾驶汽车作为移动智能终端，有望发展成为家庭、办公室之外的第三生活空间，重塑汽车及相关产业链体系，具有广阔的市场发展空间。

◎ **驱动未来产业与市场规模**

自动驾驶是现代多学科的高度融合，是智能汽车与智能交通发展的必然方向。自动驾驶将在交通出行、物流配送、货物运输等领域逐步应用，催生自动驾驶出租车、智能网联汽车、智慧物流、智慧港口/矿区等新产业、新业态、新模式。

赋能智能出行。在交通出行领域，自动驾驶已在自动驾驶出租车、无人巴士、智慧园区等场景初步落地，随着硬件成本的不断下降、配套产业链的逐渐成熟及车路协同技术的同步发展，将催生自动驾驶出租车、智能网联汽车等新业态，助力"出行即服务"等商业新模式。

赋能智慧物流。在物流配送领域，自动驾驶技术已初步应用于自动驾驶干线物流、封闭园区物流等场景，结合路线规划、智能调度等技术，能够节省人力成本、提升物流效率，正在形成智慧物流新产业。

赋能智慧港口/矿区。通过将人工智能、自动驾驶、5G 等技术应用到港口/矿区场景中，可以实现高效生产、全天候运营的自动化运输系统，基于智能高效的车队管理，发展少人、无人的智慧港口/矿区新模式。

2023年全球自动驾驶市场规模估计为334.80亿美元，预计到2028年将达到933.10亿美元，年均复合增长率为22.8%（图4-2）。

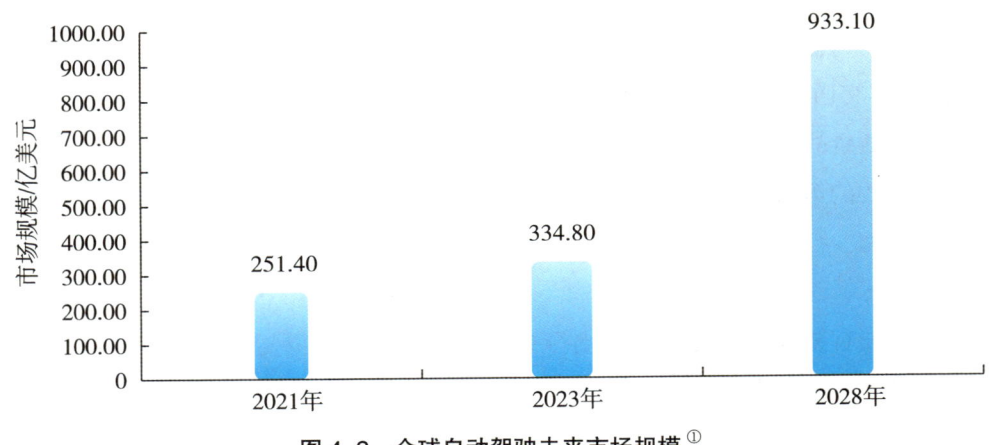

图4-2　全球自动驾驶未来市场规模[①]

（二）人形机器人技术

人形机器人是一种外观和行为类似人类的机器人，采用双足直立行走、双手协作操作等方式，能够在现实环境中更好地辅助或代替人类工作。在人工智能赋能下，人形机器人能够自主感知、自主行动、自主决策，仿真程度高、自主性强，具备对综合性任务的兼容度。人形机器人能将人类从低端和高危行业中解放出来，提升人类生产力水平和工作效率，同时在工业、商业、家庭、外太空探索等领域具有广阔的应用场景，对于解决人口老龄化、劳动力缺失等问题具有重要意义。

人形机器人在军事、制造业、危险作业、护理、教育娱乐等场景具有广阔的应用前景，随着技术的不断成熟，可能在未来催生"人形机器人+"军事作战、制造、灾害救援、医疗康复、教育娱乐等一系列新模式新业态（图4-3）。作为AI最具有前景的落地方向之一，预计2035年人形机器人的市场规模将达到1520.00亿美元，年均复合增长率将达到44.1%。

---

① 注：中国科学技术信息研究所汇总多方预测数据绘制。

图 4-3 人形机器人驱动的未来产业

◎ 技术介绍

人形机器人是具备人类的外形特征和行动能力的智能机器人,将人工智能、自主技术与机器人技术高度融合,采用类人的双足直立行走和双手协作操作的行动方式,具有一定程度的感知、认知和决策智能。与传统机器人相比,人形机器人能够自主感知、自主行动、自主决策,其接近人体结构的设计具备对综合性人物的兼容度,从而具有显著的高仿真度、高自主性、高通用性等优势。人形机器人可突破人类生理极限、适应危险环境,其类人的外形、动作和表情也更易被人类接受,也能更好地适应按照人类使用习惯设计的各类工具,可以代替人类进行搬运、搜救、排爆、驾驶等活动,拥有高智能后甚至可以为人类提供情绪价值,在社交、陪伴、教育等领域具有独特优势。

人形机器人的研究起步于 20 世纪 60 年代后期。1968 年,美国通用电气公司的 R.Smosher 开发了一台名叫"Rig"的操纵型双足步行机器人,日本早稻田大学加藤一郎教授在日本展开了双足机器人的研究工作。1973 年,加藤一郎教授团队推出了世界首台具有四肢的双足步行机器人 WABOT-1,实现了缓慢的静态步行。1996 年,该团队研制的 WABIAN-R 是机器人模仿人类运动的代表。2000 年,日本本田公司设计并开发的 ASIMO 是全球最早实现流畅的双足直立行走的人形机器人。早期的研究主要关注人形机器人的自主控制和运动，2000年之后，随着人工智能、自主技术的发展，人形机器人各方面能力迅速提升，能够处理复杂任务并与人类交互。ASIMO在2007年、2011年、2014年、2016年进行了多次迭代升级，能够自主感知环境、自主避障、与周围人交流，同时拥有了更好的平衡性和更灵活的运动能力。2006年，法国奥德巴朗机器人公司（Aldebaran Robotics，已被软银收购）开发的NAO拥有强大的交互能力。2013年，美国波士顿动力公司发布的人形机器人Altas能够通过步态控制在野外不平坦的地面上行走，具有很强的平衡性和越障能力。2014年，法国奥德巴朗机器人公司又推出的Pepper，具有感知、交流和移动能力及丰富的人机界面。2016年中国香港汉森（Hanson Robotics）机器人技术公司开发的Sophia拥有逼真的面部表情和流畅的语音交互能力，是第一个获得国籍的人形机器人。2020年，美国敏捷机器人公司（Agility Robotics）推出的第一款商业化人形机器人Digit能够在无人干预环境下自行选定搬动箱子，售价25万美元。2021年，日本丰田公司推出的基于机器学习的机器人Busboy可自主感知场景、监测物体。

当前，人形机器人技术在感知模块、交互模块和运动控制模块等方面均取得重要进展。在感知方面，语音和视觉感知技术大幅提高，位置传感系统和自动定位导航等技术不断加强。目前主流的人形机器人均已装备了激光雷达模块，如波士顿动力公司的Atlas和奥德巴朗机器人公司的Pepper两款人形机器人借助激光雷达具有了强大的感官系统。在交互方面，基于语音识别和自然语言处理技术的人机交互系统可以使机器人与人类进行智能交互与沟通，自主学习技术帮助人形机器人从大量的数据中自动获取知识和经验，并以此指导决策和执行任务。2022年小米发布的全尺寸人形机器人CyberOne能感知人类45种语义情绪。在运动控制方面，随着柔性机械特性的不断开发，柔性电子元件具有超弹性、超韧性和可拉伸性质，使得机器人运动控制水平的不断加强。2013年，波士顿动力公司的Altas实现了优秀的运动性能。2022年，特斯拉的Optimus借助40个运动执行单元，尤其是手部的12个机电执行器，使其手部能够达到接近人类的灵活水平。2023年，美国加州大学洛杉矶分校开发出的ARTEMIS人形机器人具有仿生肌肉执行器，让机器人更灵活、更强壮、更耐用。

在新一代信息技术、新能源、新材料等技术的加持下，人形机器人发展呈现出结构类人化、控制自主化、成本低廉化的趋势。随着人形机器人的自由度数量增多，其仿真程度和灵活性也将越来越高。在人工智能、先进计算等新一代信息技术的赋能下，人形机器人的自主控制等智能化水平将持续提升。另外，随着核心零部件降本增效，人形机器人的成本将更加低廉化，这也将进一步推动人形机器人的商业化进程。波士顿动力公司的 Atlas、特斯拉的 Optimus、小米的 CyberOne、美国敏捷机器人公司的 Digit、日本本田公司的 ASIMO 等都在探索人形机器人的商业形态，如特斯拉发布的人形机器人 Optimus 在 2027 年市场价格预计不到 2 万美元。

◎ **重要性**

作为一种新型劳动力，人形机器人是适应未来军事战场、应对人口老龄化、劳动力缺失的得力助手，是服务危险、特种工作场景中难题替代的重要工具，其发展能够持续推动生产生活水平提高，有力促进经济社会可持续发展。该技术在军事领域的集群化、规模化运用将改变作战力量组织和运用形态，推动战争形态向高智能化水平迈进。在经济社会领域，人形机器人作为社会新生产力，将创造人机共融的社会环境，打造高质量发展的新引擎新动能，其不间断工作时长和高重复精度能够极大地提升生产效率；其应用在家庭护理服务与危险作业等场景将有助于改善人们的生活质量、缓解人口老龄化带来的社会问题、提升社会整体幸福感。

◎ **驱动未来产业与市场规模**

随着人形机器人在军事、制造、医疗护理、危险作业、教育娱乐等场景的应用，将催生军事作战、生产方式、医疗康复、灾害救援、教育娱乐等系列"人形机器人 +"新模式新业态。

人形机器人作战新模式。在军事领域，人形机器人可作为作战人员执行侦察、突袭、后勤支援、模拟演习等任务，可增强军队的作战能力和战场效益，形成军事作战新模式。

人形机器人生产新模式。在制造业中，人形机器人可替代人类从事低端、重复、繁重及恶劣环境中的工作，可与人类共同协作完成复杂的组装、装配等任务，提高生产效率和质量，并改善工人的劳动环境，形成生产方式新模式。

人形机器人医疗护理新模式。在护理领域，人形机器人可提供日常照料、康复训练等服务，以缓解护理人员短缺问题，实现更便捷、个性化的护理服务，催生医疗康复新业态。

人形机器人灾害救援新模式。在自然灾害、火灾、核事故等危险场景中，人形机器人可用于危险环境监测和救援等，有效减少人类在危险环境中作业的风险，形成灾害救援新模式。

人形机器人教育娱乐新业态。 在教育娱乐场景中，人形机器人作为教师助理、学习伴侣、扮演角色等，可改变传统的教学、娱乐方式，提供更互动、更个性化的体验，催生智慧教育、智慧娱乐新业态。

在新一代信息技术、新能源、新材料等与机器人技术深度融合下，人形机器人正持续向教育娱乐、安防巡检、医疗康复等领域渗透，将有望在5年内重塑教育娱乐、医疗康复、养老助残等新兴产业，10年内催生智能情感陪护、智能安全巡检等未来产业。

2022年，全球人形机器人市场规模为13.1亿美元，预计到2030年，其市场规模将达到780.00亿美元，到2035年将达到1520.00亿美元，年均复合增长率为44.1%（图4-4）。

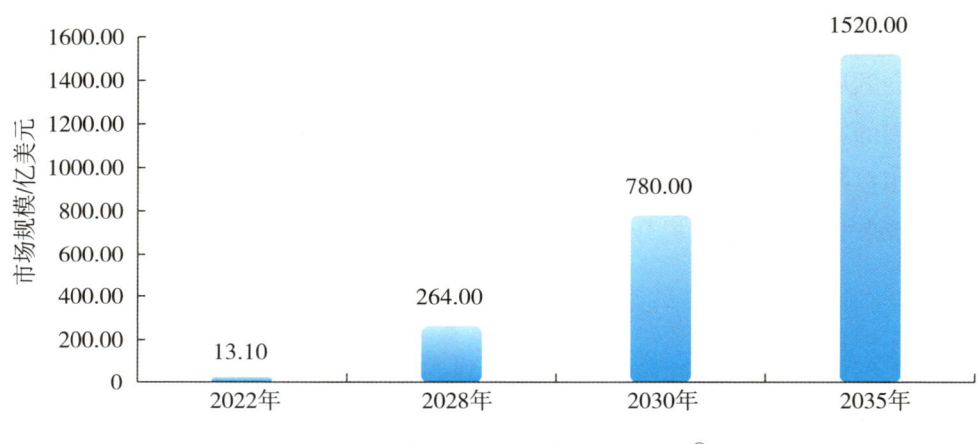

图4-4　全球人形机器人未来市场规模[①]

（三）生物打印技术

生物打印技术是以生物材料为原料，利用3D打印技术通过逐层打印的方式构造生物组织或器官的技术。该技术具有快速、精确化和个性化的特点，尤其在复杂组织结构、器官打印等某方面优势显著，为解决医学领域供体器官短缺的问题提供了新途径[②]。生物打印技术已经成为组织工程和再生医学领域的一项革命性技术，通过制备出与患者生理结构和功能相匹配的组织和器官达到替代和重建器官功能的目的，有可能在未来

---

① 注：中国科学技术信息研究所汇总多方预测数据绘制。
② 全球3D生物打印技术基于专利信息的发展态势分析[EB/OL].(2020-12-26)[2022-12-20]. https://www.sohu.com/a/440619628_120582835.

20年内从根本上改变再生医学的现状，高效赋能药物研发、科学研究，催生生物打印器官新业态（图4-5）。作为生物制造的核心技术，生物打印发展迅速，从打印组织支架和植入物、类器官到打印微型器官芯片，到2030年，全球生物打印市场规模预计将达到83.00亿美元。

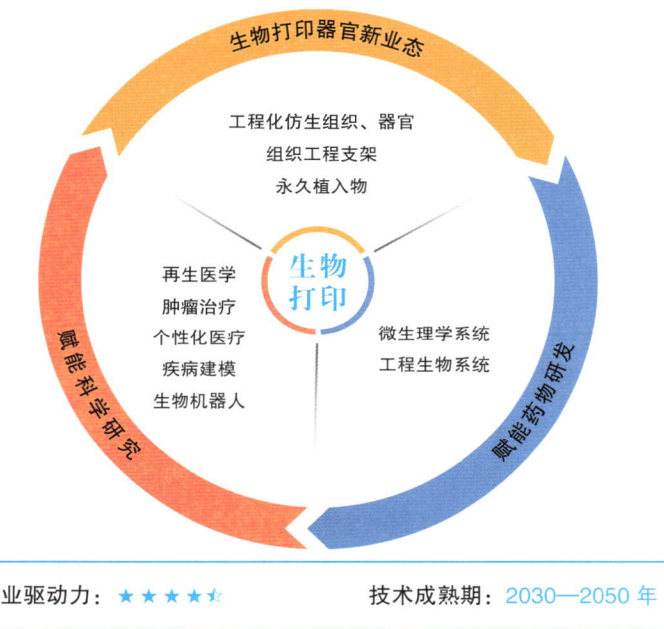

图4-5 生物打印驱动的未来产业

◎ 技术介绍

生物打印（bioprinting）是生物学、医学、机械工程和材料科学深度融合的前沿交叉领域，是组织工程和再生医学领域的重要新兴技术。从广义上讲，直接与生物医学领域相关的3D打印都可以视为生物打印；狭义地讲，生物打印是指在对组织器官3D建模的基础上，利用具有一定机械强度、可降解的、能够模拟细胞外基质的生物墨水包裹种子细胞作为材料，配合生长因子诱导细胞增殖分化，在生物3D打印设备上将生物组织或器官打印成型的过程，也称细胞打印（cell printing）、器官打印（organ printing）等。① 相比于其他材料的 3D 打印技术，生物打印最大的特点是加工有生命的材料（如细胞及其他生物功能性组分）并创造有生命的产品。

2000 年左右，美国 Clemson 大学、Missouri 大学、Drexel 大学的研究人员最早提出生物打印的概念。2002 年左右，清华大学颜永年教授率先在国内开展生物打印技术研究。2003 年，Clemson 大学研究者通过改装惠普喷墨打印机并装载含细胞的墨水材料，研发出世界上第一台生物打印机。同年，美国 Drexel 大学孙伟教授（SunP Biotech 公司创始人）申请了多喷头挤出式细胞打印专利。2005 年，清华大学生物制造团队和美国 Drexel 大学，各自独立发文报道了基于微挤出式的细胞打印工作，成为国际上进行这类生物打印装备和技术开发的先驱。2009 年，Organovo 公司推出首台商用生物打印机，该打印机采用了微挤出式原理。同年，生物打印及生物制造领域的第一本同行评议期刊 Biofabrication 由英国皇家物理学会发行。2010 年，国际生物制造学会（International Society for Biofabrication，ISBF）成立。孙伟教授作为该领域的代表性先驱，担任 Biofabrication 的创始主编和 ISBF 的首任主席。随后生物打印技术快速发展，2013 年实现了高存活率活细胞打印，成功打印出小尺寸人类软骨组织及肝脏单元；2016 年我国公司通过生物打印血管植入恒河猴体内实现血管再生，成功完成全球首例生物打印血管动物试验；2020 年韩国公司发布全球首款美国 FDA 认证生物打印系统；2022 年美国再生医学公司 3DBio Therapeutics 首次在人体试验中成功植入了来自患者自身细胞的 3D 打印耳朵。

根据生物打印材料和生成物的特性，Drexel 大学的孙伟教授在《生物打印路线图》② 中将生物打印技术的发展分为 5 个阶段：第一阶段生物打印材料不要求生物相容性，只能用于医疗器械、手术辅助模型制造；第二阶段材料具有生物相容性但不可降解，可用于制造永久性植入物，如假肢、心脏支架等；第三阶段，材料兼顾生物相容性和可降解性，同时提高安全性，可制造骨骼、皮肤等组织工程支架；第四阶段以活细胞、蛋白质及其他细胞外基质为材料，打印具备生物活性的产品，用于工程化仿生组织或器官；第五阶段以类器官或微器官组织为材料，打印微生理学系统、工程生物系统、生物机器人等。当前，生物打印已经进展到第四和第五阶段，正在由组织打印向完整

---

① 张景琦，王晟. 基于专利分析的 3D 生物打印产业发展态势研究 [J]. 中国生物工程杂志，2022，42（6）：102–115.

② SUN W, STARLY B, DALY A C, et al. The bioprinting roadmap[J]. Biofabrication, 2020, 12（2）：022002.

类器官打印迈进[1]。

尽管生物打印技术进展迅速,但仍有一些重要的研究方向面临挑战,具体包括:①生物墨水:需要研发新一代多功能生物墨水,以更好地运输、保护和培养生物打印过程中和打印后的细胞;②打印工艺:开发更好的生物打印工艺及生物打印机,提高打印过程中的细胞存活率及打印精度;③交联:研发高效的交联技术和交联剂,以保持打印后生物墨水的结构完整性和稳定性;④长期细胞培养:需要研发与微流控装置集成、提供长期模拟生理环境的模型,用以培养生物打印的模型。随着生物墨水、生物打印机和打印工艺、组织结构构造及生理环境模拟等技术的进一步发展,生物打印与多学科进一步交叉融合,可能将在体外生命系统领域产生颠覆性突破。

◎ 重要性

生物打印是生物制造与增材制造相结合的前沿技术,是生物、医学、材料、工程等多学科交叉融合的重要领域。国家发展改革委 2022 年印发的《"十四五"生物经济发展规划》中明确提出大力推动生物技术与增材制造等前沿技术创新融合。生物打印技术可以根据不同人群的生理特点和药物反应情况,设计并制造个性化的医疗产品和器官,提供更加全面的医疗解决方案;可以加速药物研发和生产、降低药物研发成本、提高研发成功率。生物打印技术不仅可以促进医学研究和应用的发展、推动医疗领域创新升级,也为医药制造、生命科学和工业制造等新型领域提供了新的机遇和发展空间。

◎ 驱动未来产业与市场规模

生物打印技术作为生物制造的核心关键技术,未来将从根本上改变医疗方式,逐步形成生物打印器官新业态,高效赋能药物研发、生命科学与材料科学等科学研究。

生物打印器官新业态。 随着世界人口老龄化趋势的进一步加速,面对不断增长的器官移植需求,生物打印技术有望降低器官移植成本,按需定制器官,减少排异反应,提供经济、高效、充足且合乎道德的解决方案,催生生物打印器官新业态。

赋能药物研发。 在药物研发领域,通过器官芯片模拟人体内部环境,有望极大提高药物筛选的效率,赋能药物研发产业发展。

赋能科学研究。 生物打印技术与空间生物学的融合也为研究空间环境对于人类健

---

[1] FANG Y C, GUO Y Z, LIU T K, et al. Advances in 3D bioprinting[J]. Chinese journal of mechanical engineering(additive manufacturing frontiers), 2022(1): 1–15.

康的影响提供了新的途径[①]。通过生物打印技术制造的组织模型，可用于组织工程、肿瘤治疗、干细胞、再生医学、医用高分子材料、疾病建模、生物机器人和太空生物打印等领域的研究，为生命科学和材料科学等领域的研究者提供新的研究手段及研究工具。

过去10年，生物打印技术的商业化速度令人震惊，生物打印公司的数量逐年增加，Bico等新兴企业及通用电气医疗等老牌公司都在进军生物打印领域。据统计，2022年生物打印的全球市场规模为21.30亿美元，预计到2030年，全球生物打印市场规模将增长至83.00亿美元，年均复合增长率为18.5%（图4-6）。

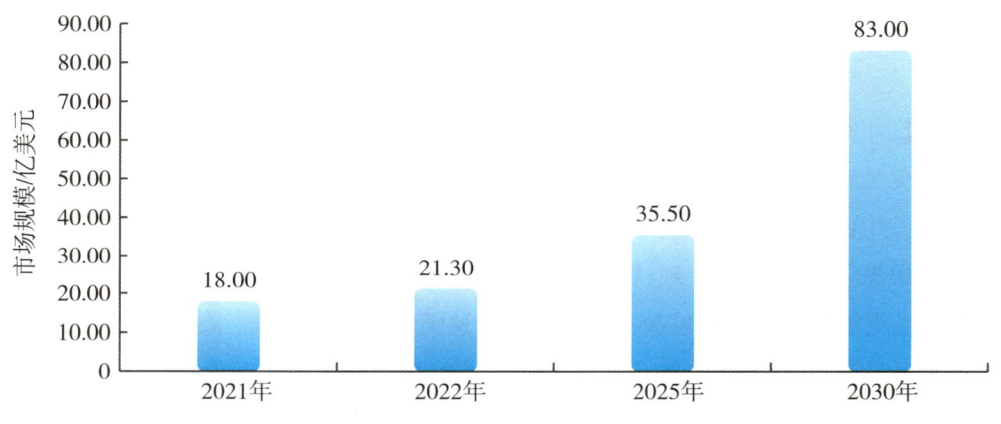

图4-6　全球生物打印未来市场规模[②]

（四）自主技术

自主技术是在没有人类直接操控和干预的情况下可自主执行任务、进行决策的一类技术系统，具有自主性、智能性和协作性等特点，能够适应恶劣环境、面对非结构化环境执行复杂任务并开展协同作战与作业。在国际形势日趋复杂严峻的背景下，自主技术是打造新质无人作战力量、制胜未来战场的关键技术支撑。

自主技术正在向军事、自动驾驶、制造业、农业、快递物流、安检巡逻等领域不断

[①] MISAGH R S，ALI K Y，SAVAS T.Bioprinting in microgravity[J]. ACS Biomater. Sci. Eng.，2023，9（6）：3074-3083.

[②] 注：中国科学技术信息研究所汇总多方预测数据绘制。

渗透，在军事领域有望催生情报获取、侦察监视、战术打击、空中救援等新模式，进一步实现无人机蜂群作战、人机协同作战、集群自主作战等作战新方式；在民用领域广泛赋能自动驾驶、机器人等领域，催生智慧交通、无人驾驶、智能工厂、智能农业管理、智慧仓储物流、智能巡检新模式新业态（图4-7）。自主技术是人工智能的重要应用之一，预计到2030年自主技术的市场规模将达到1815.32亿美元，年均复合增长率将达到14.0%。

图4-7 自主技术驱动的未来产业

◎ 技术介绍

自主技术是由机械、控制、计算机、通信、材料等多种技术融合而成的复杂系统，不需要人工干预和指挥，能够独立完成任务和决策的一类技术，具备环境感知、任务规划、运动规划、决策推理等能力。自主技术依据其自主性、智能性、协作性等特点，形成了恶劣环境适应性强、协同作战作业能力强、智能程度高等优势。依据其作用的空间范围，自主技术可以划分为陆地无人系统、空中无人系统和海洋无人系统，产品形式主要包括深空探测器、航天器、无人车、无人机、无人艇、无人潜航器、无人弹药值守等。

自主技术发展主要分为3个阶段。第一阶段是从基于编程的无人系统发展到自动无人系统，该阶段无人系统的能力有限，系统只能按照先验的程序工作，无法自适应环境的变化。1989年，卡内基梅隆大学开发了自动驾驶汽车ALVINN，实现了在没有任何人工干预下的自动行驶。20世纪90年代，"海上猫头鹰"是美国海军开发无人艇的首次尝试，该艇能够根据不同的任务需求更换任务模块。第二阶段是从自动无人系统发展到智能无人系统，该阶段无人系统具有一定的感知、决策和控制能力，可以根据环境变化进行适度调整。1996年，美国波音公司和洛克希德·马丁公司研制的RQ-3"暗星"无人机配备了合成孔径雷达和电光探测器，具备自主起飞、自动巡航、脱离和着陆的能力。2004年、2005年、2007年，美国DARPA赞助了一系列无人驾驶挑战赛，推动自主技术向前发展。美国空间和海战系统中心，联合法国、新加坡共同研制的"斯巴达（Spartan）"号无人船，既能自主航行也可遥控操纵。第三阶段是从智能无人系统发展到自主智能无人系统，这一阶段的无人系统具有高度的自主性和智能性，在许多任务上的综合表现可以赶上甚至超过人类。2016年，大疆的精灵4引入了计算机视觉和机器学习技术，能够避开障碍物并自主跟随拍摄。2022年9月，通用原子航空系统公司完成MQ-20A"复仇者"无人机全自主飞行试验，验证了基于强化学习的智能飞行员、开放式软件架构和新型决策辅助工具。2023年，中国首台"管道磁浮高精度智能无人巡检车"在山西省大同市阳高县的高速飞车试验基地完成试验。

随着复杂环境感知技术、精准推理决策技术、多机协同技术等智能化技术的不断突破，自主技术迅猛发展，能针对特定场景做出决策并在环境中运行。无人自主系统基于多模态传感器融合感知，实现复杂环境自主感知与理解、行为决策与轨迹规划、自主学习与智能控制、集群协同控制等，可面对非结构化环境执行复杂任务。无人自主系统已被美国、俄罗斯、英国、以色列等国纳入新一代武器装备体系，随着自主技术性能的不断提升、功能的不断扩展，无人自主装备已从辅助装备逐步发展为不可或缺的主战装备，有人与无人系统协同作战成为自主技术在未来战场运行的新常态。

未来，任务复杂度的提升和市场竞争的加剧将对自主技术的智能化、集群化、鲁棒性等水平提出更高的要求，自主技术将向单机作业能力增强和网络集群化方向演进发展。为提高自主技术在高度复杂环境下的适应能力，未来需进一步增强单机认知智能和自主作业能力，提升智能无人系统的实时响应能力。同时，群体智能技术也将进一步赋能自主技术，利用通用化的架构提升集群互操作性，提高跨域协同作战能力和网络安全保障能力，以加强在应对高度复杂环境时的灵活性和稳定性，满足未来高动态、强对抗等复杂环境下的任务需求。

◎ 重要性

一方面，面对当前复杂动荡的国际局势，发展自主技术有助于打造新质无人作战力量，制胜未来战场。自主技术是使参战力量形成统一整体、发挥最优效能的后备军，是提高协同作战能力、加强自主控制能力的主力军，在制胜复杂战场环境中具有不可或缺的作用。另一方面，自主技术在制造业、农业、快递物流等领域可提高生产效率并降低成本。未来更加安全可靠的自动驾驶则有望取代部分人类驾驶，改善交通拥堵、减少交通事故，塑造新型未来出行模式。无人系统值守巡逻能够覆盖人力难以抵达的区域，降低综合运维成本，提高巡检效率和准确率。

◎ 驱动未来产业与市场规模

随着自主技术持续向军事、自动驾驶、制造业、农业、快递物流、安检巡逻等领域赋能，将催生作战新方式，孕育智慧交通、无人驾驶、智能工厂、智能农业管理、智慧仓储物流、智能巡检等新模式新业态。

自主作战新模式。在军事领域，自主技术有望催生情报获取、侦察监视、战术打击、空中救援等新模式，进一步实现无人机蜂群作战、人机协同作战、集群自主作战等作战新方式。

赋能自动驾驶。在自动驾驶领域，自主技术的赋能有望推动更可靠、更安全的自动驾驶技术发展，带动智慧交通、无人汽车、无人船舶、无人轨道交通等新业态发展。

赋能智能制造。在工业制造领域，自主技术应用于工业生产线自动化，通过机械化换人、自动化减人等，提高生产效率和产品质量，催生智能生产线、智能车间、智能工厂等新模式新业态。

赋能智能农业。在农业生产领域，机器人、无人机等在无人农业作业中的创新应用有望提高农业生产效率，减少对人力资源的依赖，形成智能农业管理新模式。

赋能智慧物流。在快递物流领域，自主技术可实现无人快递运输、智能分拣、无人仓储等应用，提高物流效率，减少人力成本，应对特殊环境下的配送需求，形成快递物流领域自动化运输、智能仓储、智慧物流等新模式新业态。

赋能智能巡检。在安检巡逻领域，机器人巡检、无人机巡检等可进行区域大面积巡逻和监测，提高安全性和巡检效率，减少人类在煤矿井下等危险环境下的风险，催生智能巡检等新业态。

自主技术广泛赋能无人机、自动驾驶等领域，涉及的产品较为广泛，能撬动较大的市场规模。2022年，自助技术市场规模约为636.00亿美元，预计到2028年其市场规模将达到1225.93亿美元，到2030年将达到1815.32亿美元，年均复合增长率为14.0%（图4-8）。

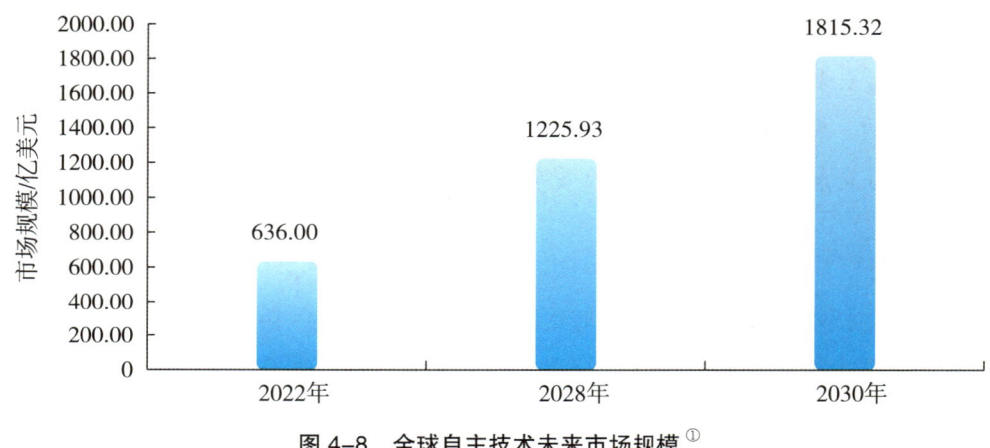

图4-8　全球自主技术未来市场规模[①]

二、智能制造与新材料领域颠覆性技术线索

2023年，中国科学技术信息研究所颠覆性技术研究团队依托颠覆性技术感知响应平台，通过"全球技术监测→弱信号识别→技术线索发现→线索分析研判"等4个步骤经分析研判，评估遴选出智能制造与新材料领域全球重要颠覆性技术线索9条：生物3D打印人体组织同时实现高密度、高活力和高分辨率，朝着功能性大规模人体器官制造迈出重要一步；选择性原子沉积技术为下一代微纳制造提供新方向；纳米压印光刻实现生产级突破，揭示光刻技术新方向；性能优于硅的潜在半导体材料：立方砷化硼；自修复聚合物实现高机械技能和室温自修复能力的突破；二维半导体材料助力芯片突破硅基极限；魔角石墨烯实现开关超导性，超导机理研究取得新突破；弹性铁电聚合

---

① 注：中国科学技术信息研究所汇总多方预测数据绘制。

物弥合铁电材料与柔性电子器件巨大鸿沟；金属有机框架材料为能源和环境挑战带来全新解决方案。

（一）生物 3D 打印人体组织同时实现高密度、高活力和高分辨率，朝着功能性大规模人体器官制造迈出重要一步

◎ 技术线索

2023 年 2 月，在解决生物打印 3D 工程组织中最棘手的挑战方面，加州大学圣地亚哥分校的研究人员取得重大进展，解决了生物打印 3D 工程组织的密度—活力—分辨率三难困境，所用技术同时满足了高细胞密度、高细胞活力和精细制造分辨率三大关键要求，并打印出了厚度较大的预血管化组织结构，是解决类器官血管化、大型化问题的重要里程碑，标志着功能性大规模、临床可移植组织或器官制造向前迈出了重要一步。

生物打印器官技术进入快速发展阶段，已显露出由量变到质变的征兆。2022 年 6 月，世界首例用患者自身细胞 3D 打印出新"耳朵"并成功移植。2023 年，新的打印技术与材料不断涌现，在增强细胞活力、提升制造分辨率、血管化、提升打印速度等方面取得了突破。

未来 15～20 年是生物 3D 打印技术发展的关键时间窗口，是把握生物打印技术主导权的战略机遇期。专家预计未来 15～20 年打印器官可能进入临床，届时将会掀起一场医疗领域颠覆性革命。

◎ 技术内涵

生物 3D 打印技术是指按照增材制造原理，实现生物材料、生物细胞、生长因子等受控累积组装，从而制造医疗器械或辅助器具、组织工程支架、组织器官甚至生命体等的快速成型技术。生物 3D 打印技术融合了制造科学与生物医学，是一项具有交叉性和前沿性的新兴技术，具有快速、精确化和个性化的特点，尤其在复杂组织结构、器官打印等方面优势显著，为解决医学领域供体器官短缺的问题提供了新途径。

2000 年左右，美国 Clemson 大学、Missouri 大学、Drexel 大学的研究人员最早提出了生物打印的概念。2003 年，Clemson 大学研究者通过改装惠普喷墨打印机并装载含细胞的墨水材料，研发出世界上第一台生物打印机。同年，美国 Drexel 大学孙伟教授申请了多喷头挤出式细胞打印专利。2005年，清华大学生物制造团队和美国Drexel大学，各自独立发文报道了基于微挤出式的细胞打印工作，是国际上进行这类生物打印装备和技术开发的先驱。2009年，Organovo公司推出首台商用生物打印机，该打印机采用了微挤出式原理。随后生物打印技术快速发展，2013年实现了高存活率活细胞打印，成功打印出小尺寸人类软骨组织及肝脏单元；2016年我国公司通过生物打印血管植入恒河猴体内实现血管再生，成功完成全球首例生物打印血管动物试验；2020年韩国公司发布全球首款美国FDA认证生物打印系统；2022年美国再生医学公司3DBio Therapeutics首次在人体试验中成功植入了来自患者自身细胞的3D打印"耳朵"。

根据生物打印材料和生成物的特性，生物打印技术的发展可分为以下5个阶段：第一阶段生物打印材料不要求生物相容性，只能用于医疗器械、手术辅助模型制造；第二阶段材料具有生物相容性但不可降解，可用于制造永久性植入物，如假肢、心脏支架等；第三阶段材料兼顾生物相容性和可降解性，同时提高安全性，可制造骨骼、皮肤等组织工程支架；第四阶段以活细胞、蛋白质及其他细胞外基质为材料，打印具备生物活性的产品，用于工程化仿生组织或器官；第五阶段以类器官或微器官组织为材料，打印微生理学系统、工程生物系统、生物机器人等。

在过去短短的20年，生物打印技术发展迅速，已经成功打印了包括体外模型、手术导板、骨/软骨、牙齿、气管、血管、眼球、汗腺，甚至肝肾心脏单元等，较好地模拟人体结构、环境与功能；当前，生物打印已经进展到第四和第五阶段，朝微环境、微结构、微循环和系统统一协调方向发展，正在由组织打印向完整类器官打印迈进。目前，我们距离打印功能完备的内部器官还有较远的一段路要走，在临床转化之前仍面临诸多挑战。据专家预计，在15~20年后，我们可能会在临床试验中看到打印的内脏器官。

◎ 重要性

生物打印技术是一项能够驱动未来产业发展的关键使能技术。它是生物、医学、材料、工程等多学科交叉融合的应用面广的关键前沿技术。它具有强大的技术引领力、技术衍生力和跨界融合能力，能够支撑、开辟诸多新场景，从而推动医疗、药物、生物、制造等产业转型升级或重塑产业格局。

生物打印技术是解决组织及器官移植短缺最有效的方式。根据美国器官资源共享网络（UNOS）公布，目前全世界大约每1.5小时就有一位需要进行器官移植的患者因等待而死亡。生物打印人体器官将为满足器官移植的庞大需求带来新的希望，并且通过生物打印技术制造的人造器官可以更好地适应患者的身体而不会被排异。

生物打印技术将会引发医学颠覆性革命。生物打印技术是个性化医疗的关键技术之一，可以根据不同人群的生理特点和药物反应情况，设计并制造个性化的医疗产品和器官，提供更加精准、全面的医疗解决方案；可以加速药物研发和生产，降低药物研发成本，提高研发成功率。生物打印技术可以促进组织工程、再生医学等医学研究和应用的发展，正在颠覆、革新和突破一些传统医学领域，推动医疗领域创新升级。

◎ 潜在应用与影响

随着生物打印技术的不断发展、成熟，它的应用领域将会不断深入拓展。一是在医学模型方面，将会在类器官、微流控器官芯片与体外模型等器官模型及手术模拟方面有广泛应用；二是在医疗器械方面，将会在矫形器、假肢、助听器、手术导板、植入骨架、牙科3D打印等方面进行深入拓展应用；三是在科学研究方面，通过生物打印技术制造的组织模型，如生物支架、肝单元、人造皮肤、人造血管等，用于组织工程、肿瘤治疗、干细胞、再生医学、医用高分子材料、疾病建模、生物机器人和太空生物打印等领域的研究，为生命科学和材料科学等领域的研究者提供新的研究手段及研究工具；四是新药开发方面，将会在药物筛选、3D打印药物、器官生物芯片、RNA打印、细胞/药物递送系统、药物持释系统等方面有着广泛的应用。

过去10年，生物打印技术的商业化速度令人震惊，生物打印公司的数量逐年增加，Bico等新兴企业及通用电气医疗等老牌公司都在进军生物打印领域。随着生物材料的不断发展及技术水平的不断提升，生物3D打印市场持续高速增长。据统计，2022年生物打印的全球市场规模为21.30亿美元，预计到2030年，全球生物打印市场规模将增长至83.00亿美元，年均复合增长率为18.5%。

◎ 问题与障碍

尽管生物打印技术进展迅速，但距离器官移植还有很长一段距离，还有很多难题需要解决。

在技术方面，仍有一些重要的研究方向面临挑战，具体包括：①生物墨水：需要研发新一代多功能生物墨水，以更好地运输、保护和培养生物打印过程中和打印后的细胞；②打印工艺：开发更好的生物打印工艺及生物打印机，提高打印过程中的细胞存活率、打印精度及打印速度，降低打印成本；③交联：研发高效的交联技术和交联剂，以保持打印后生物墨水的结构完整性和稳定性；④长期细胞培养：需要研发与微流控装置集成、提供长期模拟生理环境的模型，用以培养生物打印的模型。

在法律法规与伦理方面，还有很多障碍没有解决。含有"活细胞"的产品在国际上仍没有形成统一的评价标准及规则，国内对于含细胞、生长因子等活性材料的生物3D打印医疗产品仍无注册法规依据。另外，在伦理道德方面存在一定争议，如用人类胚胎干细胞打印等。

◎ 弱信号

（1）高密度、高活力、高分辨率，生物3D打印人体组织实现"三高"

2023年2月，在解决生物3D打印工程组织中最棘手的挑战方面，美国加州大学圣地亚哥分校研究人员取得了重大进展：同时满足了高细胞密度、高细胞活力和精细制造分辨率的关键要求。研究团队使用造影剂碘克沙醇可将光散射效应降为1/10，从而能同时以高细胞密度和高分辨率进行打印。团队下一步将开发结构精确、高细胞密度的体外组织模型，着眼于高细胞密度的大型组织打印，以用于人类受试者的组织器官移植和替代。

（2）罗马大学采用挤出式生物3D打印技术，构建高度组织化结构用于骨骼肌组织工程

2023年2月，罗马大学生物系的C Gargioli联合法国艾克斯–马赛大学的S Testa团队提出了一种新型基于挤出生物3D打印系统，能够以平行模式生产和沉积印刷纤维，从而很好地模仿天然骨骼肌组织结构，被证明是骨骼肌组织工程的一种新颖且具有竞争力的工具。

（3）60秒可打印96个"类器官球"！广州医科大学博士团队夺创新赛金奖

2023年3月，在第一届粤港澳大湾区博士博士后创新创业大赛决赛中，广州医科大学生物医学工程学院谢茂彬博士的"超快速体积打印机：生物3D打印变革者"项目以总分第一获得创新赛金奖。该项目突破了现有3D打印技术的逐层打印原理，具有无接触、超快速、细胞存活率高、表面光滑、无菌等优势，填补了国内无接触、超快速体积生物打印机领域的空白。突破接触式逐层打印速度限制，各项技术指标达国际一流水平。

（4）加拿大蒙特利尔医院研究中心提出新的激光辅助细胞生物打印技术，可保证细胞表现出高活力和功能

2022年10月，加拿大蒙特利尔医院研究中心的研究人员提出了一种激光辅助的按需生物打印技术，称为激光诱导侧向转移（LIST）。它是一种按需生物打印技术，可以改善生物墨水黏度不同对打印结果的影响，从而保证其打印精细的细胞类型的能力。

（5）清华大学机械系研发的SPIRIT逐级悬浮打印技术，让3D打印复杂器官有形更有"魂"

2023年2月，清华大学熊卓、张婷课题组（BRE团队）提出了一种逐级悬浮3D打印技术（sequential printing in a reversible ink template，SPIRIT），解决了组织器官外部复杂结构和内部精细特征（如血管等）的耦合构建难题。SPIRIT技术通过将MB生物墨水在多级打印阶段分别用作可打印墨水和悬浮介质，成功构建了含可灌注血管网络的心室模型，这是现有生物3D打印技术所无法实现的。SPIRIT技术有效拓展了常规挤出3D打印的技术边界，能够实现具有复杂宏观结构和精细血管的组织器官的快速构建，有望加速工程化组织器官在医学领域的转化应用。

（6）清华大学王秀梅教授团队利用生物3D打印技术制备神经样纤维，改善生态微环境，从而促进大段脊髓损伤再生

2023年3月，清华大学王秀梅教授团队基于挤压式生物3D打印技术制备了活体神经样纤维用于脊髓损伤治疗。活体神经样纤维通过免疫调节、血管生成、神经发生、神经中继形成和神经回路重塑来改善缺陷部位的生态微环境，完成了出色的功能重建，揭示了植入后活性结构的演变过程，为脊髓损伤的临床治疗提供了新思路。

（7）澳大利亚工程师开发可进行体内生物3D打印的柔性机器人，未来将无创进入人体治疗疾病

2023年3月，澳大利亚工程师开发了一种微型柔性软体机器人手臂F3DB，有一个非常灵活的旋转头和与之相连的一个长而灵活的蛇形机械臂，所有这些都可以在外部控制。研究团队在人造结肠内测试了这一设备，并在猪肾脏表面3D打印出了各种不同形状的材料。未来医生们有望通过小的皮肤切口或天然小孔，将该设备送入人体内难以触及的区域，以加速疾病的治愈。

（8）世界首例！美国再生医学公司用患者自身细胞3D打印出新"耳朵"并成功移植

2022年6月，美国再生医学公司3DBio Therapeutics与小耳畸形研究所宣布了一项

好消息，他们首次在人体开创性重建人耳的研究中取得了突破性成就：一名患有先天性小耳畸形的年轻女性通过自体细胞3D打印，成功进行了耳朵移植手术，且新"耳朵"达到外观和触感与原生耳朵类似的效果。这是再生医学领域的重大突破，标志着组织工程学向前迈出了重要一步。

（9）浙江大学贺永团队研发同轴生物3D打印技术构建可灌注血管芯片

2022年9月，浙江大学贺永团队以同轴生物打印为工具，构建了一种新颖、可靠的抗血管新生药物筛选血管芯片，该芯片高度模块化集成，能用于灌流培养和实时观测。为了在保证良好生物活性的前提下维持载细胞管的液体灌通，受到心脏支架的启发，在水凝胶管内引入了聚己内酯（PCL）支架用于支撑管腔。结合细胞培养监控系统，可实现血管新生过程的实时观测。这项工作开发了一种用于抗血管新生筛药的灌流系统，不仅可以进行药物评估，而且在组织工程、药代动力学和再生医学领域的其他血管模拟场景中也有潜在用处。

（10）荷兰特温特大学Jeroen Leijten教授团队提出水性两相生物体的低黏度3D（LoV3D）生物打印技术，能够在高细胞活力下进行高速生物打印

2023年3月，荷兰特温特大学Jeroen Leijten教授团队提出构建水性两相生物体的低黏度3D（LoV3D）生物打印技术，以高挤出速度打印活体机构。与传统系统相比，LoV3D液/液界面在融合打印结构、创建复杂的脉管系统和修饰表面方面具有独特的优势。LoV3D生物打印是一种独特的水性打印方法，具有广泛的材料兼容性。LoV3D能够在高细胞活力下进行极快的生物打印，能够打印平滑、复杂、融合的管状网络，并提高表面功能化的效率。

（二）选择性原子沉积技术为下一代微纳制造提供新方向

◎ 技术线索

2023年7月，华中科技大学陈蓉教授团队自主研发的高精度薄膜沉积解决方案，即通过选择性原子沉积技术，实现了目标介电层在底部介电层的自对准生长。该团队提出的循环耦合工艺自对准选择性接近100%，生长区膜厚达到5 nm，非生长区完全无生长，达到固有选择性研究中所见报道最高值。该技术为解决芯片先进制程问题提供了潜在解决方案，其在对准精度、减少边缘对准误差、提升芯片制程良率等方面都具有优势。

随着半导体技术的发展，原子级分辨率和高精度的对准工艺成为纳米制造的主要挑战。选择性原子沉积技术通过精确控制薄膜沉积位置，只在特定的基底表面区域选择性地沉积薄膜，其他表面区域维持原状，有望实现"原子积木"自下而上搭建纳米器件的终极梦想，为下一代纳米制造工艺提供新的方向，也为我国半导体行业更小特征尺寸工艺领域突破美西方国家的遏制围堵提供了另辟蹊径弯道超车的技术机会。

◎ 技术内涵

当前制造工艺尺度正从微米、纳米向原子量级逼近，出现了以原子为基本构筑"积木"单元的制造方法，这种自下而上的原子及近原子精度制造方法也被认为是纳米制造领域的终极解决方案。其中，选择性原子沉积技术（selective atomic layer deposition，SALD）是一种在材料表面进行原子级别生长控制的技术，通过该技术可以实现在目标表面有选择性地沉积一层稳定、均匀、纯净的材料。具体而言，选择性原子沉积技术可以通过分子层沉积的方式，在材料表面逐个地沉积原子或分子，从而实现对材料性质、结构及功能的精确控制。这种技术通常在真空环境中进行，通过交替地向材料表面注入两种或多种反应物质，实现对目标区域或特定位置的精确沉积。选择性沉积在一次光刻定义的细微图案化结构上实现对准生长，能有效避免光刻套刻误差，通过一步替代多步，减少同精度二次光刻步骤。

早在 1998 年，原子沉积技术就开始应用于非易失性存储器。到 2007 年，原子沉积技术已用于英特尔 45 nm 芯片的高介电/金属栅极结构。选择性沉积最初是由 Gladfelter 定义为区域选择性化学气相沉积，实现和提高各种材料的选择性一直是选择性原子沉积技术发展的目标。当前已有的选择性原子沉积技术方法包括使用图案化的疏水性自组装单分子作为阻挡层实现特定区域的沉积阻挡；使用外加能场如电子束/离子束等进行表面区域活化及前驱体定向导入在基底表面指定区域沉积等。这些方法对于三维层叠结构、自对准制造方面具有重要意义，相关研究是未来集成电路、微电子制造进一步突破尺寸极限的前瞻性方法之一，同时受到了国际顶尖微电子研究中心、半导体行业及催化、能源、环境等多个领域的重视。

◎ 重要性

随着半导体技术的发展，原子级分辨率和高精度的对准工艺正成为纳米制造的主要挑战。自上而下的光刻技术作为当前微电子制造的主流技术，难以在兼顾高分辨率的同时降低成本，因此，亟须发展面向未来的自下而上的纳米制造新方法。选择性原子沉积技术可以实现生长区域和非生长区域选择性生长薄膜，有效减少光刻—刻蚀步骤、避免套刻误差，提升集成电路制造效率和精准度，在3D结构对准制造方面展现出巨大的优势，有望加速半导体领域小型化工艺的进展，是先进电子制造的重要使能技术。选择性原子沉积技术作为区别传统刻蚀—光刻技术的自下而上的微电子制造技术，为下一代纳米制造工艺提供了新的方向，为我国在高端光刻技术领域突破美西方国家的遏制围堵提供了另辟蹊径弯道超车的技术机会。

◎ 潜在应用与影响

选择性原子沉积技术在微电子学、催化和传感等领域都具有广泛的应用前景。

在微电子领域，该技术可以实现对集成电路各个功能层的精确控制。例如，通过选择性沉积可以在芯片制备过程中实现特定区域的金属沉积、薄膜修饰等。

在表面涂层领域，选择性原子沉积技术可以用于制备具有特定功能的涂层，如超疏水、抗反射、生物兼容性等功能性涂层。

此外，选择性原子沉积技术还可以用于纳米器件制备、能源储存与转换、光电子设备等领域。

◎ 问题与障碍

目前，选择性原子沉积技术要解决的关键问题及挑战主要表现在以下几个方面。

选择性机制的理解和控制：原子沉积的选择性是通过基体表面的差异性实现的，因此，需要深入理解选择性机制以便更好地控制选择性。

前驱体的选择和开发：选择性原子沉积需要使用具有不同选择性的前驱体，因此，需要开发新的前驱体以满足不同的应用需求。

工艺的稳定性和可重复性：选择性原子沉积需要精确控制反应条件，因此，需要提高工艺的稳定性和可重复性。

◎ 弱信号

（1）选择性原子沉积技术提升集成电路自对准工艺制造效率与精度

2023年7月，华中科技大学陈蓉教授团队自主研发的高精度薄膜沉积的解决方案，可通过选择性原子沉积技术实现目标介电层在底部介电层的自对准生长，而在非生长区金属铜表面不生长。该团队提出的循环耦合工艺,使传统双循环转变为"还原—吸附—氧化"原子沉积多循环耦合,进而能够实现"表面原位还原—生长—缺陷去除"的步骤,有效抑制铜表面缺陷形核产生,最终实现高精度自对准。该研究研发的固有选择性原子沉积具有全气相工艺流程,且无须阻挡剂生长、去除等步骤,更加简洁与可靠。该工艺的自对准选择性接近 100%,生长区膜厚达到 5 nm,非生长区完全无生长,达到固有选择性研究中所见报道最高值。该技术是解决芯片先进制程问题的重要方法之一,其在对准精度、减少边缘对准误差、提升芯片制程良率等方面都具有优势。

(2)华中科技大学实现在氧化物衬底上"一步法"介电层对准生长

2022 年 7 月,华中科技大学团队提出了一种"化繁为简"的高精度薄膜沉积解决方案,采用选择性原子沉积技术在一系列氧化物衬底上实现了"一步法"介电层对准生长。该方法利用金属与氧化物之间的差异性,通过前驱体的选取、反应温度、分压动力学调控,实现低介电材料在氧化物表面生长实现高精度自对准。选择性沉积在一次光刻定义的细微图案化结构上实现对准生长,能有效避免光刻套刻误差,通过一步替代多步减少同精度二次光刻步骤。该研究可提升集成电路制造效率与精准度、避免套刻误差,有望加速半导体领域小型化工艺的进展,为下一代纳米制造工艺提供新的方向。

(3)台湾大学实现无抑制剂大通量选择性原子沉积

2023 年 1 月,台湾大学研究团队通过原子层成核工程(atomic layer nucleation engineering,ALNE)和表面恢复(surface recovery,SR)技术,在无须抑制剂参与的条件下实现了 Al_2O_3 在金属(W)和电介质(SiO_2)之间的选择性原子沉积。该团队利用 ALNE 选择性去除金属表面弱吸附的前驱体,而 SR 过程可以消除原子沉积过程中氧化剂暴露导致的金属表面氧化层。该研究大大提高了选择性原子沉积的通量,最高可实现 100 次原子沉积循环,特征尺寸从 75 μm 缩放到近 10 nm。

(三)纳米压印光刻实现生产级突破,揭示光刻技术新方向

◎ 技术线索

2023 年 10 月 13 日,日本佳能公司宣布其纳米压印半导体设备 FPA-1200NZ2C 实现商业化,并于当天开始接受订单。该设备是一种纳米压印半导体制造系统,可用于制造 5 nm 及以上的半导体,每小时可处理 80 片晶圆,且良率可达 90% 以上。FPA-

1200NZ2C 的推出，为半导体制造提供了一种新选择。

芯片是信息技术和未来产业发展的核心部件，而光刻作为芯片制造过程中最重要、最复杂也最昂贵的工艺步骤，其先进制程几乎被荷兰阿斯麦公司（ASML）垄断。纳米压印技术是一种新型微纳加工技术，将现代微电子加工工艺与印刷技术相融合，克服了光学光刻技术中光衍射现象所造成的分辨率极限问题，具有超高分辨率、高效率、低成本、适合工业化生产等独特优势。面对芯片晶体管线宽已趋近物理极限，以及极紫外光刻机产能有限、成本高等问题，纳米压印技术为绕开极紫外光刻技术提供了潜在的替代方案，为突破光学光刻的固有物理卡点提供了可能的解决路径。

◎ 技术内涵

纳米压印技术（nanoimprint lithography，NIL）是一种新型微纳加工技术，该技术将设计并制作在模板上的微小图形，通过压印技术转移到涂有高分子材料的硅基板上。简单来说，纳米压印就像盖章或者木版画一样，把规则图形刻到印章（掩膜）上，再将印章盖在橡皮泥（压印胶）上，实现图形转移，然后通过加热或者紫外线光照的方法使转移的图形固化，以完成微纳加工的"刻板印制"步骤。

1995 年普林斯顿大学 Stephen. Y. Chou（周郁）教授[*]首次提出了纳米压印的概念，1997 年利用纳米压印光刻在聚甲基丙烯酸甲酯表面实现了 6 nm 分辨率特征，1998 年提出滚筒式纳米压印光刻技术。发展至今，相对成熟和普遍的纳米压印加工方式包括 3 类：热纳米压印、紫外纳米压印和微接触印刷（软刻蚀），其他新型工艺多为此 3 类工艺的改进版。其中，紫外纳米压印优势最为明显，是目前产业化最常见的方式，而微接触纳米压印则主要应用在生物化学领域。

与传统的光刻技术相比，首先，纳米压印技术不需要复杂的光路系统和昂贵的光源，可以大幅降低制造成本。其次，纳米压印的图案尺寸完全由模板决定，不会受到传统光刻胶技术中光源波长、光学衍射的限制和影响。与光刻设备产生的图案相比，纳米压印技术忠实地再现了更高分辨率和更大均匀性的图案。同时，纳米压印技术只要预先在掩膜上制作好图案，即使是复杂结构也能一次性成形，同时也避免了传统光

---

[*] 周郁，美国国家工程院院士、普林斯顿大学电机系教授。于 1978 年从中国科学技术大学物理系毕业，1986 年获麻省理工学院博士后，先后在斯坦福大学及明尼苏达大学任教，1997 年应聘至普林斯顿大学主持"纳米结构实验室"。2007 年因在纳米印刷和发展电子、光子、磁、生物器材等领域做出杰出贡献，当选为美国国家工程院院士，被称为改革开放后中国大陆高校毕业生获取美国国家工程院院士的第一人。

刻工艺中的多次重复曝光，进一步提升了成本优势。此外，纳米压印替代的是光刻环节，与标准的芯片制造工艺中刻蚀、离子注入、薄膜沉积等环节完全兼容，能很好地接入现有产业，不用推翻重来。

纳米压印技术将现代微电子加工工艺融合于印刷技术中，克服了光学曝光技术中光衍射现象造成的分辨率极限问题，展示了超高分辨率、高效率、低成本、适合工业化生产的独特优势。从发明至今，纳米压印技术一直受到学术界和产业界的高度重视，也因此被称为微纳加工领域中第三代最有前景的光刻技术之一。2020年与2021年，纳米压印光刻与极紫外光刻、导向自组装一起被国际器件与系统路线图（International Roadmap for Devices and Systems，IRDS）列为下一代光刻技术的主要候选方案（评判标准包括分辨率、可靠性、速度和对准精度等），有望成为光学光刻的替代工艺。

◎ 重要性

光刻技术是半导体制造的核心工艺之一，随着芯片制程的不断缩小，光刻技术也面临着越来越大的挑战。传统光学光刻面临光学衍射现象造成的分辨率极限问题。当前最先进的极紫外（extreme ultra-violet，EUV）光刻技术成本高、产能有限、技术难度大，高端光刻技术几乎被ASML垄断。同时，我国在尖端芯片制造领域受制于美国技术管制，面临"卡脖子"困境。纳米压印光刻相较于传统光学光刻，具有高分辨率、高通量、低成本的特点，为我国绕开EUV光刻技术、突破芯片"卡脖子"困局提供了潜在解决方案。

◎ 潜在应用与影响

纳米压印技术具有高分辨率、高效率、低成本等优势，在以下多个领域具有广泛应用前景。

在电子领域，纳米压印技术被广泛应用于制造大规模集成电路、高精度光电器件和太阳能电池等。通过纳米压印技术，可将微小电路和元件精密地制作在芯片上，提高其性能和降低生产成本。

在医学领域，纳米压印技术可用于药物输送、组织工程和生物传感器制造。利用纳米压印技术制作的微小药物载体，可准确地将药物送达病变部位，提高疗效并降低不良反应；同时，纳米压印还可以用于制造高精度的生物传感器，帮助医生对病情进行准确诊断。

在机械领域，纳米压印技术可应用于制造高精度零部件和复杂微结构。通过纳米压印技术，可将微小细节和特殊结构准确地制作在机械部件上，提高其性能和寿命。

◎ 问题与障碍

纳米压印技术距离大规模商业化量产还有一些短板需要补足。

控制良率：纳米压印过程中，由于晶圆和掩膜直接接触，容易出现电路上混入细小垃圾和灰尘等的残次品，必须开发新的环境控制技术以提高良率。

提高模板寿命，降低更换成本：掩膜版或者压印模板是光刻工艺中最贵的耗材。由于纳米压印的模板需直接接触压印胶，接触过程中的损伤或污染会导致模板寿命缩短。

提高对准精度：压印模板需要与承载压印胶的基台精确对准与贴合，需要精密的机械装置配合检测设备实施压印过程。现有纳米压印设备在平行与垂直对准方面缺少高精密的调准机构。

◎ 弱信号

（1）日本佳能公司纳米压印半导体设备实现商业化

2023年10月13日，日本佳能公司宣布其纳米压印半导体设备FPA-1200NZ2C实现商业化，于当天开始接受订单。该设备是一种纳米压印半导体制造系统，可利用纳米压印光刻技术实现尖端半导体电路形成。据介绍，该设备以紫外光作为光源，功耗约为EUV设备的1/10，可实现最小线宽14 nm的图案化，相当于生产目前最先进的逻辑半导体所需的5 nm节点。此外，随着掩模技术的进一步改进，纳米压印有望实现最小线宽为10 nm的电路图案，相当于2 nm节点。

（2）青岛天仁微纳科技有限责任公司获得数千万元战略投资，加速布局微纳光学领域

2023年5月，青岛天仁微纳科技有限责任公司宣布完成由中芯聚源独家战略投资的数千万元A轮融资，将加快微纳光学等领域纳米压印设备和解决方案的研发与布局，继续致力于纳米压印光刻在晶圆级光学加工领域的拓展，加快设备与工艺的研发迭代，同时还将拓展纳米压印在半导体集成电路、平板显示、生物芯片等其他领域的产业化应用。

（3）EV Group 和 Notion Systems 合作开发首个全集成式喷墨涂层纳米压印光刻解决方案

2023 年 4 月，光刻设备供应商 EV Group 和功能材料工业喷墨镀膜供应商 Notion Systems 达成合作，将联合开发全球首个集成喷墨涂层功能的全自动纳米压印光刻解决方案。据称，喷墨沉积可以精细调整光刻胶量和图案，实现更均匀的薄膜厚度，从而提高器件性能和良率。此外，喷墨涂层可以减少材料浪费，并实现更环保的工艺。EVG 和 Notion Systems 联合开发的纳米压印光刻解决方案预计将于 2024 年上市。

（4）璞璘科技有限公司获千万元天使轮融资专注纳米压印技术

2023 年 10 月，璞璘科技有限公司完成数千万元天使轮融资，用于完善量产型纳米压印设备研发、纳米压印材料产线搭建。璞璘科技有限公司自主研发了纳米压印核心技术，形成了完整的纳米压印技术体系，且与合作伙伴实现了 8 nm 周期、4 nm 线宽的超高分辨率压印。

（四）性能优于硅的潜在半导体材料：立方砷化硼

◎ 技术线索

2022 年 6 月，中国国家纳米科学中心刘新风团队和美国麻省理工学院陈刚团队分别通过实验验证了立方砷化硼与硅材料相比，在导热性和空穴迁移率上具备更为优异的性能。

受硅材料性质的限制，在硅基材料基础上发展起来的半导体产业已经逼近摩尔定律的极限。随着芯片集成规模的进一步增大，硅材料传导热量性能不佳，芯片的散热问题阻碍了集成效率和规模的提高；而硅材料的空穴迁移率远低于其电子迁移率的特性，也限制了硅基半导体计算运算速度的提升。立方砷化硼优异半导体性能的实验验证，为解决摩尔定律的挑战、寻找更有潜力的可替代硅的半导体新材料提供了可能。

◎ 技术内涵

立方砷化硼（cubic boron arsenide，CBAs）是一种 Ⅲ-Ⅴ 族半导体材料，化学式为 BAs，由硼和砷两种元素组成。它的晶体结构属于立方晶系，可以形成白色至灰色晶体。立方砷化硼的晶体结构高度有序，具有对称性和点群对称性，具有独特的声子结构，因此，具备高载流子迁移率和高热导率等优异的物理性质。

立方砷化硼最初合成于20世纪50年代末，早期研究人员使用第一性原理计算预测该材料可能具有超高的热导率和很高的载流子迁移率（电子迁移率和空穴迁移率）。2018年5月，任志峰团队首次实验合成立方砷化硼单晶体，并探索了其无缺陷晶体的热传导极限。2022年6月两支科学家团队分别用不同的方法通过试验验证了立方砷化硼远高于单晶硅的热导率和双极载流子迁移率（表4-1）。

表4-1 半导体材料性能对比

指标	硅	砷化镓	砷化硼
热导率（W/mK）	140	45	1300
电子迁移率（cm^2/Vs）	1400	8500	1400
空穴迁移率（cm^2/Vs）	450	400	1600
带隙（eV）	1.1	1.4	2.0
热膨胀系数（$x/10^6K$）	2.6	6.9	4.2

实验测试证明，立方砷化硼的热导率是硅的10倍，载流子迁移率是硅的4倍，带隙远大于硅和砷化镓，并且具备良好的热膨胀系数。立方砷化硼的上述优异物理性质，使其被研究人员视为迄今为止发现的最好的半导体材料。

◎ 重要性

半导体产业在世界经济发展中占据越来越重要的地位，半导体材料作为半导体产业的基石，对于半导体产业的发展起着决定性的作用。一方面，硅基半导体受硅材料导热性和载流子迁移率的影响，在集成规模和运算效率上都受到限制；另一方面，在当前国际对抗加剧形势下，美国不断对我国半导体行业的发展发起限制和封锁。立方砷化硼因其优异的半导体性能，在半导体材料领域具备取代硅材料的潜在可能性，提早开始相关研究布局，积累技术储备，有望在半导体核心材料领域提高我国解决"卡脖子"问题、对抗打压，甚至"弯道超车"的可能性。

◎ 潜在应用与影响

立方砷化硼具有高电子迁移率和高热导率等优异的物理性质，在电子学、光电子学、纳米电子学、半导体器件制造等领域有着广泛的应用，适用于功率放大器、雷达系统、通信设备等高功率、高频率的应用场合。例如，它可以用作高电子迁移率场效应晶体管和其他高频器件的半导体材料。随着研究的进一步深入及工艺的进一步提升，最终将会应用到芯片中。

此外，立方砷化硼还可以用于高温、高压、高强度和高精度的传感器制造等领域，也可以用于制备太阳能电池、激光器、光电探测器等光电子器件。

立方砷化硼的商业化应用可能会对现有的硅基产业和相关技术造成一定的影响。

◎ 问题与障碍

目前，立方砷化硼的生产制备还处在实验室级别，产量和质量仍需要进一步提高。是否能够量产，并以此为基础进行商业化的应用，还存在诸多不确定的因素，具体包括：

制备问题：立方砷化硼的制备技术相对复杂，制备过程需要高温、高压、高纯度的条件，成本较高。

可靠性问题：立方砷化硼器件的可靠性问题尚待解决，如热稳定性、寿命等方面的问题，需要进一步的研究和改进。

大规模生产问题：立方砷化硼的大规模生产技术还需要进一步研究和发展，以满足其广泛的应用需求。

◎ 弱信号

（1）麻省理工学院、休斯敦大学和中国科学院合作利用泵浦探针瞬态反射率显微镜验证立方砷化硼超高双极迁移率

2022年6月，休斯敦大学任志锋教授组、包吉明教授组，麻省理工学院陈刚教授组，中国科学院刘心风教授组合作利用泵浦探针瞬态反射率显微镜证明了立方砷化硼的高载流子迁移率，实验中测得的立方砷化硼的超高双极载流子迁移率（$1550 \pm 120 \ cm^2/Vs$），远高于单晶硅中的电子（$1000 \ cm^2/Vs$）和空穴（$450 \ cm^2/Vs$）迁移率。

（2）麻省理工学院、休斯敦大学合作使用光学瞬态光栅技术验证立方砷化硼超高热导率和双极迁移率

2022年6月，麻省理工学院陈刚院士、休斯敦大学任志锋教授合作使用光学瞬态光栅技术，在立方砷化硼样品的相同位置，实验测量得到 1200 W/MK 的热导率和 $1600 \ cm^2/Vs$ 的双极迁移率。

（3）加州大学与休斯敦大学研究团队发现立方砷化硼超长热载流子输运

2022年10月，加州大学圣塔芭芭拉校区廖淳霖教授团队与休斯敦大学任志锋教授团队使用超快扫描电镜技术直接拍摄光生载流子在单晶中的输运过程，发现砷化硼单晶中由于其独特的声子结构造成超过200皮秒的热载流子输运时间。

（4）加州大学洛杉矶分校研究团队发现立方砷化硼热导率对压力的异常依赖性

2022年10月，加州大学洛杉矶分校胡永杰团队研究发现立方砷化硼热导率对压力的异常依赖性，这打破了过去100年来建立的高压热传导的一般规则。这项研究为理解极端条件下材料中的微观能量传递提供了基本见解，并为设计新结构开辟了新机会。

（五）自修复聚合物实现高机械技能和室温自修复能力的突破

◎ 技术线索

2022年10月，中国科学院宁波材料技术与工程研究所朱锦团队以天然蛛丝和珍珠为灵感，通过协同将柔性二硫键和动态六氢键加入聚氨酯中，开发出一种具有超高强度和韧性的室温自修复超分子聚合物材料，解决了高机械强度与室温自修复能力之间的矛盾，对实现自修复材料应用的突破具有极其重要的意义。

自修复材料通过改善材料性能和器件寿命，为更可持续的技术开辟了新的前景。聚合物由于其机械柔韧性和结构适应性而在自修复材料中表现出独特的优势。当前自修复聚合物研究呈现出多元化发展的态势，各类成果不断涌现，应用领域从航空航天、国防军工向其他行业不断拓展，应用前景广阔。

◎ 技术内涵

自修复聚合物（self-healing polymers）是一类具有自修复能力的聚合物材料，它们可以自行修复受损的区域，从而延长其使用寿命。这些材料通常由两部分组成：一部分是被称为"智能部分"的感知和响应系统，可以检测和识别受损的区域；另一部分是"修复部分"，可以利用各种机制（如化学反应、热效应等）对受损的区域进行修复。

1970年，Malinskii等人首次报道了聚醋酸乙烯酯的自修复研究，开启了自修复聚合物发展的大门。2001年，White等人在环氧树脂中掺入二环戊二烯和铂催化剂实现了热固性塑料的自修复，这一工作被认为是自修复聚合物研究的起点。

当前自修复聚合物的修复策略通常分为两类：本征型和外援型。

本征型自修复聚合物能够通过动态共价或非共价键的重组及受损界面处聚合物链的混合而重复愈合。这类修复方式常常需要由光、热、电磁、湿度等特定条件引发，由于其自修复过程无法自发进行，应用范围受到一定限制。此外，机械强度和自修复温度、效率之间的权衡也是本征型自修复聚合物需要解决的挑战。

外援型自修复聚合物是指利用微胶囊、中空纤维、微血管等携带的嵌入式愈合剂进行自修复。其修复效率和载体与基材间的相容性、载体的分散均匀性、载体中修复剂的含量密切相关。

◎ 重要性

可持续发展是当前全球发展的重要议题，我国更是将 2030 年实现碳达峰、2060 年实现碳中和作为事关中华民族永续发展和构建人类命运共同体的重大战略决策。自修复聚合物可以在保障各类器件、设施功能性和安全性的同时，延长材料寿命、降低维护成本，从而提高产品的可靠性和安全性，为低碳循环提供了更可持续的途径。研究自修复材料对于推动社会的可持续发展和节约资源具有重要意义。

◎ 潜在应用与影响

自修复聚合物潜在应用前景非常广泛，在航空航天领域，利用其自修复性可以降低航空航天设备材料的损耗/损毁概率、降低制造及使用成本；在能源、汽车、电子、建筑等行业，自修复聚合物可以修复器件、材料损伤，提高安全性、可靠性和耐久性；在医疗器械领域，自修复聚合物可以用于医疗器械的制造，如医用材料、人工关节等，可以帮助这些器械在使用过程中自行修复微小的损伤。此外，自修复聚合物可用于电子设备的制造，如智能手机、平板电脑等，以帮助这些设备自动修复微小的损伤，延长其使用寿命。

◎ 问题与障碍

①自修复聚合物设计尚需开发更复杂的模型和理论。自修复聚合物设计中可调参数数量非常广泛，这种复杂性为自修复聚合物的设计带来了重大挑战，需要开发更复杂的模型和理论。利用人工智能和机器学习通过计算开发预测模型，也将为设计新的自修复聚合物提供助力。

②当前缺乏对自修复效率和速率的评估标准，对自修复过程的原位动力学研究也相当有限，该领域的进一步发展还需要研究能够定量分析自修复过程的动力学技术。

③自修复聚合物的大规模生产和商业化应用还需要进一步的技术研发和市场推广。

综上所述，自修复聚合物的应用仍然面临着一些技术和经济上的困难，需要进一步的研究和开发才能实现其在各个领域的广泛应用。

◎ 弱信号

（1）中国科学院宁波材料技术与工程研究所开发出高机械强度的室温自修复弹性体

2022年12月，中国科学院宁波材料技术与工程研究所研究团队通过协同将柔性二硫键和动态六氢键加入聚氨酯主链中，开发出一种具有超高强度和韧性的室温自修复超分子材料。该材料具有创纪录的机械强度（78.3 MPa）和韧性（505.7 MJ/m^3），优异的拉伸性能（断裂伸长率为1273.2%）和快速的室温自修复能力（25 ℃下24 小时的自修复能力为88.6%），在实现高机械性能的同时保持自修复材料的自主愈合能力。

（2）中国科学院宁波材料技术与工程研究所和韩国汉阳大学、忠南大学合作开发出超灵敏且可自修复的离子皮肤

2022年12月，中国科学院宁波材料技术与工程研究所与韩国汉阳大学、忠南大学共同合作，开发出一种超灵敏且可自修复的离子皮肤。该研究根据触觉细胞的机械刺激响应原理，模拟真实人体皮肤的自修复功能和生物离子信号传递机制，设计合成了一种含有动态二硫键功能基团和氯取代基的新型热塑性聚氨酯材料。

（3）吉林大学与科罗拉多大学博尔德分校合作开发出可闭环回收的高强高韧自修复聚合物材料

2022年12月，吉林大学与科罗拉多大学博尔德分校合作通过精细的单体结构设计，将超分子相互作用引入共价自适应网络中，构筑了氢键—动态亚胺键双网络交联的"超分子共价自适应网络"，所得到的聚合物不仅具有典型热固型塑料的高模量、高强度、耐溶剂性，兼具典型热塑型塑料的优异延展性，同时具备可循环加工与修复性能。

（4）韩国科学技术研究院开发出可进行快速监测和高温自修复的类皮肤聚合物涂层

2022年7月，韩国科学技术研究院软混合材料研究中心开发出一种热固性聚合物，这种类似于皮肤的聚合物涂层，在受损时能改变颜色，可以进行快速检测和高温自修复。这种多功能聚合物涂层可广泛应用于铁路、公路、航空、汽车、海洋和国防工业

中，还可以大大减少工业废料。由于它的功能类似于皮肤，且不需要外部能源，因此，可以作为人形机器人的人造皮肤使用。

（5）天津大学研发出一种智能变色自修复液晶高分子薄膜

2022年1月，天津大学封伟教授团队成功研发一种智能变色自修复液晶高分子薄膜。该研究团队将动态共价键分子与液晶单体混合，使其结构色可在可见光谱范围内进行动态调节；将动态共价键分子引入液晶高分子中，使得薄膜具有形状记忆功能和自修复功能；最后通过光照聚合得到一种厚度只有200 μm，具有拉伸变色、形状记忆功能和自修复功能的液晶高分子薄膜。

（6）东南大学合成兼具颜色伪装与自我修复功能的材料

2022年2月14日，东南大学智能材料研究院李全教授团队利用四芳基琥珀腈和聚硅氧烷基液晶弹性体，合成获得善于伪装、能自我修复的多功能材料。这种材料变化过程可以使材料重复使用和再次加工成型，延长了材料的使用寿命，并能满足实际应用中对材料多功能特性的要求。这种新材料有望应用于多功能仿生软体机器人、视觉传感器和人工伪装等领域。

（六）二维半导体材料助力芯片突破硅基极限

◎ 技术线索

2023年3月，北京大学电子学院研究团队使用二维材料制备的10 nm晶体管实际性能超过英特尔最先进的商用10 nm硅基晶体管，首次将n型二维半导体晶体管性能推近理论极限；北京大学化学与分子工程学院成功研制的高性能二维鳍式场效应晶体管，突破了二维新材料精准合成与新架构三维异质集成瓶颈；2023年5月，麻省理工学院工程师开发出低温生长制造技术，可不经过光刻机在硅晶圆上实现二维晶体管高效密集堆叠。

当前硅基器件的运行速度和能耗接近物理极限，亟须新材料与新技术以突破现有瓶颈，满足快速提高的算力需求。二维半导体材料超薄体、高迁移率的特性，使其成为芯片突破硅基极限的优势候选材料。全球范围内领先的半导体制造公司和研究机构均在二维半导体材料领域积极投入，近年来相关研究进展迅速，二维晶体管在制备、集成、性能提升等方向的突破性进展，为突破硅基极限开发新一代先进芯片带来新的机遇。

◎ 技术内涵

二维半导体材料是一种具有二维晶体结构的材料，其电子运动仅限于两个维度。与传统的三维半导体材料不同，二维半导体材料具有更高的表面积与量子限制效应，可以产生特殊的电子性质，更易于在电子设备中集成。二维半导体材料由单层或多层原子组成，如石墨烯、二硫化钼、磷化铟等。这些材料可以被用来制造晶体管、光电器件和其他半导体芯片等电子元器件，也可以用于量子计算和量子信息技术。

典型的二维半导体材料有石墨烯、过渡金属硫化物、六方氮化硼等。石墨烯是一层碳原子以六角形排列的物质，具有高电导率和高载流子迁移率。过渡金属硫化物是由过渡金属原子夹在两个硫属原子（如硫、硒或碲）之间组成的材料系列，其广泛的电子性质取决于所使用的过渡金属和硫原子。六方氮化硼是一种分层材料，由硼和氮原子交替排列而成，是一种具有较高介电常数的宽带隙绝缘体。

基于场效应晶体管的大规模集成电路是信息时代的基石，当前，硅基晶体管尺寸及其在芯片上的可集成数量日渐逼近物理极限。二维材料因尺度极薄而具有更好的栅控性能，因表面光滑无悬挂键而使得电荷传输时不受陷阱态和起皱带来的散射影响，可以保持较高的输运性能。理想条件载流子迁移率高或适中的二维半导体材料金属—氧化物，其半导体型场效应晶体管在高性能或低功耗应用方面具有出色的器件性能，能将摩尔定律扩展到 1～2 nm 栅长极限。

国际半导体技术发展路线图和国际器件与系统路线图都把二维材料列为替代硅的潜在晶体管材料。当下二维半导体材料已不仅仅在学术界具有极大的研究价值，英特尔、台积电、IMEC 等半导体巨头也纷纷布局。

◎ 重要性

二维半导体材料因其良好的可调控性、高电子迁移率等重要特性，能够大幅提升集成电路、光电设备、半导体照明等领域的性能，为相关产业的发展带来新的突破，为经济建设创造更大的市场活力。二维半导体材料在制造更高性能的半导体芯片和器件、推动信息技术发展方面具有巨大潜力，对于我国在未来信息化发展中持续进行自主可控领域的研究和应用具有重要战略意义。

◎ 潜在应用与影响

二维半导体材料具有许多优异性质，发展前景广阔：

在电子器件领域，二维半导体材料可以制造更快、更小、更低功耗和更高性能的芯片、智能传感器、信息存储器件和高速电子器件等。

在光电技术领域，二维半导体材料具有优异的光电性能，有望推动新型太阳能电池和显示器件的发展，并可应用于光电传感器和表面等离子体共振传感技术等领域。

此外，二维半导体材料也是制造柔性、可拉伸和可穿戴电子设备的理想材料。在生物医学、能源环保等领域，二维半导体材料均具有广泛的应用前景。

◎ 问题与障碍

目前制备高质量和大面积二维半导体材料仍然比较困难，制备成本和技术要求相对较高。如何更准确地预测和评估基于二维半导体材料开发的电子器件性能，以及二维电子器件的集成策略也有待进一步研究。

◎ 弱信号

（1）北京大学电子学院研究团队研制的二维半导体晶体管性能超越硅极限

2023年3月，北京大学电子学院彭练矛院士、邱晨光研究员团队研发出弹道二维硒化铟（InSe）晶体管，这是世界上迄今速度最快、能耗最低的二维半导体晶体管，其实际性能超过英特尔最先进的商用硅基晶体管。该晶体管室温弹道率达83%，远高于硅基晶体管的弹道率（低于60%）；功耗延迟积缩减到4.32×10^{-29}焦秒/μm，比硅基极限低一个量级；门延时缩短到0.32皮秒，相当于硅基极限（1.26皮秒）的1/4；工作电压可降到0.5 V，超越硅基预计极限0.6 V。该研究解决了实现高性能二维晶体管的多个重要挑战，是二维电子器件研究的重要里程碑，有望实现兼具高性能和低功耗的芯片。

（2）麻省理工学院开发低温生长制造技术在芯片上"生长"原子级厚度的二维晶体管

2023年4月，麻省理工学院研究团队开发的新型低温生长和制造技术，可在硅芯片上直接高效"生长"二维过渡金属硫族化物材料层，以实现更密集的晶体管集成。该技术允许不使用光刻机将二维半导体晶体管直接集成在标准硅电路之上，并且将在8英寸晶圆上生长均匀单层二维材料的时间由1天以上缩短到1小时以内。这项技术可以将二维材料高效均匀地集成到更大的表面，具有潜在的工业化应用前景。

（3）北京大学研制出全球首例外延高κ栅介质集成型二维鳍式晶体管

2023年3月，北京大学化学与分子工程学院彭海琳课题组制备出全球首个外延高

κ栅介质集成型二维鳍式晶体管。课题组将高迁移率二维半导体与高κ栅介质精准集成并极限微缩成三维新架构，建立了绝缘基底上晶圆级二维半导体 Bi_2O_2Se 垂直鳍片阵列的外延生长方法。同时，利用可控氧化方法，实现了二维 Bi_2O_2Se 鳍片／高κ自氧化物 Bi_2O_2Se 异质结的外延集成。新型二维半导体沟道／外延集成高κ栅介质基二维鳍式晶体管其迁移率（270 cm^2/Vs）、关态电流（1 pA/μm）和电流开关比（108）等性能满足业界高性能低功耗器件要求；在开态电流密度方面，相对于商用硅、锗及二维过渡金属硫化物等材料，Bi_2O_2Se/Bi_2SeO_5 二维鳍式晶体管也展现出电子学上的优势和潜力。

（4）阿卜杜拉国王科技大学研发出首个二维超磷烯场效应晶体管

2023 年 3 月，阿卜杜拉国王科技大学研究团队基于超薄磷半导体研发出新型晶体管，可解决电阻问题。超薄磷是新发现的一种半导体材料，具有通过调整电子特性增强电荷载流子的特点。该研究团队将二维超磷烯作为单一电活性材料研发出一种无结点场效应晶体管，可解决电阻问题并提高晶体管性能。未来，该研究成果可应用于半导体领域。

（七）魔角石墨烯实现开关超导性，超导机理研究取得新突破

◎ 技术线索

2023 年 1 月，麻省理工学院的研究人员发现一种"打开"和"关闭"魔角石墨烯超导性的新方法，可以通过短电脉冲在魔角石墨烯中实现超导性的稳态开关，这一发现可用于制造神经形态设备的超快、高能效超导晶体管。2023 年 2 月，俄亥俄州立大学的研究证据显示量子几何在魔角石墨烯的超导效应中发挥着重要作用，该成果将魔角石墨烯超导机制研究向前推进了一步，为开发室温超导材料提供了新见解。

当前，各国研究团队在魔角石墨烯的奇异电子特性、超导性控制、机理及魔角多层石墨烯超导家族等方向不断取得突破，为研究高温超导、发展新型电子学开辟了新的研究方向和应用前景。

◎ 技术内涵

魔角石墨烯（magic angle graphene，MAG）是指两层或多层石墨烯以精确偏移转角旋转堆叠所形成的材料。该特殊转角导致两层石墨烯之间的超晶格势（moire superlattice potential，MSP）极大地减缓了低能激发的速度，从而导致强关联效应的出现。

在温度冷却到 1.7 K 时，魔角石墨烯电阻率下降为零。这一发现极大地扩展了石墨烯在高性能集成电路、高效能量传播及量子计算等领域的应用潜力。

2010 年，罗格斯大学 Eva Andrei 研究团队使用扫描隧道光谱法观察到双层石墨烯的电子能带结构似乎取决于其转角，在接近 1° 的角度下，带状结构中电子有效地彼此隔离，允许其他相互作用（如磁性）优先。2011 年，得克萨斯大学奥斯汀分校的 Allan MacDonald 和 Rafi Bistritzer 将该角度命名为"魔角"，并通过理论预测当旋转角小至精准的 1.1° 时，自由电子在两个石墨烯层之间发生隧穿时所需的能量发生了根本性的变化，隧穿能量会骤然消失。2018 年，麻省理工学院凝聚态物理学家 Pablo Jarillo-Herrero 和曹原首次制备出扭转角度为 1.1° 的双层石墨烯，并通过实验证明在施加连续电场时，该材料表现为绝缘体；提高磁场时，绝缘体突然变成超导体，允许电子无摩擦地流动。该发现成为"转角电子学"（twistronic）的分水岭，其简洁的材料体系和奇异的物理性质成为物理学、材料学和电子学交叉领域研究的前沿热点。

◎ 重要性

魔角石墨烯所表现的关联绝缘态、超导态、铁磁态等一系列特殊物理现象，为凝聚态物理研究电子和拓扑相互作用提供了新平台，为材料科学的进一步发展提供了新的思路和可能性，对其特殊物理特性的实验和理论研究为研究室温超导材料和拓扑绝缘体提供了新的机遇。魔角石墨烯相关研究对于推进我国新材料研发、加快室温超导和量子计算等前沿技术发展具有重要意义。

◎ 潜在应用与影响

魔角石墨烯的研究尚处于早期阶段，但发展极为迅速，该材料表现出的特殊性质使其在多领域具备巨大的应用前景，主要包括：

超导体：魔角石墨烯的超导性能非常出色，这为超导技术的应用提供了新的材料选择。例如，在超导电器件方面，魔角石墨烯可以作为制备高性能超导器件的重要材料。

拓扑绝缘体：魔角石墨烯的拓扑绝缘体性质可用于创建抵御噪声和干扰的新设备。

量子计算：魔角石墨烯的量子化特性和强电子相关性有助于探索量子比特的新型制备方法，可用于创建新的量子计算设备。

新型二维材料：魔角石墨烯为寻找新型类似层状材料提供了可能性，这些新型二维材料可能拥有更为优良的电子性能和物理性质，有望构建全新的电子材料。

◎ 问题与障碍

目前研究魔角石墨烯所遇到的主要问题和障碍包括：

制造难度高：制备魔角石墨烯需要精细的材料控制和化学反应过程，这使其生产成本和复杂度远高于其他材料。两个石墨烯层之间的转角是决定魔角石墨烯电子性质的关键参数，即使转角的微小变化也会对电子性质产生显著影响，然而精确控制转角难度很高。

魔角石墨烯奇异特性的深层物理原理尚待进一步研究，其电子性质仍未得到全面理解，转角和其他因素如何影响电子结构目前尚不明确。

◎ 弱信号

（1）麻省理工学院研究团队通过短电脉冲实现魔角石墨烯超导性稳态开关

2023年1月，麻省理工学院的研究人员发现一种利用短电脉冲在魔角石墨烯中"打开"和"关闭"超导性的新方法，这一发现可用于制造神经形态设备的超快、高能效超导晶体管。研究人员通过在二维材料氮化硼的两个偏移层之间堆叠魔角石墨烯产生"三明治"结构，魔角石墨烯中的超导性可以通过短电脉冲开启或关闭，且开启后可保持超导状态。该研究成果为新一代基于石墨烯的超导电子产品研发奠定基础。

（2）俄亥俄州立大学发现魔角石墨烯超导的可能机制

2023年2月，俄亥俄州立大学研究团队利用魔角双层石墨烯探索了超导狄拉克平带系统中小速度消失的深远影响。研究人员构造了极高精度的魔角，精确测量并证实了在魔角石墨烯的平带结构中电子移动缓慢。该团队发现的新证据显示量子几何在魔角石墨烯成为超导体方面发挥了关键作用，平带中量子波函数的几何形状，加上电子之间的相互作用，导致双层石墨烯中电子流动而没有耗散。该研究提供了控制魔角石墨烯超导体电动力学响应的超流体刚度由量子几何贡献主导的实验证据，为更深入地理解在具有非微观拓扑结构的平带中如何产生超导性、开发室温超导材料提供了新见解。

（3）魔角石墨烯中首次探测到自旋结构

2023年5月，美国桑迪亚国家实验室综合纳米技术中心和奥地利因斯布鲁克大学的科学家开创性地采用电阻检测电子自旋共振技术对魔角石墨烯进行测量，首次观测到二维材料内的自旋结构。该研究首次证明了在二维材料中旋转的电子与微波辐射光子之间的直接相互作用，为直接研究电子在二维量子材料内的自旋特性提供了通用工具，有望催生基于这些材料的计算和通信产品。

（4）瑞士研究人员利用魔角石墨烯制造出首个超导量子干涉器件

2022年10月，苏黎世联邦理工学院研究人员在魔角双层石墨烯中形成超导量子干涉器件，可以通过磁场控制超导相位差。实验观察到临界电流的磁振荡，证明有效电荷为2e超导载流子的长程相干性。通过静电控制经过栅极定义结的临界电流，有力地调整非对称和对称超导量子干涉器件配置。研究表明，用魔角双层石墨烯制备的超导量子干涉器件的临界电流可调节能力可用于创建性能更佳的新型超导器件，有望促进量子计算、量子传感和其他高科技行业中的新应用超导器件的开发。

（5）多层魔角石墨烯形成稳健超导性

2022年7月，麻省理工学院研究团队发现了多层魔角石墨烯家族中的稳健超导性。该团队通过超导魔角偏转4层和5层石墨烯的实验，将交替偏转魔角多层石墨烯建立为可靠的"莫尔超导体家族"。这一发现表明成员共享的平带在超导性中起着核心作用，研究结果扩展了新兴的莫尔超导体家族，为设计新的超导材料平台提供了新的见解。

（八）弹性铁电聚合物弥合铁电材料与柔性电子器件巨大鸿沟

◎ 技术线索

2023年8月，中国科学院宁波材料技术与工程研究所研究团队提出了一种铁电材料的本征弹性化方法，创制了兼具弹性与铁电性，且具有较好的耐机械疲劳和铁电疲劳性能的弹性铁电聚合物。该研究开创性地将弹性与铁电性同时赋予同一材料，开辟了"弹性铁电材料"这一全新学科方向，弥合了铁电材料与柔性电子器件之间的巨大鸿沟。

铁电材料作为现代电子产品的关键基础材料之一，被广泛应用于数据存储和处理、传感和能量转换，以及非线性光学和光电器件等诸多应用。铁电材料跨越弹性与铁电性的鸿沟，拓展了其在柔性电子领域的应用前景，对于推动柔性电子突破经典硅基电子学的本征局限，赋能后摩尔时代器件设计集成，推动能源、医疗等领域的技术变革具有重要意义。

◎ 技术内涵

铁电材料（ferroelectrics）是一种功能材料，通常指在一定温度范围内具有自发极化且极化方向可随外加电场改变进行翻转或重新定向的晶体材料。铁电材料特殊的晶体点群赋予其诸多性能，使其可广泛应用于信息存储、机电驱动、能量转换和微纳电子器件等领域，是现代电子产品的关键和有前途的基础材料。

1920年，法国科学家Joseph Valasek首次在罗息盐（酒石酸钾钠，$C_4O_6H_4KNa$）中观察到铁电现象并明确认识了铁电现象的主要特征。20世纪50年代，钙钛矿结构钛酸钡（$BaTiO_3$）中室温强铁电性的发现开启了铁电材料大规模应用的时代。后续对钙钛矿结构氧化物的深入研究不仅发现了锆钛酸铅（$PbZrO_3$–$PbTiO_3$）这一迄今为止最重要的压电材料，更带动了铁电理论的发展。经过一个世纪的发展，铁电材料已成为现代信息技术不可或缺的基石之一。近年来，原子尺度材料制备及结构性能表征手段的进步推动了铁电材料的又一轮蓬勃发展，纳米畴工程、缔合缺陷诱导等铁电材料性能优化新范式的提出与发展，大幅提高了铁电材料的介电常数、压电系数、放电能量密度等关键性能指标，为新一代高性能电子元器件奠定了坚实的基础。二维铁电体、柔性无机铁电材料、分子铁电体等新的铁电材料体系层出不穷，为新一代半导体器件及柔性电子技术发展提供了有力支撑。

柔性电子器件柔软、轻薄、便携、可大面积应用的特性，极大扩展了电子器件的适用范围和适用环境，其快速发展将对健康医疗、物联网、人工智能、脑机接口等战略新兴领域带来变革。可穿戴设备、柔弹性电子和智能感知等领域的快速发展，需要所使用的材料在复杂形变下依旧保持稳定的性能。电子器件材料中，导体和半导体目前已实现弹性化，而铁电材料作为绝缘材料中性能最丰富的功能材料之一，由于其铁电性主要来源于结晶区，但晶体本身几乎不具备弹性，因而铁电性和弹性难以在同一种材料中兼顾，这极大限制了铁电材料在柔弹性电子等领域的应用。因此，弹性铁电材料的研究对于弥合铁电材料与柔性电子的鸿沟、提升柔性器件的性能具有重要意义。

铁电材料的弹性化方法通常有3种：结构工程、共混和本征弹性化。其中，结构工程和共混等方法存在制造技术复杂、材料拉伸范围有限（小于预应变值）、有效极化难度高等问题。因此，本征弹性化可能是最有前途的铁电材料弹性化途径。本征弹性化能够促进材料的发展，使其具备可大规模溶液制备的能力、提高设备密度和材料的耐疲劳性等。

◎ 重要性

弹性铁电材料的出现拓展了传统铁电材料的应用范围，其高形变性和回复性使其在可穿戴设备、传感器、能量转换装置等领域具有广阔的应用前景。弹性铁电材料兼具弹性和铁电性能，能够在适应各种形变和弯曲情况下保持电子器件的可靠性和稳定性，拓展柔性电子器件的适用范围。弹性铁电材料的出现对于推动柔性电子突破经典硅基电子学的本征局限，赋能后摩尔时代器件设计集成，推动能源、医疗等领域的技术变革具有重要意义。

◎ 潜在应用与影响

弹性铁电材料的应用有助于推动可穿戴技术的创新和发展。通过使用弹性铁电材料制造的传感器可以实现更高效、更准确的数据采集，提高可穿戴设备的感知能力和用户体验。

弹性铁电材料应用于生物传感器，可以实时监测生理参数并收集健康信息，为医疗监测、诊断和治疗等提供支持，有助于提升医疗健康服务的普及性和便捷性。

弹性铁电材料应用于能量转换领域，利用人体的运动或机械应力等能量进行转换，有助于提高能量的利用效率和可持续性。

◎ 问题与障碍

弹性铁电材料研究尚处于起步阶段，拓宽弹性铁电材料的工作温度窗口，使其具备较低的玻璃化转变温度和较高的居里温度；提升弹性铁电材料机械能与电能相互转换的能力，探索具有高压电性的弹性铁电材料；探讨其他弹性聚合物的铁电性等，都是有待进一步研究的方向。

◎ 弱信号

（1）中国科学院宁波材料技术与工程研究所用"微交联法"创制高弹性铁电材料

2023年8月，中国科学院宁波材料技术与工程研究所柔性磁电功能材料与器件团队提出了一种铁电材料的本征弹性化方法，即采用微交联法使铁电聚合物从线性结构转变为网络状结构，通过精准调控交联密度在实现弹性化的同时，降低结构改变对材料结晶性能的影响，开创性地将弹性与铁电性同时赋予同一材料。基于此创制了一种兼具弹性与铁电性且具有较好的耐机械疲劳和铁电疲劳性能的弹性铁电聚合物。该聚合物具有优异的弹性恢复，弹性拉伸应变高达125%和铁电陶瓷不超过0.2%的拉伸应变到聚合物铁电材料小于2%的弹性回复相比，被认为开辟了全新的弹性铁电学科研究方向。

（2）新型铁电材料可变身机器人"肌肉"

2023年5月，宾夕法尼亚大学领导国际研究团队研制出一种新型铁电聚合物——渗透性铁电聚合物纳米复合物 PVDF/TiO$_2$，能高效地将电能转化为机械应变。通过将纳米颗粒掺入聚合物聚偏二氟乙烯内，研究人员在聚合物内创造了一个相互连接的极网络，使铁电聚合物的相变能在比通常所需低得多（10%）的电场下被诱导，因此，可用于医疗设备、光学设备和软机器人等需要低驱动场的领域。

（九）金属有机框架材料为能源和环境挑战带来全新解决方案

◎ 技术线索

2023年9月，苏州大学与瑞士洛桑联邦理工学院合作研究，将金属有机框架薄膜的厚度降低到理论极限值（单一晶胞厚度2 nm），具有较好的普适性。极薄的金属有机框架薄膜除能用于分离气体之外，还具备分子筛分能力，可用于治理环境污染，高效吸附、分离污染物。2023年5月，加州大学伯克利分校研究团队提出的一种连接子延伸策略极大地提高了金属有机框架材料的集水性能，当前无须附加能源，每吨金属有机框架材料可从空气中产出水750 L。

金属有机框架材料是一系列由金属节点间有序拼接有机连接体而构建的多孔晶体材料，其高比表面积、高孔隙率及独特的可精确调控的骨架和孔道结构等优势，使其在气体存储、吸附分离、生物和催化等方面均表现出广阔的应用前景，可广泛应用于污染治理、环境监测、能量存储等领域，为人类未来应对能源与环境挑战带来了全新解决方案。

◎ 技术内涵

金属有机框架（metal-organic frameworks，MOFs）材料是一种由有机配体和无机金属离子或者团簇通过配位键自组装形成的具有分子内孔隙的有机—无机杂化材料，是一类具有周期性网络结构的晶态多孔材料，也被称为多孔配位聚合物（porous coordination polymer，PCP）。

MOFs材料兼有无机材料的刚性和有机材料的柔性特征，由于其高度有序的结构和可调的孔径而表现出高比表面积、高孔隙率、高度结构可控、高程度可修饰等卓越性能。MOFs材料的比表面积可以达到几千到几十万平方米/克，这意味着MOFs材料具有非常大的表面积，可以与其他物质进行大量的相互作用；MOFs材料的孔径可以通过改变连接体的结构和大小来调节，使其可用于吸附、催化、传感；MOFs材料的导电性可以通过改变连接体的结构和金属离子来调节，因此，可以用于电池、传感器等应用。形象地说，MOFs材料使得科学家可以在分子和原子尺度上编制自己想要的网，从而捕获想要的物质。

1995年，加州大学伯克利分校的Omar M. Yaghi教授研究小组在*Nature*上首次正式提出金属有机框架材料这一概念。1999年，Yaghi研究小组在*Nature*上报道了以刚性有机配体对苯二甲酸和过渡金属Zn构筑的具有简单立方结构的三维金属有机框架材料——MOF-5，MOF-5的出现是MOFs材料发展史上的一个里程碑，将对该类材料的认知拓展到优异的气体吸附性与稳定性，真正意义上将该类材料从合成转向了应用，实现了质的跨越和进步。2004年和2005年，法国凡尔赛大学Gerard Ferey研究团队利用计算机模拟辅助设计合成了两种具有超大孔特征的类分子筛型MOFs材料MIL-100和MIL-10，解决了单晶X射线衍射手段在解析庞大单胞体积晶体结构的困难，为MOFs材料的发展翻开了崭新一页。2006年，Yaghi团队首次合成了新型多孔晶体材料沸石咪唑酯骨架结构材料（ZIF），该材料结合了无机沸石的高稳定性和MOFs材料的高孔隙率和有机功能，在高效催化和分离过程的应用前景广阔。近20年来，研究人员通过改变有机配体和金属离子的种类与配比，成功合成上万种不同形态和特征的MOFs材料。由于这些材料具有孔隙率和比表面积较大、孔尺寸可调、仿生催化和生物相容性等特点，被广泛应用于各种研究领域，如催化、气体吸附、光学成像、载药诊疗等方向都有MOFs材料的身影。

◎ 重要性

能源和环境是人类可持续发展的基础。随着全球人口增长和经济快速发展，能源需求不断增加。与此同时，气候变化与环境污染也为经济运行和人类健康带来挑战。有机金属框架材料具有高比表面积、可调的结构和性能、良好的生物相容性等优异特性，使其在吸附分离降解污染、储氢、光/电催化、环境监测、药物递送等领域具有广泛的应用场景，有望为解决能源、环境和医疗保健领域的社会挑战发挥重要作用。

◎ 潜在应用与影响

金属有机框架材料因其高比表面积、可调孔径、良好导电性等特点，在能源、环境保护、生物医学等领域都具有广泛的应用前景，具体表现为以下方面。

在能源领域，MOFs材料可以用于储存气体，还可用于开发新型太阳能电池和燃料电池，提高能源利用率。

在环境保护领域，MOFs材料可以用于吸附、分离、催化等污染物处理过程，还可用于开发新型光催化材料，用于降解污染物、减少环境污染。

在生物医学领域，MOFs材料具有良好的生物相容性和可调控的孔径，可以用于开发新型药物载体、诊断工具、组织工程材料，改善人们的健康。

◎ 问题与障碍

发展金属有机框架材料要解决的主要问题和挑战包括：

改进合成方法：合成MOFs材料通常需要使用昂贵的金属盐和有机溶剂，成本较高，需要研发低成本、高效、环保的合成方法。

提高稳定性：高温、高湿等环境下MOFs材料容易分解，需进一步研究其稳定性机制以开发提高稳定性的新方法，如使用高分子材料包覆MOFs材料、开发MOFs复合材料等，使其能够在更广泛的环境下得以使用。

提升可控性：需要研发新的合成方法和表征技术以提高MOFs材料结构和性能的可控性，如使用计算模拟技术设计MOFs的结构、开发纳米级MOFs的合成方法等。

◎ 弱信号

（1）新型金属有机框架薄膜实现氢气和氮气的高效分离

2023年9月，苏州大学与瑞士洛桑联邦理工学院研究团队合作制造出当前最薄的MOFs薄膜，其单一晶胞厚度仅有2 nm。改制成的气体分离薄膜，可实现氢气和氮气的高效分离。该薄膜还具备分子筛分能力，除能用于分离气体之外，还有望实现多种功能性应用，如构筑优良性能的检测器件、实现高精密度的图案化等。该研究将MOFs薄膜的厚度降低到理论极限值，且具有较好的普适性，能为MOFs薄膜发展提供新方法，被评为"生成下一代MOFs薄膜的新方法"。

（2）金属有机框架材料从空气中获得清洁水

2023年5月，加州大学伯克利分校Omar M. Yaghi教授及其团队基于MOFs设计集水装置，能从低湿度环境中捕捉、在低温下释放并输送饮用水。在莫哈韦沙漠进行的实地测试中，每千克MOFs每天能产出1 L水。目前，1吨MOFs材料每个循环可产出 750 L 水，而且不需要任何的附加能源，只需要太阳能。如果将 MOFs 用于每天循环运行多次的电气化设备中，其水生产率可提高一个数量级以上。该研究相继受到美国 ARPA-E 和 DARPA 的项目资助。

（3）全球首个工业规模的金属有机框架材料制造园区开始投入建设

2023 年 11 月，美国公司 Numat Technologies 宣布建设全球首个工业规模的金属有机框架材料制造园区。园区位于芝加哥，将建成通过 ISO 9001：2015 认证的 MOFs 材料制造工厂，与业界首个 MOFs 材料设计和应用研发中心位于同一地点。该园区将利用数字技术加速开发基于 MOFs 材料的解决方案，以便快速将新的 MOFs 材料产品从开发阶段推向批量生产，为半导体、国防和能源领域客户提供研发和制造服务。

（4）德国研究人员开发出一种可以过滤二氧化碳的玻璃

2023 年 12 月，德国耶拿大学研究人员开发出一种可以过滤二氧化碳的玻璃。研究人员将结晶金属有机框架化合物 ZIF-62 放入加热室中转化为玻璃，并将材料孔径减小到某些气体分子无法渗透的程度。在从晶体到玻璃的转变过程中，材料的长程有序结构在熔化过程中消失，但短程有序结构会被保留，使材料孔隙结构发生变化（孔径达到 $0.27 \sim 0.32$ nm），可将二氧化碳与乙烷分离。研究人员计划开发一种用于环境应用的玻璃膜，可从气体中分离二氧化碳。

（5）机器学习模型预测金属有机框架材料热容量，有望开辟碳捕捉应用新场景

2022 年 11 月，英国赫瑞·瓦特大学科研人员开发了一种机器学习模型，能够准确预测金属有机框架材料和其他吸附剂的热容量，为未来的碳捕获技术开辟了应用前景。该科研团队利用机器学习模拟了碳捕获工厂中材料的性能。结果表明，在金属有机框架材料热容值正确的情况下，碳捕获过程的总能源成本远低于最初计算的成本。一些金属有机框架使能源成本降低了 50%，这极大地提升了相关技术用于碳捕捉的经济可行性。

（6）金属有机框架材料靶向吸附污染物研究取得新进展

2023 年 9 月，中国热带农业科学院椰子研究所和环境与植物保护研究所合作研究，在污染物靶向吸附方面取得新进展。该研究针对有机污染染料刚果红，设计并合成了一种新型三维笼子结构的阳离子网络金属有机框架材料（Cu-MOF）。该材料展现出对刚果红染料的高效、特异性吸附，实现了刚果红的有效分离、纯化及再利用。

三、智能制造与新材料领域重要技术动向

中国科学技术信息研究所颠覆性技术研究团队依托自建的颠覆性技术感知响应平台，通过对包括国际顶尖学术期刊、国际著名科研机构、国内外著名科技媒体、各领域专业论坛及专业门户等 4000 余个权威网站的动态跟踪，实现技术动态监测，形成了全球技术动向监测数据库。采用定量与定性结合方法，从技术的创新性、科学价值、社会经济价值与应用前景等角度出发，对所监测技术进行动态评估，从智能制造与新材料领域全球技术动态中遴选出颠覆性技术动向 26 条。

（一）传感、控制、驱动等多技术合力驱动机器人技术与应用迭代发展

2023 年 8 月 31 日，美国 Lumotive 公司推出首款商用激光雷达光束控制芯片 LM10，采用光控超表面（LCM）技术，具备具有"真正的固态、零惯性"光束转向能力，可以帮助客户更轻松地克服传统激光雷达系统的局限性，可为从物体跟踪到自动驾驶导航等一系列应用提供技术驱动，有望彻底变革机器人、自动驾驶汽车等领域的 3D 传感应用。

2023 年 9 月 1 日，美国卡内基梅隆大学与伊利诺伊大学厄巴纳-香槟分校的研究人员合作开发出有史以来最简单的行走机器人"Mugatu"。该机器人巧妙地利用重力和平衡设计，实现了双足行走而不需要复杂的电机、液压或计算机控制。同年 12 月 16 日，卡内基梅隆大学机械工程研究团队进一步制造出首个只有一个马达的可操纵的双足机器人"Mugatu"，不仅可以电力自给和自动启动，而且步态稳定，能够控制左、右、直转向。这被认为是双足机器人领域的一大突破。

2023 年 11 月 22 日，美国麻省理工学院研发出一款通用的物理对象重定向的控制器，利用单个深度摄像头的测量数据进行强化学习，助力机器人完成复杂的操控任务。该研究的硬件平台只使用了不到 5000 美元成本的开源组件，便于快速大规模地复制及应用，从而推动机器人灵巧操作研究的普及。相关研究成果发表在 Science Robotics 期刊上。

2023 年 12 月 6 日，中国科学院宁波材料技术与工程研究所和美国纽约大学的研究团队合作研发出一款新型 DNA 工业纳米机器人。纳米机器人可通过光线和热量进行编程和控制，从而生产出具有生物相容性的纳米级结构和设备。这项研究运用了多轴精确折叠和定位技术，为构建更为复杂、更为实用的纳米及微型器件开辟了新的途径，

预示着制造/装配机器人方面向全面突破迈出了重要一步。

（二）人工智能助力 3D 打印技术多路径突破

2023 年 7 月 24 日，中国科学技术大学与南方科技大学研究团队提出了一种铁磁液晶弹性体的双各向异性可编程 3D 打印方法，成功实现了液晶取向和磁化强度的独立编程，以及制件在不同外场刺激（热、光、磁）下的可控多模式变形，表现出目前 3D 打印智能材料中最高的能量密度和响应速度。该方法可以大大拓宽以铁磁液晶弹性体为代表的多功能域材料的制造与编程能力，对软体机器人、柔性电子、超材料等领域的发展起到推动作用。

2023 年 9 月 15 日，美国麻省理工学院研究人员开发了一种人工智能驱动的工具——Style2Fab，使用户能够将自定义设计元素添加到 3D 模型中，不仅可以帮助新用户，还将帮助经验丰富的创客加快工作流程并提供更精细的控制点。

2023 年 11 月 15 日，瑞士苏黎世联邦理工学院（ETH）和美国初创公司 Inkbit 的研究团队采用创新的 3D 喷墨沉积技术视觉控制喷射（VCJ），一次成型打印出世界上第一只机械手，其内部结构由类人骨骼、韧带和肌腱组成。该技术通过使用强大的机器视觉系统获取正在构建物体的拓扑信息并实时快速调整打印参数，直接在一次打印中制造复杂的多功能系统，无须组装子组件。该技术拓展了可用于喷墨 3D 打印的材料种类和组合，为制造具有高吞吐量的几何复杂多材料结构开辟了道路。

2023 年 12 月 20 日，新加坡南洋理工大学和英国剑桥大学的研究团队提出可编程定制金属 3D 打印微观结构和性能的新方法，并将其用于金属粉末床 3D 打印领域，成功将不同的材料性能集成到一个零件中。该研究开辟了设计金属零件的方法，降低了制造成本。

（三）生物传感器有望为疾病诊疗、脑机接口带来新进步

2023 年 6 月 22 日，美国加利福尼亚大学圣克鲁斯分校团队开发新型生物传感器，将新的信号处理技术应用于基于光流体芯片的生物传感器，将传感器可工作浓度范围扩大了 1 万倍以上。该研究成果为研制高灵敏度的便携式集成光流体传感设备奠定了基础，未来有望用于分析来自人工神经元细胞组织类器官的分子产物，为人们带来神经源性疾病和儿科癌症等领域的新见解。

2023年3月21日，澳大利亚悉尼科技大学开发了生物传感器技术，可以仅通过意念来操作机器人和机器等设备。该技术对脑机接口的发展具有重大意义，在国防、先进制造、航空航天和医疗保健等领域具有巨大潜力。

（四）先进制造成为推动新一代信息技术发展的核心驱动力

2023年11月9日，美国加州理工学院团队成功研制出纳米光子铌酸锂超快锁模激光器。这是世界首例集成在薄膜铌酸锂光芯片上具有高脉冲峰值功率的电泵式锁模激光器。这项研究展示的超快锁模激光设计和工作原理独具创新，为实现片上频率梳开辟了一条更为稳定的途径，借助于薄膜铌酸锂芯片实现电泵浦超快激光将极大地扩大该领域的发展潜力，并对光子学和其他领域具有非常重要的意义。相关研究成果已发表于 Science 期刊上。

2023年9月1日，韩国三星电子公司发布全球首款32Gb DDR5内存芯片，其容量实现超过50万倍跃升。该内存芯片的高密度设计为打造更大内存容量奠定了坚实基础。利用这一技术突破，通过采用8-Hi 3DS堆叠技术，能够实现高达1 TB DRAM模块的解决方案，对于数据中心、科学计算等大内存需求场景将是一项重要的技术突破。

（五）高性能纤维、柔性材料加速突破

2023年12月21日，浙江大学研究团队通过模仿北极熊毛的结构，制备出一种封装了气凝胶的超保暖人造纤维，这种材料同时具备保暖、轻薄和耐用的特点。相关研究成果已发表于 Science 期刊上。

2023年12月14日，日本东北大学和大阪工业大学的联合研究小组，通过将压电复合材料与单向碳纤维（UDCF）相结合，研发了一种用于运动传感器的碳纤维压电复合材料；并基于此设计了一种新型的高强度柔性器件，可将人体运动产生的动能转化为电能，为高强度和自供电传感器提供了一种高效可靠的手段。相关研究成果发表在 Small 期刊上。

2023年12月14日，南开大学科研团队设计、制备了一种柔性且可持续的个人体温调节衣物系统。该系统能够根据各种极端复杂的环境温度变化快速响应，且具有能耗低、效率高，只需12小时太阳光能量输入，便可实现24小时可控和双模式体温调节，具有很强的自适应能力。相关研究成果已发表于 Science 期刊上。

2023年12月12日，荷兰代尔夫特理工大学研究团队研发了仿造生物骨腱连接设计的混合多材料界面，可广泛应用于软机器人和柔性设备的制造。该研究帮助研究人员更好地理解软硬界面设计中的作用机制，并为改善生物启发软硬界面的机械性能制定了设计指南，这些设计指南有望应用于组织工程、软机器人和建筑材料领域。

（六）人工智能、信息技术加速新材料研发

2023年11月29日，美国能源部劳伦斯伯克利国家实验室利用"材料项目"（materials project）数据库，使用谷歌人工智能研究实验室DeepMind开发的深度学习工具"材料探索图网络"（GNoME）预测并合成新材料。未来，研究人员将利用人工智能技术在多个领域探索潜在的新材料，包括碳捕获、光催化剂、热电材料、透明导体等。相关研究成果已发表于 Nature 期刊上。

2023年11月22日，美国伊利诺伊大学提出实现自主温度传感及适应性响应的编码算法，能够帮助开发具有环境适应能力的可编程超材料。该研究设计和建立了一种以目标需求为导向的超材料合成方法，使之具有可自由调节的热适应行为。研究提出的反向设计框架可以推广到超材料与电磁场、湿度和光等其他物理参数的交互编程中。这种设计和制造策略将有效推动应用于智能材料、软机器人和传感器中具备可按环境切换性质的超材料的制造与应用。

（七）超导材料设计、预测与机理研究不断推进

2023年7月12日，中山大学等研究团队发现全新液氮温区镍氧化物超导体，有望破解高温超导机理。该高温超导体系是人类目前发现的第2种液氮温区非常规超导材料，有望推动破解高温超导机理，使设计和预测高温超导材料成为可能，并在信息技术、工业加工技术、超导电力、生物医学和交通运输等领域实现更广泛的应用。

2023年6月22日，美国麻省理工学院研究人员发现超导体硒化铁转变为超导状态的新机制。与其他铁基超导体不同，硒化铁的转变涉及原子轨道能量的集体转变，而不是原子自旋。这一突破为发现非常规超导体开辟了新的可能性。

（八）前沿功能材料成为驱动未来技术发展的重要引擎

2023年11月4日，荷兰代尔夫特理工大学的研究人员公布了一项最新研究成果，

成功研发了一种新型超强材料非晶碳化硅（a-SiC）。这种新材料具有10千兆帕斯卡（GPa）的拉伸强度，且与石墨烯和钻石等其他替代品相比具有高度的可扩展性。非晶碳化硅在尖端空间探索工具、DNA测序技术、高度敏感的微芯片传感器和复杂的太阳能电池等应用方面具有极大的前景。

2023年7月4日，中国、英国和新加坡国际研究团队利用激光直写技术制备出低频宽带微波吸收磁性超材料，在超材料、超结构等微纳制造领域具有广泛的应用前景。激光直写功能性材料制备是面向未来的精确调控、高分辨率、可共形加工的技术，势必在超材料、超结构等微纳制造领域发挥越来越重要的作用，如隐身涂层、电磁屏蔽和5G电磁兼容等关键技术领域。

（九）面向可持续发展，新材料为能源和水资源短缺提供解决方案

2023年10月13日，哈尔滨工业大学化工与化学学院、城市水资源与水环境国家重点实验室邵路团队提出"冰限域"界面聚合（IC-IP）技术，成功制备出高度离子化聚酰胺纳滤膜，该纳滤膜突破了传统聚酰胺纳滤膜"渗透性－选择性"相互制约的难题，在含盐废水回收、水软化和净化过程方面具有独特优势，展现出巨大的应用前景，可助力缓解全球水资源短缺难题。相关研究成果已发表于 *Science* 期刊上。

2023年7月31日，美国麻省理工学院研发了一种新型导电纳米复合材料，该材料可能是构成新型低成本储能系统的基础。该技术可促进太阳能、风能和潮汐能等可再生能源的使用，使能源网络在可再生能源供应波动的情况下保持稳定。